문학

한국개념사총서 |7|

문학

최원식 지음

小花

문학

초판 1쇄 발행 / 2012년 8월 31일
초판 2쇄 발행 / 2013년 8월 30일

지은이 / 최원식

펴낸이 / 고화숙
펴낸곳 / 도서출판 소화
등록 / 제13-412호
주소 / 서울시 영등포구 영등포동 7가 94-97
전화 / 2677-5890
팩스 / 2636-6393
홈페이지 / www.sowha.com

값 16,000원

ISBN 978-89-8410-447-1 94300
ISBN 978-89-8410-337-5 (세트)

| 한국개념사총서 발간사 |

19세기 중엽부터 우리 사회에 격랑을 몰고 온 인문 · 사회과학의 개념들에 관하여 혼돈 상태가 아직도 계속되고 있습니다. 몇 가지 예를 들어 봅니다. 민족과 민족주의, 근대국가와 주권, 자주와 독립과 같은 핵심 개념들조차 비학문적으로 사용하고 있습니다. 이탈리아에서 19세기 통일운동 이전의 민족과, 부활리소르지멘토을 지향하는 민족주의 운동의 원동력이 된 민족은 서로 구별됩니다. 근대국가는 서유럽에서 등장한 독특한 정치 사회의 한 형식이며, 이 형식을 지탱하는 것이 주권 개념입니다. 주권은 서양의 중세 사회나 동양의 사대 질서에서 보는 통치권과는 다른 차원의 개념입니다. 자주와 정교금령은 사대 질서의 개념이며, 독립과 내치외교는 서양 공법 질서의 개념입니다. 이런 역사적 개념을 서로 구별하지 않는 것은 반反역사적은 아닐지라도 비非역사적입니다.

인문 · 사회과학의 개념은 정태적인 것이 아니라 정치 · 사회운동을 함축하고 있는 역동적인 성격을 지니고 있어서 개념사 연구는 정치 · 사회제도의 분석을 전제로 합니다. 그리고 개념들은 장소*topos*와 시간*tempo*에 따라 그 성격이 다르게 마련입니다. 그런데 이 지적 작업을 수행하는 데 세계 정치의 중심지역 학자들보다 우리는 훨씬 어려운 위치에 놓여 있다는 것이 한국 학계의 고민입니다.

우리는 외국 학자들처럼 개념의 공시적이고 통시적인 분석, 의미론이나 명의론에 안주할 수 없습니다. 우리는 여러 장소의 개념들의 충돌을 연구해야만 합니다. 더욱이 우리의 한반도는 독특한 역사적 성격을 지닌 장소입니다. 유럽 열강의 세계 팽창 대상 지역 중에서도 오지奧地에 속하는 곳입니다. 오지의 특징은 외래 개념에 대한 저항과 오해가 그 어느 지역보다 강렬하다는 데에 있습니다. 저항이 강하다는 것은 이미 지켜 온 개념들에 대한 집착이 강하다는 것을 의미합니다. 이른바 가정假晶, pseudo-morphosis의 현상이 두드러진 곳입니다. 가정은 광물이 그 내부 구조에 따른 본래의 결정형과는 다른 결정형을 나타내는 현상을 지칭하는 광물학의 용어입니다. 다른 장소의 개념이 전파되는 경우 본래의 의미가 왜곡되는 사회현상을 은유적으로 표현하기 위해 슈펭글러O. Spengler가 광물학에서 차용한 낱말입니다. 이런 점에서 한반도는 중국이나 일본과도 판이한 역사적 경험을 지니게 되었습니다. 오지라는 장소의 특징은 시간의 역사적 성격에도 반영됩니다. 세계정치 중심 지역의 개념들이 뒤늦게 전파되는 특징을 지니고 있습니다. 오지와 세계사의 접목은 세계사 흐름의 최후 단계에 이루어져서 오지의 세계화는 난항을 겪게 됩니다.

그런데 한반도의 장소적인 특징은 여기에 머물지 않습니다. 같은 동북아 질서에 속하였던 중국과 일본의 변모로 동북아 3국 사이에도 개념의 갈등이 야기됩니다. 교린 질서 안에 살고 있던 한국과 일본은 1868년부터 개념의 충돌이 시작되어 1876년까지 8년의 위기를 맞습니다. 이 위기를 거치면서 일본은 개념의 세계화 노력에 박차를 가하고 이런 개념에 의한 담론을 세계에 전파합니다.

같은 사대 질서에 살고 있던 중국이 1880년을 전후하여 사대 질서의 변형을 주장해 한국은 중국과 충돌하고 그리고 고민합니다. 유길준의 '양절체제兩截體制'라는 천재적인 직관은 사대 질서의 개념들을 서양 공법 질서의 개념으로 전환시키려는 중국에 대한 우리의 처절한 저항입니다.

이런 역사적 특징을 지닌 한반도라는 장소에서 인문 · 사회과학의 근대적인 기본 개념 형성에 중요한 시기*tempo*는 1850년에서 1950년에 이르는 100년이라고 생각합니다. 이질 문명권과 만나 충돌하면서 동시에 동북아 3국 사이에 개념의 마찰이 병행하는 시기입니다. 이 시기의 개념들은 크게 세 가지 부류로 나눌 수 있습니다.

첫째, 19세기 중엽 이전 우리에게는 알려지지 않았던 새로운 사회현상들의 전파 양상을 가리키는 개념들이 있습니다. 이런 생소한 유럽 학문 체계상의 개념들에 대한 오해는 아직도 존재하고 있습니다.

둘째, 19세기 이전에 사용되었던 개념들이 그 본래의 내용이 굴절되어 새로운 현상을 지칭하게 된 개념들이 있습니다. 본래의 의미와 굴절된 내용이 혼재하게 됩니다.

셋째, 19세기 중엽을 전후하여 사라진 개념들이 있습니다. 통용의 중단이 일시적인 것도 있고 다시 부활하는 경우도 있습니다. 어떤 경우이건 스스로 일어난 것이 아니라 그 배경에는 사회적인 격동이 있습니다.

이런 개념사 연구를 우리는 어떤 시각에서 어떻게 서술해야 합니까?

시간의 문제에 대해서는 공시적이고 통시적인 분석을, 그리고 장소의 문제에 관해서는 비교문명권의 입장에 입각해야 한다고 생각합니다. 우리는 이런 방법론에 따라 다음과 같은 순서로 주요 개념들을 서술할 것입니다.

먼저 동서양의 어원을 고찰합니다. 어원은 통시적 분석의 출발점입니다. 개념이 19세기 이전에도 동양 세계에서 통용된 경우에는 그 동양적인 의미와 19세기 이후의 변천 과정을 추적합니다. 그리고 19세기 중엽 새로 동양에 전파된 서양의 개념인 경우에는 서양 세계에서 통용된 의미와 동양에 전파되는 과정을 추적합니다.

그러나 서술의 중심은 한반도라는 장소에서 일어난 개념들의 해석, 번역, 굴절, 선택, 그리고 오해를 포함한 모든 충돌 현상에 관한 분석입니다. 그리고 1950년 이후 이 개념들이 한국

학계에 정착되는 데에 따르는 오늘날의 문제점들을 제시합니다. 정착 문제는 우리 학계의 수준을 폭로하는 일입니다.

이렇게 볼 때 개념사 연구는 인문 · 사회과학의 모든 분야에 걸친 연구입니다. 이른바 '전체의 역사l'histoire totale'를 시도하는 지적 작업입니다. 이런 학술 사업을 진행하기에는 우리 학계의 수준이 아직 일천하다고 걱정하는 소리도 있습니다. 그리고 개념사 연구 자체에 관한 회의와 냉소도 있습니다. 그러나 한국이라는 장소*topos*의 인문 · 사회과학 기본 개념에 관한 연구는 단지 학문상의 문제만이 아닙니다. 이 연구는 우리의 생존에 관한 현실적인 문제이기도 합니다. 개념의 정확한 인식에 의한 학술적인 담론의 세계화는 21세기에 우리가 한반도에서 한국적인 삶을 영위하기 위한 전제 조건입니다. 담론의 세계화를 이룩하지 못한 것이 1910년의 불행을 자초한 한 원인이기 때문입니다.

2008년 8월

한림대학교 한림과학원

한국개념사총서 편집위원회위원장　김용구

차례

LA KREADO
開闢

| 머리말 |

참으로 오랜만이다. 박사학위 청구 논문을 제출한 이후 이만한 분량의 글을 써낸 게 얼마 만인가? 박사 호를 수득한 게 1986년 여름이니, 그동안 게을렀다. 쪼가리글들은 수도 없이 써댔지만, 정작 전작全作 저서를 가져 본 적은 없다. 감회가 없지 않다. 기년幾年 전 김용구 원장님의 원고 청탁에 수그러든 데는 고향 선배에 대한 예의에 더해 그런 샘도 작동한 듯싶다. 비록 '개념사 총서'의 일환이라는 제한된 틀일망정 이 책을 계기로 전작 기획에 더 유의하자는 생각이 총망 중에도 반짝했던 기억이 아릿하다. 그 다짐조차 잡답 중에 다시 흐릿해졌지만, 2009년 중반인가 1년 안에 마무리해야 한다는 허 수 박사의 통첩을 받고, 2010년 1월부터 기필하여 매달 100매씩 8월까지 끝내겠다고 마음을 다잡았던 것이다.

나름의 속셈도 있었다. 이광수의 「문학文學이란 하何오」1916를 다시 읽은 황종연의 「문학이란 역어譯語」1997 이후 '문학'이라는 말의 고고학을 추적하는 일련의 논의들을 자율성/타율성을 열쇳말로 하여 다시 정밀히 읽어 보자.

짧은 지식을 탓하며 동서고금의 '문학'들을 주마간산으로나마 개관하면서 자율성/타율성도 대체로 이념태에 가깝다는 점을 절감하게 되었다. 물론 그 상상을 끝까지 추구한 경우가 없지 않지만, 특히 식민지 조선 및 분단 한국에서는 그 '장소의 혼'에 씌어 대개 자율적 타율론이라는 현실태로 수렴되게 마련이었던 것이다. 그 귀결이 3·1운동1919을 모태로 태어난 조선 근대문학이라는 집이다. 그 정립 과정을 추적하는 일은 비교적 수월했지만, 이를 지금의 문학과 연결하는 서장과 종장 작업이 난항이었다. 얼핏 젊은 문학은 가출 상태에 가깝기 때문이다. 양자 사이를 소통하는 교량 건설 작업은 난감했지만, 그 과정에서 '지금 이곳'의 '문학'을 대문자 문학에 비추어서 다시금 그리고 다시금 되물었던 일 자체가 문학의 일심一心이 아닐까 위로로 삼는다.

작업은 지지부진 두 해를 넘겨서야 겨우 초고를 완성했다. 이러노라니 원고에 지체의 흔적들이 눈에 띈다. 가령 서두에서 일본 프로문학의 고전 『게공선蟹工船』1929의 돌연한 붐을 '55년 체제'의 붕괴와 연동시킨 대목이 그렇다. 알다시피 2009년 8월 30일 총선에서 제1야당 민주당의 압승으로 자민당自民黨 장기 집권이 종식됨으로써 일본의 '55년 체제'가 드디어 해체되었다. 나는 이 노동소설 붐을 일본 사회/문학의 다른 가능성으로 주목하여 일본발 근대문학 종언론의 성마름을 암시했거니와, 기대 속에 출범한 민주당이 그렇게 빨리 환멸의 대상으로 전락할 줄이야. 그런데 민주당의 지지부진 자체가 '55년 체제'의 붕괴를 반영하고 있다는 점에서 일본 사회는 2009년 총선을 계기로 긍정적이든 부정적이든 새로운 단계로 진입했다고 보아도 좋을 것이다. 특히 동일본 대지진2011 이후 그 단계의 새로움이 눈에 띄는 만큼 『게공선』 붐의 명암에 더욱 유의할 일이 아닐 수 없다.

『2010 제1회 젊은작가상 수상작품집』2010, 문학동네을 비교적 자세하게 다룬 마지막 장도 지금으로선 현실성이 떨어진다고 비판할 수 있을 것이다. 실제로는 2009년에 발표된 중·단편 중 등단 10년 이내 작가 7인의 단편을 뽑았기에 시간차는 더 벌어진다.

그런데 뒤에 나온 작품집들보다 예각적이어서 최근 소설의 경향을 짚는 데 큰 무리가 없으리라는 판단이다. 박완서와 은희경과 김애란의 출현에서 보듯이, 1회에는 시대의 기운이 뭉쳐 돌출하는 경우가 적지 않다. 혹자는 마지막 장에 이런 집합적 작품 분석을 제시하는 일 자체를 느닷없다고 여길지 모른다. 확실히 그런 면이 없지 않다. 그럼에도 이렇게 한 이유는 1장에서 최근 시를 다룬 것과 짝을 맞추자는 의도가 첫째다. 젊은 시와 젊은 소설을 일별함으로써 요즘 문학의 현장을 실상에서 엿보고자 한 터인데, 이는 물론 종언론을 비롯한 온갖 종류의 해체론 바깥을 사유하려는 소망의 표현이기도 할 것이다. 또한 젊은 문학과 화해하려는 노력의 일환이거니와, 어느 틈에 젊은이의 행태에 혀를 차는 늙은이 흉내를 내고 싶지는 않았다. 과거에 투항하지도 않고 미래에 아첨하지도 않는, 그리하여 현재에 투철한, 'just do it'이다. 그럼에도 현재성에 대한 예민한 고려가, 개념의 수용 및 변천의 역사를 정밀히 추적하는 이 총서의 일반적 틀과 충돌적인 면이 없지 않은 바이다.

뜻이 너무 셌다. 민중과 리얼리즘을 두 기둥으로 삼는 1970년대 민족문학론의 세례를 받은 막내로서, 1990년대 이후 모더니즘과 포스트모더니즘의 도저한 흐름을 주시하면서 동아시아라는 장소에서 이룩될 리얼리즘과 모더니즘의 회통이라는 궁핍한 작업에서 '지루한 성공'으로 갈 출구를 모색해 온 터에, 미래파 시와 인공서사가 온갖 포스트 담론과 함께 일상화한 21세기 한국문학의 풍경은 다른 곤경이었다.

기존의 문학/비평 담론의 일정한 또는 전면적 수정을 요구할지도 모를 사태 앞에서 그 여여如如한 숨결을 내재적으로 파지把持하고 그 소통 속에서 문학의 어제, 오늘, 그리고 내일을 하나로 꿰고자 하는 뜻이 너무 앞선 셈이다. 덕분에 나로서는 큰 공부가 되었다. 젊은 문학의 알맹이에 닿은 듯도 하고, 무언가 희미하나마 빛을 본 듯도 싶다. 참으로 희한하게 미래파 이후 그 감각으로부터 너무나 보호된 문학은 낡아 보인다. 껍데기 속은 같다. 자기를 구원하려는 간난한 탐색이 타자에게도 지극한 위로가 되는 문학, 요컨대 자율적 타율론으로 수렴되는 그 어두운 살아 있음을 감히 문학의 본질이라고 방언放言하고 싶은 심정이다.

겸사가 아니라 정말로 많이 부족한 책이다. 토론 없이 거의 홀로 진행하다 보니 이미 짜인 책의 골격을 뒤늦게 바꾸기가 난망이었다. 역시 독행獨行은 위태롭다. 공동 토의 속에서 사상이 완성된다는 상식을 다시 확인하면서, 차라리 집필할 당시 내 생각의 흐름을 그대로 보존하는 것이 낫겠다는 판단에 굴복하고 말았다. 후일을 기약한다. 그래도 기쁘다. 다시 한 번 김용구 원장님의 배려와 허 수 교수의 인내에 감사한다. 내 연구실을 지킨/지키는 두 조교, 윤미란 군과 권문경 군에게도 각별한 고마움을 전한다.

또한 폭염 속에서 이 원고의 책으로의 변신 과정을 꼼꼼히 보아 준 소화출판사 편집부의 노고를 특별히 기억하고 싶다.

2012년 8월

인하대 연구실에서 최원식 삼가 씀

| **일러두기** |

1. 외래어는 외래어 맞춤법에 따라 표기하였다.
2. 직접 인용, 간접 인용으로 구분을 두지 않고 단어라 하더라도 인용한 것은 큰따옴표로, 저자가 강조한 것은 작은따옴표를 이용하였다.
3. 인용문은 저자가 각주에서 문장을 다듬었다고 따로 적지 않은 것은 원문 그대로 두되, 맞춤법에 어긋난 것은 수정하였다.
4. 본문 아래 각주에서 외국의 것이 아닌 우리 참고 문헌은 한글로 표기하고, 책 뒤의 '참고 문헌'에서는 공부하는 이들을 위하여 원전 그대로 표기하였다.

Part 1

문학으로 가는 길

1. 종언론 소동

얼마 전까지만 해도 한국에서 '문학의 집'은 마치 산이 거기 있는 것처럼[1] 그곳에 우뚝했다. 문인들은 각 장르 고유의 약속convention에 따라 창작했고, 비평가들은 자신이 꿈꾸는 문학의 금척金尺을 기준으로 작품의 우열을 따졌고, 독자들은 서점에서 자기 기호대로 작품을 구매함으로써 신성한 한 표를 던졌다. 독자의 취향과 변덕에 대해 문인들은 때로 툴툴거리기도 했지만,

1. 이 구절은 영국 산악인 조지 말로리(George Malory, 1886~1924)의 말을 패러디한 것이다. 1924년 에베레스트 등정 길에 실종된 그는 "왜 에베레스트에 오르려고 하느냐?"라는 물음에 "그게 거기 있기 때문(Because it's there)"이라고 응수했다. 이는 선문답인 양 만만치 않은 내공의 발화지만, 한국에서는 흔히 문학의 쓰임새를 부정하고 자율성을 변증하는 논리로 아전인수 되곤 했다.

드물게 높은 한국 사회의 문학열을 믿는 마음은 한결같았다. 선진국 또는 이웃 나라에서 문학이 급속히 쇠퇴하고 있다는 풍문이 간간이 들려왔어도 그건 어디까지나 '강 건너 불'이었다.

그렇다고 해서 문학의 집이 단란하기만 했다는 것은 물론 아니다. 식민지시대 이후 문학을 보는 눈을 둘러싸고 날카로운 대립이 엄존했다. 지상적 존재의 궁극적 의타성을 바탕으로 역사와 사회에 대해 책임을 기투企投하는 참여문학과 세계에 연막을 치듯이[2] 문학은 바깥이 아니라 자신만이 목적일 때 빛난다는 순수문학, 크게 보아 이렇게 대별되는 두 경향이 시기와 장소를 좇아 변주되곤 했는데, 때로는 목숨을 건 쟁투로 번진 적도 없지 않았다. 일제시대도 엄혹했지만, 남과 북으로 갈려 대규모 국제적 내전으로 진전된 6·25전쟁1950~1953 전후前後야말로 문학의 이념이 악령처럼 문학인의 죽음마저 재촉한 대표적 시기일 것이다. 그런데 문학인의 육체적 소멸까지 강제하던 이 엄중한 시기에도 문학의 집은 더욱 휘황했다. 문학인이 자신이 추구하는 이념에 순교할 만큼 문학과 이념이 동행하는 시대란, 어쩌면 문학의 위의威儀가 가장 높은 때인지도 모르기 때문이다.

지금은 사정이 다르다. 문학의 집이 시나브로 원경遠景으로 물러앉았다. 문학의 존재감이 하락함에 따라 위기라고 진단하는 것조차 약간은 쑥스러운 지경에 이르렀다. 고비 때마다 회자되곤 하던 위기론도 요즘은 고요한 걸 보면 더욱 그런 느낌이

2. 이 구절은 프랑스 상징파 시인 스테판 말라르메(Stéphane Mallarmé, 1842~1898)의 담배론, 즉 "담배를 피우는 것은 그 자신과 세계 사이에 베일을 치는 것(to put a veil between himself and the world)"에서 따왔다.

든다. 아마 몇 년 전 한바탕 소동이 난 근대문학 종언론이 최후의 위기론이 될 가능성이 높을 것이다. 이 종언론의 발신자는 가라타니 고진柄谷行人이다. 그의 평론집 『근대문학의 종언』이 번역된 2006년 전후로 한국을 달군 논란은 징후적이었다. 소설을 축으로 혁명 정치의 보수화에 대항하여 영구 혁명을 담당하던 근대문학이 이제 종언을 고했다는 것이 골자다. 그 일본적 징표가 무라카미 하루키村上春樹의 출현인데, 도덕적 과제로부터 해방되어 오락으로 떨어진 하루키가 유행한 1980년대에 일본 근대문학은 끝났다고 그는 선고한 것이다.[3]

사실 일본에서는 이미 1990년대 초 이 논쟁이 전개된 바 있었다. 1980년대 후반부터 무라카미 하루키나 요시모토 바나나吉本ばなな 등이 베스트셀러 작가로 부상하는 것과 함께 시대소설이나 추리소설을 비롯한 대중문학의 수준이 제고되면서 독자들에게 강한 호소력을 행사하게 된 점을 배경으로 하여, 추리 작가이자 비평가인 가사이 기요시笠井潔가 「그리고 '순문학'은 소멸했다」1993를 발표한 데서 '문학의 종언'론이 빠르게 번져 간 것이다.[4] 그런데 가라타니의 종언론은 그 외연을 한국으로 확대한 점이 새롭다. "1990년대 말부터 문학의 쇠퇴가 급속하게 전개"된 한국의 상황에 충격을 받았다고 토로하면서 그는 "마침내 문학의 종언은 사실"이라는 최종 판정에 이른다. 그런 측면이 없는 것이 아니다. 그럼에도 그의 종언론이 한국에서 고약하

3. 최원식(2007), 「근대문학 종언론은 상상 혹은 소통일 뿐」, 『한겨레』 2007. 10. 26.
4. 鈴木貞美(1998), 『日本の「文学」概念』, 作品社, pp.8~9.

게 활용되고 있다고 여겨 당시에는 좀 야박한 평가를 내리고야 말았던 것이다.

> 일본의 변혁 가능성에 대한 절망 또는 체념에 기초한 그의 근대문학 종언론이란 의상을 갈아입고 다시 나타난 프로문학 해소론이다. 한국으로부터 전해진 풍문을 통해 완성된 신판 해소론이 다시 한국에 강력한 영향을 미치는 기이한 형국이 가엾다. 요컨대 종언론은 자유실천문인협의회와 그 후신 민족문학작가회의, 그리고 창비가 주도한 한국의 민족문학운동 또는 민중문학운동의 해체를 촉진하는 나팔로 활용되고 있으니, 종언론을 둘러싼 저간의 소동이란 가라타니를 빙자한 신판 해소론이라고 해도 지나친 말은 아니다.[5]

이렇게 비판은 했지만 내 마음이 편편했던 것만은 아니다. 이미 한국문학도 사회성이라는 강력한 전통으로부터 가비얍게 이탈하는 경향이 처처에 출몰하고 있었기 때문이다. 이 사태 앞에서 비평가가 할 바는 무엇인가? 이미 글렀으니 모두 문학의 집을 떠나자고 가출을 부추길 일은 물론 아니다. 그렇다고 무너지는 집을 붙들고 늘어지는 일 또한 볼썽사납기는 마찬가지다. 무엇을 할 수 있는가? 새로운 상황의 전개를 냉정히 수용하되 그것이 문학이라는 오래된 제도 자체를 그대로 수호하려는 보수성의 발로로 전락하지 않도록 더욱 냉철히 경계하면서, 그 안에서 다른 가능성들을 탐색하는 것이 차선이다. "바로 그 될 수

5. 최원식(2007), 앞의 글(주 3).

없음을 알면서도 해야 할 일이기에 이를 하는 것”[6]이라는 량치차오梁啓超, 1873~1929의 말은 이럴 때 맞춤일 터이다.

사실 일본문학이 1980년대에 하루키의 유행으로 끝났다는 그의 발언 또한 착잡한 것이다. 공전의 베스트셀러 『노르웨이의 숲』이 일본에서 나온 지 2년 뒤 1989년 ‘상실의 시대’라는 제목으로 한국에서 출간되었어도 우정 찾아 읽진 않았다. 하도 아우성이라 뒤늦게 읽을 염을 냈지만 결국 중도에 던지고 말았다, 과연 “학생운동 세대가 흘러든 패션”에 지나지 않는다는 가라타니의 냉소에 공감하면서. 그런데 하루키의 행진은 동아시아를 석권하며 계속되었다. “비교적 늦게 하루키 열풍을 겪고 있는 중국의 어느 인터넷 기사에 따르면, 요즘 젊은이들 사이에는 ‘너 하루키 읽었니?’가 아니라 ‘너 하루키 하니?’라는 대화가 유행”[7]할 정도라니, 동아시아 젊은이의 공동어로 승격한 폭이다. 패션이라 할지라도 이처럼 큰 반향을 가진 패션이라면 응당 더 찬찬히 따져야 마땅할 것이다.

하루키도 하루키지만, 최근 일본 독서계에 기이한 바람이 불었다. 고바야시 다키지小林多喜二, 1903~1933의 『게공선蟹工船』1929이 2008년 4월 이후 4개월 만에 47만 부를 증쇄하여, 누계 150만 부에 달하는 폭발적 기록을 수립한 것이다. 특고特高의 고문으로 요절한 일본 프로문학의 순결한 양심이라 할 이 작가의 이

6. 양계초(1995), 『중국고전학입문』, 이계주 옮김, 형성사, p.36. 그런데 이 구절은 저자가 밝혔듯이 『논어』 「헌문편(憲問篇)」의 “그 불가능함을 알면서도 하는 자(知其不可而爲之者)”에 의거한다.

7. 백지운(2005), 「무라까미 하루끼와 동아시아의 역사적 기억」, 『창작과비평』 2005년 겨울호, p.347.

력으로 보나, 캄차카의 거친 북쪽 바다에서 이루어진 뜨내기 어업 노동자의 노예적 노동과 막장으로 몰린 그들의 자기구원적 저항을 묘파한 이 정통 노동소설이, 하루키조차 무겁다고 여기는 요즘 일본 독서계를 습격한 것은 사건 중의 사건이 아닐 수 없다.[8] 이 작품에 대한 조용한 열광은 일본의 젊은 독자들이 탈정치화 바깥으로 드디어 움직이기 시작했다는 징표일 터인데, 마침내 2009년 8월 30일 총선에서 일본의 '55년 체제'가 붕괴하였다. 장장 54년에 걸쳐 지루하게 이어지던 자민당 장기 집권이 종식되고 제1야당 민주당의 압승으로 정권 교체가 실현되었으니, 『게공선』 붐은 그 극적인 예고였던 셈이다.

8. 이 작품에 대한 자세한 논의는 최원식(2009), 「동아시아로 가는 길들」, 『교차하는 텍스트, 동아시아』, 창비, pp.21~27 참고.

2. 외계어의 습격

그런데 이 종언론 소동 속에서도 한국문학은 쉼 없이 진화하여 어느덧 문학의 집이 시나브로 고가에 가까워졌다. 간난한 과정을 거쳐 건축된 근대문학의 집에서 젊은 문학은 거의 가출 상태다. 알다시피 한국문학의 집은, 네이션nation의 탄생을 알린 3·1운동1919 직후 운동의 폐허에서 신문학운동이라는 문화운동으로 폭발한 아주 짧은 기간 안에 건축되었다. 3·1운동은 중세적 백성을 근대적 국민으로 재창안하는 것을 목표로 삼는 우리 계몽주의의 대합창이었다. 주로 개명한 양반층에서 배출된 소수의 급진적 엘리트에 의한 위로부터의 쿠데타 방식에 의거한 기존의 투쟁들을 넘어, 평민 출신 지도부가 대변한 아래로부터의 다중적 민족운동으로 발전한 3·1운동은, 비록 단기적으로는 실패했어도 운동을 통해 형성된 대중이 바로 네이션의 종자가 됨으로써 장기적으로는 이전의 운동들이 모이고 이후의 운동들이 분기하는 한국 민족운동의 거대한 저수지로 되었던 것이다. 독립을 쟁취하려는 정치적 목표가 좌절되면서 1920년대 신문학운동이 자연발생적으로 전개된 것은 결코 우연이 아니다. 3·1운동 세대는 왜 문학으로 달려갔을까? 운동이 좌절된 데 따른 울분과 퇴폐가 분명 작용했겠지만, 단지 그것만으로 해명되지는 않는다. 운동 속에서 자연스럽게 그려진 네이션의 영상을 보존하고 증식하고 전파하기 위한 정치적 무의식이 대발大發한 것인가? 3·1운동 세대의 집합적 대두 속에서 과연 1920년대 문학은 '시민문학의 초등학교'라고 할 계몽주의를 일거에 졸업하고, 그 투쟁 과정에서 날카롭게 각성된 해방의 열망을 새로운 형식을 통해 완성함으로써 한국 근대문학의 진정한 기원이 되었다. 폭포수 같은 리듬에 실어 해방의 높은 격정을 노래한 낭만주의 자유시가 주요한朱耀翰, 1900~1979과 이상화李相和, 1901~1943에 의해, 해방의 사회적 조건들을 정밀히 관찰하고 다른 삶의 가능성을 탐색하는 리얼리즘 소설이 김동인金東仁, 1900~1951과 현진건玄鎭健, 1900~1943과 염상섭廉想涉, 1897~1963에 의해, 시민사회의 정치학교라고 해도 좋은 민중 극장이 김우진金祐鎭, 1897~1926에 의해, 그리고 이 모든 장르를 통괄하여 문학의 방향타를 토론하는 정론적 비평이 김기진金基鎭, 1903~1985에 의해 초석이 놓인다. 신소설로 대표되는 절충적 계몽주의 양식을 순식간에 아래로 미끄러트린 3·1운동은 한국 근대문학의 진정한 건축가였던 것이다.

그런데 어느 틈에 21세기 한국문학은 3 · 1운동 이래의 오래된 집에서 일제히 가출했다. 간난한 과정을 거쳐 이때 정립된 근대문학의 관습이 뿌리부터 흔들리고 있는 형국이다. 정말로 가라타니와 한국의 추종자들이 믿고 있듯이 한국 근대문학은 끝났는가? 예나 이제나 시는 예민한 징후인데, 최근 한국 시단을 장악한 '미래파',[9] 민중시와 서정시는 물론이고 모더니즘 또는 왕년의 해체시조차 낡아 보이게 만드는 이 외계어外界語 시[10]들의 진군은 어떤 신호일까? 진은영의 시를 한 편 보자.

오늘 네가 아름답다면
죽은 여자 자라나는 머리카락 속에서 반짝이는 핀과 같고
눈먼 사람의 눈빛을 잡아끄는 그림 같고
앵두향기에 취해 안개 속을 떠들며 지나가는
모슬린 잠옷의 아이들 같고
우기의 사바나에 사는 소금기린 긴 목의 짠 맛 같고

조금씩 녹아들며 붉은 천 넓게 적시다가

9. 2000년대 시의 새로운 경향을 '미래파'로 명명함으로써 그 집단적 출현을 적극적으로 변호한 시작은 권혁웅의 「미래파—2005년, 젊은 시인들」일 것이다. 이 글은 『문예중앙』 혁신호(2005년 봄호)가 마련한 특집 '한국문학의 새로운 문법'을 구성하는 평론의 하나로서, 일종의 매니페스토라고 해도 좋다.

10. 이장욱은 평론 「외계인 인터뷰」(『나의 우울한 모던 보이』, 2005, 창비)에서, 기존 시의 문법들 바깥에 "그냥 다른 제국을 건설"하고 있는 2000년대 시의 새로운 경향을 점검하면서 '외계인 인터뷰'라는 흥미로운 용어를 사용했다. 나는 미래파의 시어가 비주류 하위문화와 강한 친연성을 가진 인터넷 언어와 유사하다는 점에 착목하여 '외계어 시'라는 용어를 한정적으로 사용한다.

말라붙은 하얀 알갱이로
아가미의 모래 위에 뿌려진다
오늘

네가 아름답다면
매립지를 떠도는 녹색 안개
그 위로 솟아나는 해초냄새의 텅 빈 굴뚝같이

— 「아름답다」 전문[11]

겉으로는 멀쩡한 한국어 문장이지만 속으로 따지면 전연 맥락이 동뜬 비문으로 점철된 이 시는, 황병승이나 김경주처럼 겉볼안으로 과격한 것과는 달리 이 세대가 직면한 곤핍을 천연덕스럽게 드러내고 있다. 해설에서 권혁웅은 그녀의 시를 "세계에 대한 시가 아니라 세계의 조각들을 재조합하여 구성한 세계에 대한 시"[12]라고 해독했지만, 그녀의 시는 여기서 한 걸음 더 나아간다. 아름다움을 해체한다는 자의식조차 소거된 채 너무나 자연스럽게 이미지들이 미끄러지는 이 환유換喩의 동굴은, 통일성 또는 총체성이 지워진 세상 그 자체를 지고하게 현현하고 있다고 할까. 시인 또는 시적 화자는 해체된 이 세계에서 그 이전과 그 이후를 회상하지 않는다. "시작詩作은 최초의 귀향"[13]이라는 하이데거Martin Heidegger, 1889~1976적 언술은 이에 완전히 전

11. 진은영(2008), 『우리는 매일매일』, 문학과지성사, p.9.
12. 권혁웅(2008), 「멜랑콜리 펜타곤」, 진은영, 앞의 책, p.101.
13. M. 하이데거(1980), 『시와 철학』, 소광희 옮김, 박영사, p.33.

복된다. 그럼에도 뜻밖에 이 시 전체의 어조tone는 밝기조차 하다. 자동 기술을 의식하지 않은 채 자동 기술된 이 시는 이미 파편화가 바로 삶 자체가 된 신인류의 무서운 감각을 즉자적으로 노래하고 있다는 점에서 그 어떤 미래파 시보다 문제적이다.

이처럼 순식간에 최근 문학, 특히 시가 앞 시기와 날카로운 단절을 보이는 이유는 무엇일까? 먼저 독자가 변했다는 점이다. 젊은 시인 장이지는 말한다.

> 2000년대 시는 과연 더 어렵다고 할 수 있을까? …젊은 대학생들에게 물어보면 오히려 황병승 등의 시가 재미있고 우리의 고전이라고 할 수 있는 박재삼의 시는 어렵다는 반응입니다. …사정이 이런데 2000년대 시인들에게 선배 시인들이 이해할 수 있는 것만 쓰고 하는 것도 좀 불편한 면이 있습니다.[14]

'선배들에게 친숙한 박재삼朴在森, 1933~1997은 어렵고 선배들에게 낯설기 짝이 없는 황병승은 재미있다.' 1950년대 후반을 밝힌 박재삼의 서정시가 어느 틈에 젊은 독자들(또는 젊은 시인들)과 단절된 사실보다는, 외계어 시에 대한 그들의 수용성, 더욱이 '재미'마저 느낀다는 그 감각이 시사적이다. 보수파건 진보파건 중도파건 미래파 시에 대한 선배들의 불평이란, 불평이기보다 당혹에 가까웠던가? 구텐베르크 은하계와 인터넷 은하계

14. 이경수 외(2009), 「특집좌담 2000년대 젊은 시단을 돌아본다」, 『작가들』 2009년 봄호, p.24.

의 단층 사이에서 미래파 시는 인터넷 세대의 '시어poetic diction' 또는 그 '종족적 방언'[15]으로 번성했던 것이다.

그렇다면 미래파 시는 근대문학의 종언을 증거하는 그저 새로운 재미인가? 물론 그런 측면이 없지 않지만, 그리 간단치는 않다. 다시 장이지의 말에 의하건대, 그 시의 탈정치적 외관에도 불구하고 미래파의 "정치적 성향은 진보적"[16]이라는 것이다. 시와 시인의 균열이 이처럼 집합적으로 드러나는 것은 희귀한 일이거니와, 진은영은 이를 가장 예민하게 의식하는 시인이기도 하다.[17]

또 한 편을 보자.

> 그런 남자랑 사귀고 싶다.
>
> 아메리카 국경을 넘다
>
> 사막에 쓰러진 흰 셔츠 멕시코 청년
>
> 너와
>
> 결혼하고 싶다.
>
> 바그다드로 가서
>
> 푸른 장미

15. 이는 엘리엇(T. S. Eliot, 1888~1965)의 "종족의 방언을 정화할 것(to purify the dialect of the tribe)"에서 따왔다.
16. 이경수 외(2009), 앞의 책(주 14), p.37.
17. 진은영은 「감각적인 것의 분배」(『창작과비평』 2008년 겨울호, p.69)에서 "사회 참여와 참여시 사이에서의 분열"을 솔직히 고백한다. "이주 노동자와 비정규직 노동자 들의 투쟁을 지지하며 성명서에 이름을 올리거나 지지 방문을 하고 정치적 이슈를 다루는 논문을 쓸 수도 있지만, 이상하게도 그것을 시로 표현하는 일은 쉽지가 않다"라고 한다.

꽃봉오리 터지는 소리가
폭탄처럼 크게 들리는 고요한 시간에
당신과 입맞춤하고 싶다,
학살당한 손들이 치는
다정한 박수를 받으면서.

크고 투명한 물방울 속에
우리는 함께 누워
물을 것입니다
지나가는 은빛 물고기에게,
학살자의 나라에서도
시가 씌어지는 아름답고도 이상한 이유를.

—「러브 어페어」 전문[18]

이 연시풍 서정시는 베르톨트 브레히트Bertolt Brecht, 1898~1956의 「서정시를 쓰기 힘든 시대」1939를 머금고 있다.

꽃피는 사과나무에 대한 감동과
엉터리 화가에 대한 경악이
나의 가슴 속에서 다투고 있다.
그러나 바로 두 번째 것이
나로 하여금 시를 쓰게 한다.[19]

18. 진은영(2008), 앞의 책(주 11), p.91.
19. 베르톨트 브레히트(1993), 『살아남은 자의 슬픔』, 김광규 옮김, 한마당, p.108.

로 끝나는 브레히트의 시는 '엉터리 화가', 즉 히틀러Adolf Hitler, 1889~1945에 대한 분노 때문에 "꽃피는 사과나무에 대한 감동"을 유보하지 않을 수 없는 저주 받은 시대에 주박呪縛된 시인의 운명을 탄식하고 있다. 브레히트는 악령의 출몰 앞에서 서정시적 욕구를 자제하고 단연코 사회시로 나아갔다. 그런데 브레히트적 복무를 담담히 수용하면서도 진은영은 조금 다르다. 두 연으로 이루어진 그녀의 시는 1연이 건조한 비非경어체라면 2연은 촉촉한 경어체다. 일종의 조調바꿈인데, 1연이 소망이라면 2연은 그 소망의 실현이다. 물론 이 시 전체는 상상이기에 2연도 어디까지나 상상적 실현이다. 상상 속에서는 정치와 욕망의 합체가 즉각적으로 이루어지매, 서정시와 사회시의 택일 앞에 선 브레히트와 달리 그녀의 서정시는 제3세계 인민의 참담한 현실 위로 꿈같이 피어오른다. 정치적 진보성이 기괴한 황홀함으로 반전되는 균열 없는 균열이라는 이 역설은 도대체 어디에 말미암는 것일까?

3. 문학과 혁명

송경동宋竟東의 시집을 읽다가 「김남주를 묻던 날」에서 눈길이 저절로 멈추었다.

경기대에서 「조국은 하나다」
육성시낭송을 듣고도 울지 않고
광주 톨게이트, 빛고을 시민들보다
먼저 와 그를 기다리고 섰던
백골단 장벽 보면서도 울지 않고
불 꺼진 취조실마냥 어둡던 망월동
그의 하관을 보면서도 이 악물었는데

그를 묻고 돌아온 서울
심야버스 타고 마포대교를 건너다
다리 난간에 덜덜거리는 허리 받치고
해머드릴로 아스팔트 까며 야간일 하는
늙은 노동자들을 본 순간
이 악물며 울고 말았다
그가 간 것보다 그가 사랑했던 한 시대가
저물어가는 것이 서러웠다[20]

시인 김남주金南柱는 1994년 홀연 세상을 떴다. 1989년 베를린 장벽의 붕괴를 기점으로 폭발한 동유럽혁명의 물결 속에서 마침내 1991년 소련이 해체됨으로써 공산주의는 다시 요괴로 전락했다. 탈냉전시대의 도래는 국내적으로 군사 독재 또는 유사 군사 독재를 흔들어, 6월항쟁1987 이후 전진을 거듭한 민주화는 드디어 1993년 문민정부를 불러오기에 이르렀던 것이다. 나라 안팎의 정치적 변화가 진전되면 될수록 그에 따라 혁명의 가능성은 서서히 서서히 눈앞에서 사라져 갔고, 한국문학은 급히 탈사회화를 향해 이륙했다. 김남주의 죽음은 이 시의 화자가 아프게 예감했듯이, 민중을 진지로 삼은 민족문학운동의 영웅적인 '한 시대'의 마감이었던 것이다.

정치적으로는 진보적인데 문학적으로는 몰진보적인 미래파 시가 보이는 균열이란, 과연 '혁명 이후' 문학의 징후일까? 확

20. 송경동(2009), 『사소한 물음들에 답함』, 창비, p.33.

실히 그런 측면이 없지 않다. 분노에도 불구하고 분노가 절실한 형상 또는 소리의 옷으로 갈아입지 못하는 이 지체란, 고전적 의미의 전망이 불투명해진 한국 사회의 현실과 일정하게 연락될 것이기 때문이다.

그런데 이 지체 현상 역시 비정치적인 것이 아니라는 점에 주목해야 한다. 낡은 신은 떠났으되 새로운 신은 도래하지 않은 이 미묘한 회색의 때에 충성하는 과도기의 격렬한 표정 또는 혁명이 사라진 시대의 바로크적 고뇌가 바로 미래파의 넋인가? 두 세기에 낀 채 새로운 세기의 문학을 향해 예민한 촉수를 내밀며 어두운 모색을 거듭하는 이때야말로 근대문학의 집 자체를 근본에서 다시 봄으로써 '문학'을 탈구축 · 재구축할 절호의 시점이 아닐 수 없다.

구미발 문학이 주로 일본을 거쳐 한국에 상륙하여 토착의 문학을 급히 대신하면서 한국인의 내면 깊숙이 자리 잡는 절차에 대한 대강의 고찰을 통해 우리 안에 견고한 문학을 상대화하는 것이 무엇보다 선차적이다. 그런데 이 작업이 그저 평균적 또는 천편일률적 '탄생' 연작의 하나로 그치는 것을 더욱 경계하고 싶다. 지금 저무는 것이 (근대)문학이라 할지라도 그것이 어떤 (근대)문학인지 따져야 할 터인데, 혹 그게 바로 구미발 (근대)문학일지도 모른다는 점에 충분히 유의할 때, 막다른 골목에 처한 문학을 넘어 문학을 재구축할 수 있을지도 모르기 때문이다. 구미발 문학과 그 이전의 문학을 가로질러 문학으로 가는 길을 탐색하는 작업이란, 제국들의 황혼 속에서 동아시아의 귀환이 더욱 가까워지는 이 시점에 즉하여 혁명 또는 전망을 재정의하는 일과 무관하지 않을 것이매, 사명이 결코 가볍지 않다.

Part 2

기원론의 이력

1. 기원론의 먼 근원

'문학'의 기원을 따지고 그 연진演進 과정을 추적하는 논의들이 유행한 적이 있다. 황종연의 「문학이라는 역어譯語」1997를 필두로 이현식의 「문학의 자율성, 주체의 발견, 근대라는 미망」1998, 김동식의 「한국의 근대적 문학 개념 형성과정 연구」1999, 권보드래의 『한국 근대소설의 기원』2000 그리고 김명인의 「한국 근대문학 개념의 형성과정」2005에 이르기까지. 나 또한 「문학의 귀환」1999에서 그 시발이 되는 황종연의 글에 대한 논평의 형식으로 소견을 피력한바, 과연 세기말 즈음에 집중적으로 제기된 기원론의 함의는 무엇인가? 기원에 대한 유별난 관심이란 족보 취미처럼 정체성의 요동에 말미암는다는 점을 상기하면 한국에서도 산처럼 자명했던 문학에 탈이 나기 시작했다는 것을 뜻할 터이다.

그런데 이에 앞서 1970년대 말, 대구에서 조동일趙東一이 주도한 공동 작업에 주목하고 싶다. 주로 계명대 문학 교수들을 주축으로 한 '비교문학총서'1979가 그것이다. 원래는 다섯 권으로 계획되었지만, 마지막 권은 미간인 채 마무리된 이 총서는 당시로서는 획기적이라고 해도 지나치지 않다. 한국 · 중국 · 일본과 프랑스 · 영국 · 독일 문학 연구자들이 참여하여 문학 개념 자체를 비롯한 문학의 열쇳말keyword들, 예컨대 장르 · 문학사 · 문학비평 등을 각국의 용례에 따라 기술하고 다시 동양 안에서 또 서양 안에서 비교하며, 마지막으로 동서양을 뭉뚱그려 대비하는 것으로 총괄하는 서술 방식을 택한 이 대항목주의 사전은 문학과 그 열쇳말들에 대한 역사적 이해를 심화한 아마도 최초의 작업으로 기록될 것이다.

왜 그들은 이런 다원적 비교 작업을 시도했는가? 그들은 "특정 문학을 기준으로 하여 세계의 문학을 이해하고 논하려는 경향",[21] 즉 19세기 이전의 중국문학과 그 이후의 서양문학을 척도로 각국 문학을 재단하는 전파론적 비교문학론에 비판적인 동시에, "모든 문학은 각각의 역사적 · 문화적 맥락 안에서만 이해되는 개별적 단위일 뿐이라는 극단적 상대주의"를 경계하면서, 이 두 편향을 넘어 "고유한 전제와 개별성을 존중하면서 상호 비교의 작업을 통해… 전체적 이해와 종합의 가능성에 기여하는 전망을 수립"하고자 하였다.[22] 서구 근대문학을 유일한 기원

21. 동서문화연구소 편(1979), 『비교문학총서 1—문학 · 장르 · 문학사—』, 계명대출판부, p.3.
22. 동서문화연구소 편(1979), 앞의 책(주 21), p.4.

으로 경배하도록 훈육하는 프랑스파 비교문학littérature comparée과 그 반동으로 비교 자체를 거부하는 일국주의一國主義, 이 양자를 가로질러 진정한 의미의 세계문학Weltliteratur을 내다본 안목의 핵심은 무엇인가? 민주주의와 민족 통일을 지향하는 옹근 의미의 민족문학national literature을 건설하고자 고투한 1970년대 민족문학운동이 이 작업의 지향점이다. 한국문학을 서구문학의 비뚤어진 거울로 여기게끔 사주하던 서구 중심적 비교문학을 거절함으로써 한국문학의 독자성을 보위하되, 그것이 자칫 자폐로 전락함을 제어함으로써 한국문학의 개방성을 들어 올린 이 작업이야말로 **민족문학적 비교문학론**의 정립일 터인데, 그 과정에서 한 · 중 · 일 세 나라 문학의 비교가 이루어진 것은 후일 동아시아(문학)론으로 진전될 소중한 씨앗임을 새삼 깨닫게 된다.

이 점에서 조동일 등의 작업은 해체론과 일정하게 기미를 통하는 최근의 기원론적 경향과 분명히 차별된다. 알다시피 민족문학론은 건설론 또는 재건론인 데 반해, 기원론은 1970년대 이후 간난 속에 구축된 민족문학론에 대한 탈구축에 가깝기 때문이다. 그런데 건설론 또한 해체론과 전연 무관한 것이 아니기 때문에 양자가 칼로 벤 듯이 나뉘는 것은 물론 아니다. 민족문학론은, 특히 6·25전쟁 이후 한국 문단의 지배 이데올로기로 등극한 '순수문학론'에 대해 도전적 위치에 있었거니와, 바로 그 위치로부터 일정한 해체 효과가 결과적으로 드러나기도 한 터이다.

알다시피 한국의 순수문학론은 이론적으로는 순수를 지향함에도 불구하고 정치적으로는 순수하지 않다. 문학은 오로지 그 자체가 목적이라고 강조하면서 반공의 기치 아래 남한 역대 독재 정권들과 불가분의 관계를 맺음으로써 너무나 뻔한 정치를 자랑했기 때문이다. 물론 남한의 순수문학을 이런 분열에 빠트린 체제의 악령을 더욱 고발해야겠지만, 그에 즐거이 투항한 문인들의 책임 또한 면제되기는 어려운 노릇이다. 그럼 이 불순한 순수문학론은 한국의 독창인가? 그런 측면이 없는 것은 아니지만 그 기본은 역시 수입이다. 순수문학론의 원조는 바로 문학의 자율성을 표 나게 강조함으로써 그 이전과 날카롭게 단절된 서구 근대문학론이기 때문이다. 물론 순수와 비순수가 염치없이 손잡은 냉전시대의 한국과 달리 원산지 구미의 순수론은 이런 분열이 이처럼 노골화하지는 않았다. 그럼에도 양자 사이에 만리장성을 쌓을 수는 없는 일이다. 원산지로부터 멀리 떨어진 변방에서는 은폐되었던 모순이 훨씬 더 극적으로 표출되게 마련이라는 점을 염두에 둘 때, 그래도 품위를 지키던 서양발西洋發 자율성론이 20세기의 모순이 중첩된 분단 한국에서 적나라하게 드러난 것 또한 자연스럽다면 자연스러운 일이 아닐 수 없다. 종합컨대 조동일 등의 작업은 그 소박성에도 불구하고 그동안 익숙한 순수문학론이 서구 근대에서 건너온 낯선 물건이라는 점, 서양에서도 그랬지만 동양에서는 더구나 문학의 정치성이 그 핵이었다는 점, 따라서 문학 즉 자율성에 기초한 순수문학이란 문학의 초역사적 본질이 아니라 어디까지나 역사적으로 만들어진 개념이라는 점을 지적하는 것만으로도 해체론의 효과를 냈던 터이다.

2. 기원론의 효시

춘원 이광수春園 李光洙, 1892~1950의 평론 「문학文學이란 하何오」1916를 정밀히 검토하면서, 춘원의 문학이 'literature'의 역어로서 성립한 일본의 '분가쿠文學'를 다시 번역한 "자율적이고 독립적인 예술"[23]이라는 근본적으로 새로운 담론임을 분별한 황종연의 「문학이라는 역어」는 획기적인 글이다. 이전에도 춘원의 이 평론에 주목한 이들이 적지 않았지만, 구미와 일본에서 이루어진 새로운 연구 성과들을 충분히 참조한 바탕에서 동서고금

23. 황종연(1999), 「문학이라는 역어」, 문학사와비평연구회, 『한국문학과 계몽 담론』, 새미, p.26. 내가 전에 「문학의 귀환」(1999)에서 이 글을 검토할 때는 『동악어문논집(東岳語文論集)』(1997)에 실린 것을 텍스트로 삼았다.

을 종횡하며 문학의 개념사를 이처럼 흥미진진하게 추적한 연구자는 거의 없었다고 해도 좋을 것이다. 무엇보다 모든 단단한 것이 의심의 눈초리 속에 홀연 흔들리는 세기말의 지적 풍경이 이 글에 짙게 배어 있다.

익숙한 것들의 기원으로 거슬러 올라가 그 낯설음을 백일白日 아래 폭로함으로써 그 위의를 박탈하는 지적 공작을 그는 누구보다 능숙하게 구사할 줄 알았던 것이다. 이런 해체 작업이란, 잘만 이용한다면 한국 사회가 그동안 신줏단지처럼 모셨던 열쇳말들을 탈신화화함으로써 다른 가능성을 꿈꿀 수 있게 개방한다는 점에서 나쁘지 않은 것이거니와, 황종연 역시 그 역할을 훌륭하게 수행했다.

사실 문학이라는 용어는 우리에게 너무나 익숙해서 그 기원을 망각하기 일쑤인데, 황종연은 우선 문학이 근대에 만들어진 구성물임을 명백히 한다. 동서양을 막론하고 근대 이전의 문학/리터러처는 사람다움을 갈고닦는 학문과 문장, 또는 위대한 고전을 가리키는 포괄적 교양이었던 것이다. 그런데 서양에서 18세기 이후 리터러처가 분화하기 시작하여 19세기에는 시 · 소설 · 희곡 · 평론을 가족으로 거느린 자율 영역으로 독립하였으니, 바로 "19세기 이후 특수화된 의미에서의 리터러처"황종연 1999 : 15가 일본에 수입되어 분가쿠로 번역되었던 터이다. 일본에도 그 이전, 동아시아 한자문화권이 공유하는 의미로서의 전통적인 분가쿠가 존재했음은 물론이다. 메이지明治 일본은 근대적 리터러처의 번역어로서 전통적인 분가쿠를 선택하여 그 해석만 변경했던바, 근대적 의미의 분가쿠 즉 순문학은 "1885~1886년 무렵에 일본어에 정착"황종연 1999 : 18되기 시작했다. 바로 그 분가쿠를 한국으로 수입하여 근대문학의 집을 구성한 효시가 패기만만한 와세다 재학생 춘원이니, 이 연쇄 속에서 '번역된 근대'는 일단 완결된다. 나아가 황종연은 춘원이 꿈꾸었던 문학의 자율성이 "정情을 기초로 성립"황종연 1999 : 24한다고 지적한다. 서구에서 기원하여 일본의 중개로 수용된 지정의론知情意論이라는 문학을 '정'의 분야에 배분함으로써 '미적인 것the aesthetic'의 영역을 축성祝聖하는 것인데, 이 공정이 직간접적으로 겨냥하는 바는 바로 정을 억압하는 유교에 대한 철저한 부정일 터이다. 요컨대 황종연은 춘원의 문학이 실은 이러한 심미화 공정을 거쳐 단절 속에 탄생한 특수한 근대문학론임을 특정했던 것이다.

그런데 황종연은 여기서 더 나아가 춘원의 문학론이 근대문학론인 동시에 "'조선문학'의 이념"황종연 1999 : 26, 즉 민족문학론이기도 하다는 점을 지적한다. 서구 근대문학이 중세 공동문어문학의 해체 과정에서 발전한 각 민족어에 의한 민족문학으로서 현현된 점을 상기할 때, 춘원의 문학이 "메이지 일본의 국문학"을 모형으로 한문을 배제한 속문주의적 민족문학론으로 나아간 점을 이해하게 된다. 문학의 심미적 독립과 "문학의 민족적 분립"이 병발한 셈인데황종연 1999 : 28, "감각과 감성의 정련을 통한 자율적 주체의 형성을(원문에는 '의'—인용자) 추구하는 심미주의와 민족적 일체성을 진작하는 민족주의는 실은 이광수에게 별개의 것이 아니"황종연 1999 : 36었던 것이다. 흥미로운 통찰이다. 그리하여 그는 춘원의 이러한 '미학 이데올로기aesthetic ideology'가 지닌 모순을 간파하는 것으로 논의를 총괄한다.

> 미적인 것에 대한 사유가 한편으로는 육체적 · 감각적 인간을 해방시키면서 다른 한편으로는 국가적 · 사회적 통일을 인준하는 식으로 해소 불가능한 모순을 내포하고 있다면, 그러한 모순이 식민지 한국처럼 미학 이데올로기의 토착적 기반이 없는 사회에서 더욱 심각하고 강렬하게 경험될 수밖에 없으리라는 것은 자명한 이치다. 특히 서양 근대미학의 원용을 비롯한 근대의 번역 전체가 민족 자주의 정치와 유리된 식민지 상황에서 미학 이데올로기가 목표로 하는 감각과 이성, 육체와 율법의 화해는 순전한 공상이 되기 쉽다.
>
> —황종연 1999 : 38~39

황종연은 이에 이르러 식민지라는 상황을 거의 고려하지 않은 채, 심미주의와 민족주의의 겹눈을 지닌 근대문학 담론을 실천하고자 한 춘원의 기획이 결국은 이루어질 수 없는 한낱 공상에 그치고 말았음을 넌지시 암시한다. 춘원의 삶과 문학이 보여준 굴절들을 상기할 때, 춘원의 몽상이 현실로 이행하는 데 근본적 장애를 조성한 식민지 현실을 통탄하는 바이지만, 그럼에도 그 책임을 바깥으로만 돌리기는 어렵다.

과연 춘원의 문학은 무엇이 문제인가? 황종연의 분석에 감탄하면서도 아쉬움 또한 없지 않은데, 요컨대 기원론의 문제다. 알다시피 기원론이란, 기본적으로 일본을 매개로 한 서구의 도착 이전과 이후의 조선 사회를 비연속으로 보는 단절론이다.

그런데 춘원이야말로 자신을 항상 이 땅에 강림한 새로운 종족으로 여기곤 했던 전형적인 단절론자다. 단절론자를 단절론으로 접근하면 춘원의 근본적 문제점이 드러나기 어렵다. 서구의 도착을 결정적 계기로 삼아 두 문학 사이에 만리장성을 쌓고, 아니 그를 통해 근대의 이름으로 이전의 문학을 추방하고자 한 춘원을 내재적으로 파악해 들어가는 기원론은, 그래서 자칫 옷을 갈아입고 새로이 등장한 비교문학[24]으로 독해될 여지가 없지 않을 것이다. 그렇다고 연속론으로 돌아가자는 것은 물론 아니다. 심각한 수준의 비연속이 존재한다는 것을 외면하고 '두 사회 또는 두 문학이란 없다'는 입장에 선 내재적 발전론 또한 눈 가리고 아웅이기 때문이다. 연속과 비연속의 '기우뚱한 균형'[25]이란 복안複眼을 견지하는 일이 요체다.

이전의 문학과 이후의 문학 사이에 단층이 개재된다 하더라도 두 문학을 인위적으로 절단하는 것은 사실 관념적이다. 이전의 문학이 비자율적인 영역으로 존재했다손 쳐도, '과연 그것이 꼭 낙후의 표지標識인가?'라는 근본적 질문은 차치하고, 이전 시기를 통틀어 그러했다고 몰밀어 버릴 수는 없는 노릇이다. 이데올로기의 진화에 따라 이전 시대에도 문학의 자율성이 상대적으로 눈에 띄게 증진하는 때들이 있게 마련이었다. 그 역도 진실이다. 춘원이 신줏단지처럼 모신 자율성이 지배하는 근대

24. 한때 이식문학론자로 비판된 임화(林和, 1908~1953)는 단순한 이식론자가 아니다. 물론 연속성에 대한 감각에도 불구하고 근본적으로 서구중심주의를 탈피하지 못한 한계는 엄연하더라도, 비연속의 계기가 연속을 압도한다는 점을 냉정하게 받아들임으로써 궁극적으로 이식성의 극복을 염원한 창조론자이기 때문이다. 임화의 복합적 이식론을 속류화한 대표적 명제는 아마도 '갑오경장 이전에는 중국문학, 그 이후에는 서구 내지 일본문학의 지배를 받았다'는 것을 자랑스레(?) 내건 1950년대 한국 비교문학 담론일 것이다.

25. 이 말은 김지하에 의해 유명해졌지만 창안자는 김진석이다. 동일성의 원리에 입각한 변증법적 종합의 대안으로 모색된 '기우뚱한 균형'은 완성/미완성을 가로질러 "기우뚱거리고 흔들리며 가는 일" 그 과정 자체를 중시하는 매력적인 개념이다. 김진석(2008), 『기우뚱한 균형』, 개마고원, pp.6~7.

이후에도 이전 시대 문학의 풍모가 직간접적으로 드러나기 일쑤였던 것이다. 아니 문학의 사회적 책임이 유난히 두드러질 수밖에 없었던 20세기 한국문학사에서 오히려 순수문학이 예외 상태가 아니었던가.

사태의 여여如如한 파악을 저해하는 '인식론적 단절'은 단절을 극복할 장소를 미궁에 빠뜨린다는 점에서 더욱 문제다. 황종연이 지적했듯이 춘원의 '문학'론은 근대문학론이자 민족문학론이다. 그런데 황종연은 춘원에서 근대 비판의 결여라는 핵심을 문제 삼지 않는다.

춘원은 근대에 홀린 근대주의자에 가깝다. 이 때문에 춘원의 민족문학론이란 '구미 또는 일본 따라 하기'에 급급할 뿐, 반식민 또는 탈식민의 계기가 실종하는 것이다. 따라서 진정한 의미의 민족문학에는 불급이다. 요컨대 춘원의 식민성을 황종연은 간과했다. 춘원의 유명 짜한 반유교는 반중국인데, 그 숨은 짝은 친일 즉 친구親歐다. 반중친일을 축으로 삼는 춘원의 계몽주의란, 후쿠자와 유키치福澤諭吉, 1835~1901의 악명 높은 '탈아입구脫亞入歐'라는 점에서 불구다. 물론 친중반일이 옹글다는 말은 아니다. 이 역시 옹글지 않기는 마찬가지다. 중국으로 표상되는 '근대 이전'과 일본으로 대표되는 '근대'라는 근대주의적 관점을 근본에서 다시 보면서 '근대 이후'를 내다보는 탈식민적 민족문학 건설이라는 비전이 요충일 것인데, 안타깝게도 춘원은 이것이 맹점이다.

그럼 이처럼 진정한 계몽주의에 미치지 못한 춘원은 이미 낭만주의자인가?

한국 근대문학 연구에서는 1910년대 이광수의 문학과 사상을 관례적으로 계몽주의라고 부르고 있지만 그것은 실은 부적절한 명칭이다. 비록 그의 논설에 문명개화론이라는 일본판 계몽사상의 요소들이 산재되어 있긴 해도 그에게서 진실로 계몽주의적인 사유 형식을 찾아보기는 어렵다. "인人은 실로 정적情的 동물이라"는 정육론의 명제로 집약되는 1910년대 이광수의 사상은 계몽주의보다는 낭만주의에 훨씬 가까운 것이다.

—황종연 1999 : 33

나 또한 춘원을 계몽주의로 한정 짓기 어렵다는 데 동의하지만, 그를 옹근 낭만주의로 보는 데는 주저한다. 춘원의 '정육론情育論' 자체가 낭만주의와 계몽주의의 복합은 아닐까? 더욱이 감성의 해방을 저해하는 원흉으로 유교 내지 중국적인 것만이 지목될 뿐, 무단통치 아래 숨죽인 식민지제도는 암시조차 없다. 그는 때로는 계몽주의자이고 때로는 낭만주의자다. 끝내 문인으로 불리기를 거절한 일은 저명한 것인데, 이는 전통적 국사의식國士意識과 멀지 않다. 「문학이란 하오」에서 문학의 자율성에 근거하여 전통적 의미의 문학을 그토록 부정했지만 그는 문인=정치가의 포즈를 끝내 누린 터이다. 모순의 공존이 너무 자연스러운 춘원의 진짜 문제는 불철저성인데, 이는 우리 시민문학의 취약성에 말미암는 것인지도 모른다. 루소Jean-Jacques Rousseau, 1712~1778의 예에서 보듯이, 계몽주의와 낭만주의가 단순 대립항만은 아니라는 점에도 유의하면 춘원을 낭만적 계기를 품은 계몽주의자로 조정하는 게 합리적일 것이다.

3. 번역론의 문제

기원론은 번역론과 동전의 양면을 이룬다. '영향'을 요술 방망이로 삼아 발신자와 중개자와 수신자라는 위계적 연쇄 고리를 추적하는 프랑스파 비교문학은 전형적인 서구주의 번역론이었다. 그리하여 수신자의 위치에 자리한 비교문학적 한국 근대문학 연구란, 표절과 오역을 적발하는 한편 기원으로 되는 서구와 중개자 일본을 얼마큼 잘 번역했느냐를 박식하게 따지는 사냥질로 굴러 떨어지고 만다. 물론 표절과 오역의 감시는 그것대로 철저히 이루어져야 하거니와, 그럼에도 생산자 중심시대의 서구자본주의에 기반을 둔 독창성에 대한 무조건적 숭배와 깊이 연관된 이 정당한 작업조차 작가주의적 경직성의 표출이

기 쉬울 터인데, 이 지점에서 기원론과 함께 번역론이 다시 부상한 것 또한 흥미롭다. 원본과 번역본의 관계를 근본에서 다시 생각하지 않는다면 번역론이란 기존의 서구주의를 새로이 강화하는 변증에 다름 아니게 될 것이기 때문이다.

발터 벤야민Walter Benjamin, 1892~1940의 평론 「번역가의 과제」1923는 그 발판으로 되었다. 이 글에서 그는 "그 궁극적 본질에서 원본에 대한 닮음만 추구한다면 어떤 번역도 불가능하다"라는 '모사론의 불가능성the impossibility of an image theory'[26]을 천명함으로써 양자 관계의 틀을 흔든다. 중심과 주변에 유비되는 원본과 번역의 위치에서 후자는 늘 주눅 들게 마련인데, 그는 그 종속성으로부터 탈각할 가능성을 원문에 대한 충실성이 오히려 의미의 풍요로운 재생을 저해할 수 있다는 입장을 세움으로써 개시開示한다. 그리하여 번역은 원본을 따라잡으려는 가여운 추발追發, 즉 "두 죽은 언어들의 불모의 등식the sterile equation of two dead languages"Walter Benjamin 1983 : 73이 아니라 "작품의 영원한 생명과 언어의 지속적 재생에 불을 붙이는"Walter Benjamin 1983 : 74 높은 생성의 축복으로 된다. 따라서 "많은 혀들을 하나의 진정한 언어로 통합하려는 위대한 동기"Walter Benjamin 1983 : 77를 머금은 본디 의미의 번역이란 "언어의 복수성the plurality of languages"Walter Benjamin 1983 : 82을 가장 창조적으로 현시顯示하는 빛나는 형식으로 오르는 것이다.

'두 언어의 황홀한 점화'라는 벤야민의 통찰이 기존의 서구

26. Walter Benjamin(1998), *Illuminations*, trans. by Harry Zohn, Schocken Books, p.73. 반성완 편역(1983), 『발터 벤야민의 문예이론』, 민음사에 실린 국역본도 참고한다.

중심적 번역론을 해체함으로써 번역의 문맥에 대한 더 포괄적인 시야가 종요롭다는 데 유의해야 함에도 불구하고, 이미 지적했듯이 현실적으로 존재하는 위계를 간과하게 한다면 그것이야말로 벤야민의 뜻을 저버리는 일이 아닐 수 없다. "다른 두 개의 언어를 동등하게 만드는 과정"이 번역이지만, "어떤 두 언어도 동일해질 수는 없으며, 번역 과정에서 두 언어의 차이는 항상 새롭게 만들어진다"[27]라는 지적처럼, 번역에 필연적으로 따르는 동일과 차이란 권력의 문제인 것이다. 초극의 가능성을 내다보되 현존하는 권력 관계에 충분히 유의하는 눈이 지금 요구된다고 하겠다.

솔직히 말해 모든 번역이 점화가 아니거니와, 그를 위해서도 특정 번역의 상태를 꼼꼼히 점검하는 일이 중요하다. 춘원이 구성한 '문학'이라는 번역어만 해도 한편으로는 점화지만 또 한편으로는 소화消火였다. 이미 지적했듯이 전통문학이 근대문학으로 이행하는 데 결정적 걸음을 기록한 그의 문학은, 전통에 대한 불복종과 서구 또는 일본에 대한 복종이 두 언어의 창조적 통합이 아니라 후자에 대한 충성으로만 귀결됨으로써 종속적 영역을 넘어서지 못했기 때문이다.

그런데 그 종속이 서구의 리터러처소차 비트는 기이한 과정을 거친다는 점이다. 춘원은 리터러처를 그의 고질적 이상주의로 성화聖化함으로써 문학을 철저히 탈생활화하였던 것이다. 아무리 서구의 리터러처가 자율성을 축으로 구성되었다손 쳐도 그

27. 브루노 라투르 외(2010), 『인간 · 사물 · 동맹』, 홍성욱 편역, 이음, p.25.

처럼 순수한 구성물은 아닐진대, 춘원의 문학은 전통문학의 전체성은 물론이고 서구의 리터러처가 지닌 생활적 문맥조차 거세한 증류수로 만들었다고 해도 지나친 말은 아닐 것이다. 이 점에서 서구의 필로소피philosophy가 일본에서 데쓰가쿠哲學로 번역되면서 겪은 변모에 대한 야나부 아키라柳父章의 통찰은 중요한 참조가 된다.

> 요컨대, 번역에 적합한 한자 중심의 표현은, 다른 한편, 학문 · 사상 등의 분야에서, 번역에 적합하지 않은 토착어 전래의 일상어 표현을 밀어 제치고 끊어 버려 왔던 것이다. 그 때문에, 예컨대 일본의 철학은, 우리의 일상에 살아 있는 의미를 밀어 제치고 끊어 버려 왔던바, 이는 일상 보통으로 살아 있는 의미로부터, 철학 등의 학문을 구성하지 않았음을 뜻하는 터다. 그것은 바로 지금으로부터 350년쯤 전 라틴어가 아니고 굳이 프랑스말로 『방법서설方法序說』을 쓴 데카르트의 시도의 기본적 태도와 상반하는 것이고, 더욱이는 소크라테스 이래의 서구철학의 기본적 태도와 상반하는 것이다.[28]

동아시아에서 왜 '철학'이 '휴거携去' 상태로 되었는지를 잘 알려 주는 대목이 아닐 수 없다. '지혜를 사랑함愛知'이라는 서구의 '필로소피'가 일본에서 철학이라는 한자어로 번역됨으로써 철학은 원래의 실천적 함의를 거의 상실한 채, 지상에서 이륙하여 영원으로 날아가 버리고 말았던 것이다. 그런데 이 번역 또

28. 柳父章(1997), 『翻訳語成立事情』, 岩波書店, p.124.

한 동아시아의 전통과 단층을 이룬다는 점에 주목해야 한다. 아마도 서구의 필로소피에 걸맞은 말은 학문學問일 터인데, 이는 본디 '배우고 묻는' 것이다. 서양어로 번역이 거의 불가능한 학문이 오히려 서양의 스칼러십scholarship 또는 사이언스science나 비센샤프트Wissenschaft의 번역어로 채용되는 한편, 필로소피는 일본이 고심해서 만든 조어 '철학'으로 고정되면서 필로소피도 학문도 모두 탈현실화하고 말았던 바이다.

이와 유사한 과정이 리터러처의 번역에도 반복되었다. 물론 철학과 달리 문학은 새로운 조어가 아니라 이미 있는 말을 채택해 전자만큼 낯설지 않기는 하다. 그런데 이 때문에 옛 문학에 대한 새 문학의 분별에 더욱 집착하는 바람에 어떤 점에서 이상주의적 왜곡이 오히려 철학보다 우심한 바 없지 않다. 더구나 일본이 가공한 문학을 다시 수입한 조선, 그것도 근대주의가 고황膏肓에 든 식민지 엘리트의 포즈를 대표하는 춘원의 경우, 리터러처는 물론 분가쿠마저 창조적으로 해체하면서 문학을 재구축하는 점화를 기대하기는 애초부터 난망이라고 아니할 수 없다.

번역론의 궁극은 무엇인가? 물론 번역 문화 또는 이식의 극복이다. 그렇다고 번역이 꼭 부정적이라고 볼 필요는 없다. 가토 슈이치加藤周一, 1919~2008는 말한다.

> 또 번역 문화가 그 나라의 문화적 자립을 위협하는 것은 아니다. 오히려 역으로 문화적 자립을 강화하는 측면을 가지고 있다. 번역은 외국의 개념과 사상의 단순한 수용이 아니라, 다행인지 불행인지 항상 자국

의 전통에 의한 외래문화의 변용이기 때문이다. 외래 사상이 지식층과 대중 사이의 간격을 장기적으로 확대시키지만은 않는다는 바로 이 점을 메이지 초기의 번역자들—적어도 그 일부—은 분명히 깨닫고 있었다. 만약 문화적 창조나 혁신적 사상이 지식인과 대중의 깊이 있는 접촉을 통해 성립하는 것이라고 한다면, 번역 문화는 창조력을 자극하면 자극했지 억압하지는 않는 것이다.[29]

그런데 이러한 원론적 온당함이 실제로는 다양한 층위로 드러날 터인데, 가토는 "문화적 '일방통행'은 쇄국 일본뿐만 아니라 근대일본의 특징이기도 했던 것"[30]이라고 덧붙인다. 그러니까 '일방통행'에 기초한 문화적 고립을 넘어서기 위해서는 자립이 관건으로 되는데, 문화적 자립이야말로 쌍방향성을 바탕으로 한 진정한 국제주의를 실현할 핵이기 때문이다. 요컨대 번역론은 번역론을 초극할 동기가 작동할 때 비로소 정당함이 보증되는 반어적 담론이다.

기원론과 번역론으로 춘원의 문학에 접근할 때 일어날 수 있는 문제에 대한 연구자들의 시각은 더욱 예민해져야 하는데, 특히 리터러처의 번역으로서 성립된 문학 이전의 (전통)문학도 하나의 엄연한 현실이라는 점을 명념하는 한편, 근대주의에 깊이 침윤된 문학을 극복의 대상으로 설정하는 의식적 자세가 요긴하다 하겠다. 춘원의 이상주의적 번역으로 더욱 성화된, 그럼으

29. 마루야마 마사오 · 가토 슈이치(2001), 『번역과 일본의 근대』, 임성모 옮김, 이산, pp.178~179.

30. 마루야마 마사오 · 가토 슈이치(2001), 앞의 책, p.179.

로써 더욱 탈현실적으로 된 문학을 구원하는 것이 종요롭다. 번역 이전의 문학이 자연스럽게 또는 자각적으로 추구한 생활 세계의 육체성에 기초한 더 큰 세상의 탐색을 새로운 상황에 즉하여 재구축함으로써 문학을 쇄신하는 작업이, 서구에서 기원한 근대문학의 종언에 즈음하여 다른 가능성으로 이월할 출구를 마련하는 결정적 작업으로 된다면 더욱 좋은 일이다.

4. 별도의 기원론

『문학과사회』 1998년 가을호는 '한국현대문학의 시원을 찾아서'라는 흥미로운 특집을 두었다. "건국 50주년"을 계기로 문학의 "새로운 시작"을 모색하기 위해 살아 있는 과거로 거슬러 올라간 이 특집에는 김병익金炳翼 · 홍정선洪廷善 · 이현식李賢植 · 사나다 히로코眞田博子가 참여했는데, 얼핏 보면 황종연의 기원론과 문제의식을 공유하는 듯하다. 그런데 '건국 50주년'이라는 좀 근엄한 기념과 관련되어서인지 뜻밖에도 전통적인 역사주의에 가까운 접근이거니와, 이 특집을 여는 이현식의 글 「문학의 자율성, 주체의 발견, 근대라는 미망」 또한 춘원을 비롯한 초기의 자율성 문학론들의 핵심적 쟁점을 드러내려고 고투한 점에서 더욱 그렇다.

그 역시 춘원의 「문학의 가치」1910를 비롯한 각천 최두선覺泉 崔斗善, 1894~1974의 「문학文學의 의의意義에 관關하여」1914, 안서 김억岸曙 金億, 1896~?의 「예술적 생활」1915, 그리고 자산 안확自山 安廓, 1886~1946의 「조선의 문학」1915 등을 근대적 문학관의 첫 표백表白으로 승인한다. 그런데 이 글들이 공교롭게도 나라가 식민지로 전락한 이후에 집중적으로 나타난 점과 그 발표지가 일본유학생회가 일본에서 발간한 잡지였다는 점을 잊지 않는다. 다시 말하면 "이 글들은 조선과 일본의 경계선에 놓여 있었"다는 것이다.[31] 그 의미는 무엇인가? 자율성을 중심으로 구성된 이 새로운 문학 담론이 조선의 내발적 요구라기보다는 해협 건너 일본에서 불어온 바람에 더 의존하고 있음을 지적함으로써 그 추상성마저 넌지시 드러낸 것이다. "되풀이하건대 이들에 의해 자각된 문학의 모습이 당시 조선에서 갖는 의미는 제한적일 수밖에 없었다. 그들은 조선의 문학적 성과를 기반으로 논의를 전개할 수 있는 위치에 있지 않았고, 또 당시의 조선문학이 그럴 만큼 난숙하게 발전한 것도 아니었다. 조선의 현실은 더욱더 암담하기만 해서, 근대로의 진전은 식민지로 종착되고 중세적 삶의 질서는 완고하게 자신의 자리를 내놓지 않고 있었다"이현식 1998 : 852. 경계성이 이식적인 동시에 제한적이어서 당대의 민족 현실과 부정합적不整合的이라는 지적은 소중하다.

31. 이현식(1998), 「문학의 자율성, 주체의 발견, 근대라는 미망」, 『문학과사회』 1998년 가을호, p.851.

그런데 "문학의 자율성"이라는 축이 얼핏 어울려 보이지 않는 "문명의 발전"이라는 다른 구호와 "어느 순간에 갑자기 등치"되는 마술을 부린다는 것이다이현식 1998 : 855. 전자가 일본에서 건너온 탈계몽주의라면 후자는 바로 앞 시기의 애국운동으로부터 물려 온 계몽주의의 유산처럼 보이지만, 실상은 그렇게 간단치 않다는 게 문제다. '문명의 발전'이라는 구호는 "근대를 따라잡으려는 욕망"이현식 1998 : 856, 즉 식민지가 괄호에 묶이는 근대주의적 발상에 더 지펴 있기 때문에 이때의 계몽주의는 애국계몽운동보다는 친일개화론에 가깝다는 것이다. 물론 이 도도한 근대주의를 비판한 자산처럼 "아마도… 유일하게 애국계몽운동 노선을 이어받"은 문학론자도 없지 않았지만이현식 1998 : 856, 거개는 자율성의 문학을 건설하는 것이 문명국에 참여하는 지름길이라는 순진한 신념을 토로한 근대 추종자들이라는 해석이다.

이는 춘원의 「문학이란 하오」를 분석할 때도 거의 그대로 관철된다. 이현식은 이 획기적인 평론 역시 "총독부 기관지였던 『매일신보』에… 연재된"이현식 1998 : 856 글임을 밝힌 연후, 또 유사하게 복제되는 논리적 연쇄의 끝에 놓인 문명론의 이면을 침통하게 지적한다.

> 『매일신보』가 총독부 기관지였다는 점을 감안하기는 해야 하나, 문명개화 제일주의가 갖고 있는 위험성이 드러나는 대목이 아닐 수 없다. 합방을 문물제도의 근대화로 읽어 내는 시각은 관념적 근대가 다다른 막다른 골목이었다. 한편으로 휘황찬란한 도쿄의 근대문명에 감탄하

고, 다른 한편으로는 중세의 질곡 속에서 아직도 빠져나오지 못하고 허우적대는 조선의 현실을 바라보면서 이광수는 문학과 예술이야말로 문명개화를 이루는 길, 인간의 정서를 근본적으로 바꾸어 놓을 수 있는 유력한 수단이 된다는 것을 더욱 뼈저리게 느끼고 있었던 것이다. 그렇지만 그의 눈에 보이는 것은 근대의 휘황한 불빛만이었다. 그 불빛에 가려 근대의 뒷골목과 자본의 욕망은 보지 못하고 말았다.

—이현식 1998 : 857~858

분석의 치밀성이 부족하고 더구나 계몽주의와 탈계몽주의 사이에서 주저하는 탓에 방법적 일관성이 떨어지는 면이 없지 않지만, 초기 문학 담론들의 식민성을 지적한 점만으로도 이현식의 평론은 문제의 역사에서 일정한 자리를 스스로 확보한다.

5. 후속 기원론

황종연의 작업은 김동식으로 이어진다. 그 역시 문학이 초역사적 실체가 아니라 "계몽주의 이후에 역사적으로 제도화된 관념의 체계라는 관점", 즉 구성주의를 지지한다. 그런데 근대문학 개념 형성의 가장 중요한 역사적 계기로, "계몽의 기획"과 "미학적 자율성에 관련된 담론적 축적",[32] 이 두 가지를 꼽는다. 후자에 방점을 찍은 황종연과 달리 김동식은 전통적 문학 개념이 일정하게 작동하고 있던 계몽주의 시기에 더욱 유의하였던 것이다. 그럼에도 그는 양자 사이에 존재하는 단층에 주목한다.

32. 김동식(1999), 「한국의 근대적 문학 개념 형성과정 연구」, 서울대 문학박사학위논문, p.i.

일반적으로 개화기문학론에 대하여 공리적 기능을 강조한 문이재도文以載道의 전통적인 문학관의 연속성을 강조하고 있다. …특히 단재, 위암 등의 문학관과 관련해서는 그러한 논의가 대체로 승인되어 왔던 것이 사실이다. 신소설과 구소설에 대해 부정적이고 비판적인 인식을 보인다고 해서, 전통적인 문학관이 연속되었다고 판단하는 것은 성급한 일로 생각된다.

—김동식 1999 : 54

단재 신채호丹齋 申采浩, 1880~1936와 위암 장지연韋庵 張志淵, 1864~1921은 알다시피 유학의 기반이 두터운 계몽주의자다. 이 때문에 그들의 문학관을 의상을 갈아입은 재도론載道論[33]으로 미루어 보는 경향이 은연중에 퍼지기도 한 터인데, 김동식은 이와 같은 암묵에 반대한다. 왜 그러한가?

1900년대에 이르면 문이재도의 문학관에서 핵심 영역에 해당하는 도의 관념이 유효성을 상실하게 된다. …진화론적인 세계상 속에서… 유교가 보편적인 학문의 지위에서 스스로 내려와 종교의 영역으로 기능분화되는 과정은 전통적인 도 개념이 더 이상 유효성을 가지지 않게 되었다는 점을 명백하게 보여 준다.

—김동식 1999 : 58

조선 왕조의 지배 이데올로기였던 유학, 더 정확히 하면 주자

33. "문은 도를 실어 나르는 그릇 또는 수레"라고 지정한 송유(宋儒)의 문학론.

학이라는 '도'가 근대와 부딪쳐 추락함으로써, 도에 대한 '문'의 종속으로 특징지어지는 재도론의 엄격한 틀이 해체되면서 문의 중립성이 두드러진다는 것이다.

> 재도지문의 전통적인 문 개념이 약(藥—인용자)으로서의 문과 독(毒—인용자)으로서의 문을 엄격하게 구분하고 독으로서의 문을 체계적으로 배제하는 논리였다면, 장지연이 보여 주고 있는 이 시기의 문 개념은 독이면서 약일 수 있는 문 개념이다. 따라서 이 시대의 문 개념은 양가적이며 중립적인 성격을 보여 주고 있다.
>
> —김동식 1999 : 59

약/독 담론이 과연, 계몽주의 이전/이후 문의 성격을 가르는 결정적 지표가 될지 여부는 의문이기는 하지만, 독점적 위치에서 군림하던 주자학이 공격의 대상으로 반전하면서 오직 이데올로기를 전달하는 도구에 지나지 않은 전통적 의미의 문이 "'일반화된 의사소통 양식' 또는 공적인 성격을 띠는 의사소통 매체 일반"김동식 1999 : 60으로 전변하며 상대적 자율성을 획득하게 되었다는 관찰은 예리하다. 그런데 다시 생각해 보면, 재도론의 문이 그처럼 비자율적인지 의심이 들기도 한다. 문이란 도를 실어 나르는 수레에 지나지 않는다고 선언했어도, 이는 어디까지나 순수 담론 공간에서나 있을 법한 일이지 실제로는 관철되기 어렵다. 도가 주인이 되어 문을 부린다 하더라도 도가 올라타는 순간, 문도 도도 이미 그 이전 상태가 아니게 되기 때문이다. 예컨대 퇴계 이황退溪 李滉, 1501~1570의 문은 퇴계의 문이고,

율곡 이이栗谷 李珥, 1536~1584의 문은 율곡의 문일 따름이다. 몰개성을 지극한 경지로 들어 올리려는 바로 그 순간에도 문체는 발생한다. 이 점에서 계몽주의시대의 문이 중립적이라는 언술 역시 상대적인 것이다. 물론 주자학은 낡은 신으로 퇴장하고 있었다. 그런데 그 대신 네이션이라는 새로운 신을 영접하려는 다양하면서 치열한 고투들이 임리淋漓한 때라는 점 또한 잊을 수 없다. 이 속에서 문의 자율성이 상대적으로 증진했다고 볼 수도 있지만, 한편 그 역도 성립한다. 신들의 교체기라는 과도기의 표정은 조선을 둘러싼 환경이 절박했기 때문에 어떤 점에서는 재도론시대보다 더 엄격했으니, 고전소설들에 대한 계몽주의 소설가 동농 이해조東儂 李海朝, 1869~1927의 공격은 저명한 예의 하나일 것이다.

> 말할진대 『춘향전』은 음탕 교과서요, 『심청전』은 처량 교과서요, 『홍길동전』은 허황 교과서라 할 것이니, 국민을 음탕 교과로 가르치면 어찌 풍속이 아름다우며, 처량 교과로 가르치면 어찌 장진지망長進之望이 있으며, 허황 교과로 가르치면 어찌 정대한 기상이 있으리까?[34]

이해조의 공격은 통쾌하다. 아주 틀렸다고 보기도 어렵다. 그럼에도 이 소설들에 대한 그의 비판은 거의 비난에 가깝다. '인민의 자유'와 '나라의 독립'[35]을 기둥으로 한 국민문학national litera-

34. 이해조(1996), 『자유종』, 최원식 교주, 창비, p.16.
35. 이해조(1996), 앞의 책, p.9.

ture의 건설이라는 초미의 과제를 앞둔 작가의 절박성에 긴박緊縛된지라, 이처럼 과잉한 단순화가 이루어진 것이다. 주자학이라는 일신교로부터 국민 종교라는 새로운 일신교로 건너가는 시대의 급진성 탓으로 돌려도 무방할 터인데, 이 점에서 계몽주의자들의 소설 공격은 주자학자들과 상통한다고 볼 수 있다. 요컨대 이 시기의 문에 드러나는 중립성의 계기는 자상히 살펴야 할 터이지만, 앞 시기와의 연속성 또한 명념할 일이 아닐 수 없다. 19세기 말부터 1910년까지 문학의 용례들을 조사한 이 논문 4장이 잘 보여 주듯, 이 시기의 문학은 순문학이 아니라 '문장과 학문'이라는 전통적 광의廣義에 대체로 충실하다는 점도 그 방증일 것이다.

김동식 또한 광의의 문학 개념으로부터 근대적 문학 개념으로 전환되는 시기를 1915년 어름으로 본다. "근대적인 문학 개념은 1915년 전후로 형성되는데" "생명의 직접적 표현인 감정emotion을 중심으로 구성된다"김동식 1999 : ii. 그렇지만 이를 춘원의 공(?)으로만 돌리지는 않는다. "이광수의 문학 개념 정립 과정은 가히 기존의 문학적 전제들에 대한 '이교도적 단절'이라 할 만"하다고 높이 평가하면서도 "어떤 개인에 의한 소산이 아니라 근대문학에 대한 논의들이 축적되면서 가능했다는 관점을 취"김동식 1999 : 124한 김동식은 「문학이란 하오」를 전후한 여러 문헌을 분석적으로 제시함으로써 문학의 탄생이 집합적 사유의 산물임을 밝히는 한편, 그 자율성에 대한 흥미로운 판단을 덧붙인다.

하지만 근대문학 개념의 형성 과정은 자폐적이지도 않았고, 또한 자율적인 문학 개념을 구성해 낸 것도 아니었다. 자발적인 단절과 내밀한 보상이라는 이중적인 전략이 낮은 수준에서 문학의 자율성을 제도화했으며, 이를 통해서 문학이라는 기획은 계몽의 실패를 보상하고 정치적 공공 영역의 부재 상황을 대신할 수 있는 것으로 스스로를 정립할 수 있었던 것이다.

—김동식 1999 : 120

춘원만이 아니라 익명의 계몽주의 담론들에 의거함으로써 자율성 신화의 안과 밖을 예민하게 살피는 균형 잡힌 시각으로 포착된 온당한 소결小結이라고 하겠다. 심미적 중심을 건축하는 문학의 탄생이 나라의 식민지화와 맺고 있는 중층적 관계를 복잡계 속에서 파악하려는 김동식의 비평적 입지가 돋보이는 대목이다.

6. 기원론 뒤집기?

김동식의 작업은 권보드래와 호응 관계다. 2000년에 간행된 권보드래의 『한국 근대소설의 기원』은 '소설'이라는 범주의 형성을 추적하는 것과 함께 문학이라는 개념의 성장사를 다룬다. "한국 근대에서 '문학'이라는 범주는 소설을 핵심에 두고 형성"[36]되었다는 판단에 기초한 이 책은 그리하여 문학이라는 문제의 역사에서도 일정한 위상을 지니게 되었던 것이다. 그런데 제목에서 연상되는 것과는 달리 그녀는 김동식처럼 기원론과 번역론에 일방적으로 기울지 않는다. 오히려 그 경향에 비판적 거리를 유

36. 권보드래(2000), 『한국 근대소설의 기원』, 소명, p.25.

지한다. 아마도 자율성 신화에 입각해 전통적 문에 대한 공격이 유행한 1910년대보다는 서구에서 기원한 문학에 대한 저항이 살아 있던 1900년대를 더욱 중시한 태도에 말미암는지도 모른다.

> 1900년대의 폭발적인 역동성은 그만큼 흥미로웠다. 새로운 문물과 사상 앞에서의 활기, 모순을 사는 생동감, 뜨거운 열정과 숱한 가능성으로, 1900년대는 한국 근대의 기원이면서도 오늘날과 판이한 시대이다. 보면 볼수록 매력적이다. …지금은 딱딱하게 굳어 있는 질서라도 1900년대 안에서는 무궁무진한 가능성이었다. 아직 아무것도 결정되지 않았고, 모든 가치가 새롭게 형성되고 있는 참이었다.
>
> —권보드래 2000 : 4

사실 계몽주의시대, 특히 애국계몽기1905~1910는 놀라운 때다. 이미 통감부가 설치된 반半식민지, 실질적으로는 식민지로 전락했다고 보아도 무방한 암울한 시기임에도 불구하고 문화를 비롯한 모든 부문에서 조선 사회는 발랄하기조차 했다. 아마도 운동이 살아 있었기 때문일 터인데, 심지어 친일운동도 그러했다. 대한제국이 지워진 자리에 조선총독부가 들어서는 1910년대에는 애국운동은 물론이고 친일운동까지 모든 국내 운동은 급속히 사그라지고 만다. 이와 함께 문화열文化熱은 '인민의 자유와 나라의 독립'이라는 근본을 망각하고 " '편협한 신하의 오성'이라는 올가미를 스스로 뒤집어"[37] 쓰기 일쑤였다. 비록 친일

37. 게오르그 루카치(1987), 『독일문학사』, 반성완 · 임홍배 옮김, 심설당, p.33. 이는 루카치가 독일계몽주의를 비판한 용어다.

괴뢰 내각이라 할지라도 토착 정권이 존재한 앞 시기와 이처럼 큰 낙차를 보인 것이다. 이 점에서 1910년대를 중시하는 황종연과 달리 1900년대를 강조하는 권보드래는 김동식의 작업에 바로 접속된다. 윗글의 감격에서 보이듯, 권보드래는 김동식보다 한 걸음 나아가 1900년대로 1910년대를 치는 구도에 더욱 다가갔다. 현존하는 문학적 질서의 기원으로 되는 1910년대가 아니라 과도기의 발랄함 속에 부글거리는 1900년대를 복원하려는 그녀의 시도란 기원론의 이름으로 기원론을 전복하려는 일종의 반란이다.

그럼에도 그녀의 의도가 제대로 실현되었다고 보기는 어렵다. 전통적인 문 또는 문학이 생생히 재생산되고 있던 1900년대는 결국 미적 자율성의 1910년대로 접혀 들어가고 말았다. 다시 말하면 그녀도 광의의 문학으로부터 순문학이라는 근대적 개념이 자리 잡은 것은, 특히 정육론에 기초한 춘원의 평론 이후라는 점에 동의하는 것이다. 그렇다고 진전이 없지는 않았다. 그 이전의 문학이 오로지 정情을 억압해야 할 낮은 가치로 인식함으로써 문학을 오락거리로 전락시켰다는 춘원의 주장에 그녀는 비판적이다. 조선 후기의 성정론性情論은 차치하고라도 1900년대의 과감한 감정론을 예거하면서 춘원을 비롯한 1910년대 논객들의 주장 역시 "이런 전통을 십분 의식한 자리에서 세워진 것" 권보드래 2000 : 32임에도 일종의 인정 투쟁으로서 앞 세대를 극적으로 단순화하여 공격했다는 것이다. 근대문학이 꼭 정을 축으로만 구성된다는 전제를 그대로 수긍한다는 점은 문제지만, 춘원의 과장된 단절론을 상대화하려는 뜻은 충분히 암시적이다. 그렇다고 그녀가 연속론을 주장하는 것은 물론 아니다. 춘원을 비롯한 1910년대의 그들에게는 확실히 다른 감각이 옴작거리고 있기 때문이다.

> 세계의 중심은 자기이니 자기의 순수 감정이야말로 중요하다는 생각, 그러나 보편의 안정성을 잃은 자아는 불안과 고독에 시달릴 수밖에 없다는 초조, 이를 치유할 수 있는 길은 공감과 사랑밖에 없다는 다짐들….
>
> —권보드래 2000 : 35

1910년대적 감수성이 지닌 비연속적 자질에 대한 해석이 빛난다. 그런데 더욱 주목할 것은 춘원에서 균열을 보고 있는 점이다. "정을 갈구하는 개인의 목소리는 추상적인 계몽의 무게에 묻혀 버리고 마는 것이다"권보드래 2000 : 37. 요컨대 근대문학의 기원으로 추대된, 정에 기초한 춘원의 문학관 또한 실상에 있어서는 순수한 자율의 탑이 아니다. 물론 여기에서도 자율성을 근대문학의 이념형ideal typus인 양 여기는 태도는 여전히 문제거니와, 춘원의 문학론에 내재하는 모순을 짚어 낸 안목이 날카롭다.

> 지 · 덕 · 체의 기반이 교육론이라면 지 · 정 · 의의 기반은 심리학이며, 지덕체론이 내부 항목 사이에 위계를 세우려 하는 반면, 지정의론은 "차此 삼자三者에 하우하열何優何劣이 무無히 평등하게 오인吾人의 정신을 구성"한다고 주장한다. …지덕체론이 처음부터 계몽의 담론으로 제출된 것이었다면, 지정의론은 계몽의 일반적 구도에 거리를 두고 있

었다. 이렇게 보면 이광수가 「문학의 가치」(1910—인용자)나 「금일 아한我韓 청년과 정육情育」1910에서 쓴 '정육情育'이란 단어는 좀 기묘한 것이라 하지 않을 수 없다. …지 · 정 · 의란 교육의 구상이 아니라 인간 심리의 구도를 바탕으로 하는 것이었다. 그렇다면 1910년 무렵 이광수가 쓴 '정육情育'이란 단어는 과도기적이었다고 볼 수 있음 직하다. 실제로 이광수는 1910년대 이후로는 이 단어를 쓰지 않고 있으며, 「문학이란 하何오」에서는 지 · 정 · 의가 '인人의 심心'의 세 작용임을 명백히 하고 있다.

—권보드래 2000 : 76~77

정육론이 계몽주의의 흔적을 지닌 과도적인 것이라면, 춘원은 과연 정육론 이후 미적 근대성으로 온전히 해방되었는가? 정육론이라는 말을 거의 폐기했다는 점에서는 그에 한 발 다가섰지만, 그럼에도 이 자율성의 기초라고 할 "개별성의 자각" 또한 "근대의 일반적 기획으로 제출된 것"이라는 데에서권보드래 2000 : 78~79 춘원의 문학론은 끝내 모순적이었다는 것이다. 그런데 이는 춘원에게만 한정되는 것은 아니라는 점에 유의할 필요가 있다. 식민지 지식인 춘원에게 더 예각적으로 드러난다 할지라도 균열의 기원은 자본주의의 진전 속에서 문학이 강제적 또는 자발적으로 소외의 길을 걸어간 한편, 국가주의적 동원에 알게 모르게 인양되기도 한 서구 근현대사 자체 속에 있기 때문이다.

7. 기원론 비판

논의가 일단 숙은 소강상태에 김명인이 참여한다. "'비애의 감각'을 중심으로"라는 흥미로운 부제를 지닌 「한국 근대문학 개념의 형성과정」2005은 황종연에 대해서 다소 복잡한 거리 재기를 보여 준다. 황종연의 해체 작업에 공감하면서도 결국은 비판적이기 때문이다.

> 무엇이 문학인가 하는 문제는 곧 무엇이 민족문학인가 하는 문제와 직결되는 것이고 무엇이 민족문학인가 하는 문제는 곧 무엇이 우리의 근대성인가 하는 문제와 또한 직결되는 것… 이 문제에 대한 성찰이 아직 충분히 이루어지지 않은 상태에서 문학적 근대성, 혹은 '근대문학'

을 해체하려는 시도는 새로운 식민주의에의 투항으로 이어질 수도 있다는 생각이다. 그런 의미에서 우리의 탈근대적 해체 작업은 곧 근대적 축조 작업이 되어야 한다.[38]

얼핏 보면 뭉툭한 비판이랄 수 있지만 기원론의 후과後果를 예측하는 우려는 웅숭깊다. 황종연에 대한 그의 의심은 우리 문학의 핵이 단지 춘원의 정만이 아니라는 판단과 관련된다.

> 1910년 이광수의 「문학의 가치」에서 시작된 한국 근대문학 개념 형성의 역사는 1920년대 중반 민중예술론이 제기되고 이를 필두로 프롤레타리아 문예론이 본격적으로 정립되기 전까지 거칠게 말하면 '정情' → '생명' → '인생' → '생활' → '현실' 등으로 그 개념의 핵심 자질을 발전시키면서 전개되어 나간다.
>
> —김명인 2005 : 176~177

1920년대 문학에 이르러서야 '현실'이 우리 문학의 핵심 자질로 떠올랐다는 지적은 재고의 여지가 없지 않지만, 자율성 신화와는 다른 문학을 마주 세우려는 그의 의도가 비교적 뚜렷하게 드러나는 대목이다. 춘원의 논의들을 "근대 부르주아 문학 개념의 형성기"김명인 2005 : 177라는 구도 속에서 문맥화함으로써 기원론을 다시 탈구축하고자 한 그에 이르러 춘원 비판은 한결 직접적이다. 「문학이란 하오」의 보조 문헌으로 취급되던 「문학

38. 김명인(2005), 「한국 근대문학 개념의 형성과정」, 『한국 근대문학연구』 6권 2호, p.176.

의 가치」를 "한국 최초의 '근대문학론'"김명인 2005 : 178으로 평가함에도, "낭만주의와 합리주의"의 상충, 즉 " '정'과 '이성'이라는 변별적이고 상호 충돌적인 자질이 이런 식으로 동서하게 된"김명인 2005 : 179 춘원의 내적 균열에 착목한다. 합리주의는 아마도 계몽주의를 대신하는 듯한데, 상통하는 바에도 불구하고 전자는 후자에 비해 일반적이어서 그 역사적 구속성을 특정하는 데에는 어딘지 적절하지 않은 느낌이다. 하여튼 「문학의 가치」가 보여 준 균열은 정을 축으로 한 「문학이란 하오」에 이르러 한결 봉합된 듯 보인다. 춘원은 과연 탈계몽주의에 이르렀는가? "낭만적이고 심미적인 근대인들을 주체로 한 새로운 국민국가의 수립이라는 관념적 근대 기획"으로 수렴되는 춘원의 문학론이란 결국, "식민지화의 돌이킬 수 없는 진전과 더불어" "막을 내린" "계몽주의 시대의 마지막 몽상"김명인 2005 : 183이라고 김명인은 뭉뚱그린다. 낭만적 계기에도 불구하고 계몽주의의 구도 안에 있었던 춘원에 대한 날카로운 총평이 아닐 수 없다.

그는 춘원의 계몽주의에 내재된 낭만적 징후가 3·1운동을 계기로 대발한 1920년대의 문학론, 특히 횡보 염상섭의 「개성과 예술」1922에 더욱 주목한다. 낭만주의와 자연주의가 동시에 발현된, 어떤 점에서는 개성 또는 각성한 주체라는 낭만주의가 자연주의를 압도하는 이 평론의 복합성에 대해서는 누누이 거론된 바인데, 그의 새로움은 그곳에서 '비애'를 발견한 점이다. 물론 그 정조情調를 "식민지 근대라는 현실을 수리受理해야 하는 자의 비애" 또는 "환멸과 무력감이 짙게 배어 있는 세기말적 페이소스"김명인 2005 : 188~189 쪽으로만 끌어가는 데 나는 주저한다. 비애는 꼭 마이너스가 아니다. 아니 마이너스는 꼭 부정적인 것이 아니다. “비애에 의거하여, 한恨의 탄탄한 도약대의 그 미는 힘에 의거하여(김지하)” 추락의 끝에서 솟아오르는 강력한 추동력으로 황홀히 변신하기도 하는 것이다.[39] 횡보만이 아니라 1920년대 신문학운동에 투신한 당대 문인들이 광범하게 공유한 정조라는 점을 염두에 둘 때, 비애는 창조력의 도약대였다.

그런데 나의 주저는 기우였다. 팔봉 김기진의 비애를 프로문학과 연관 지어 해석한 대목은 압권이다.

> 그러나 문제는 김기진의 프티적 감상벽이 아니다. 오히려 중요한 것은 바로 그러한 김기진의 충만한 비애감이 비참한 민중과 민족의 생활현실로 집중되었던 지점에서 조선의 프로문학과 문예운동이 비로소 시작될 수 있었다는 사실이다. 그러니까 조선의 프로문학과 문예운동이란 것은 처음부터 민중의 투쟁 속에서 시작된 것이 아니라 이런 식민지 지식인들의 비애감이 민중의 형상 속에 투사되는 방식으로 시작된 것이었다. 이후 카프의 전위들이 뒤늦게 이 사실을 간파하고 방향 전환을 하고 볼셰비키화를 선언하고 나자 기본적으로 프롤레타리아의 자기 문화 위에 서 있지 못하고 프티부르주아적 투사들의 비애의 감각에 의존하고 있던 조선의 프로문예운동은 갑자기 형해화될 수밖에 없었다.
>
> —김명인 2005 : 193

프티의 습관적 반복이 가리키듯, 다소 교조적이지만 ‘비애’

39. 최원식(1997), 『생산적 대화를 위하여』, 창작과비평사, pp.231~232.

의 양면성에 대한 내재적 이해를 바탕으로 식민지문학, 특히 카프의 정치적 무의식을 드러낸 안목이 종요롭다. 그는 물론 카프의 실패를 부정하지 않는다. 그럼에도 비애를 먹이로 운동에 투신한 그들의 집합적 고뇌가 지닌 흔적이, 1920년대 들어 그 앞 시기의 발랄성마저 반납하고 돌연 보수적 문학론을 훈화訓話하는 춘원에 의해 실종되는 역전에 탄식한다. "데카당을 몰랐던 이광수가 비애를 알 리 없고, 비애를 몰랐던 이광수가 프로문예운동에 몸을 던진 전직 데카당들의 열정을 알 리가 없는 것이다"김명인 2005 : 196.

3 · 1운동을 모태로 태어난 1920년대 문학의 강렬한 운동성을 근거로, 운동이 망명한 1910년대를 배경으로 모색된 춘원의 문학을 비판한 김명인은 기원론을 활용하여 다른 기원론을 탐색함으로써 황종연으로부터 시작된 기원론을 거의 마감한다. 그 1년 뒤 근대문학 종언론 소동이 일어났으니, 기원론은 종언론의 예고편인가?

Part 3

문학의 윤회

1. literature 이전의 문학

한자어 '文學'의 출현

기원론 탓에 마치 서구의 발명품인 양 상상되어서 그렇지 문학은 한국에서 단지 literature의 번역어가 아니다. 특히 동아시아에서 문학은 그 이름 안에 깃든 학學이 환기하듯 학과 불가분리의 관계이거니와, 서구에서도 원래 그러했다. literature의 어원으로 여겨지는 라틴어 literatura는 그리스어 grammatiké의 번역인데, 그 원뜻은 '읽기와 쓰기의 학 the knowledge of reading and writing'[40]

40. René Wellek(1978), "What is Literature," Paul Hernandi ed., *What is Literature?*, Indiana Univ. Press, p.16.

이다. 서양의 literature도 동아시아에서처럼 기본적으로는 학이었던 것이다. 그런 문학이 하나의 자율 영역으로 분리된 때가 근대적 경험이 틈입하기 시작한 18세기라는 점을 감안하면, 동아시아의 문학이나 서양의 literature나 근대라는 특수한 시간을 통과하기 전까지는 유사한 형태로 존재했다고 보아도 크게 어그러지지 않을 터이다. 그러니 literature의 번역으로서 성립한 문학이 기존의 문학을 일거에 제치고 동아시아 각국에 일방적으로 전파된 양하는 직선주의는 사태의 진상을 왜곡하기 십상이다.

literature 이전의 문학은 동아시아에서 어떤 의미망 안에 존재했는가? 알다시피 한자어 문학은 『논어』「선진편先進篇」에 기원한다.

> 공자 가로대, 진과 채에서 나를 따르던 자, 모두 내 문하에 없구나. 덕행에는 안연, 민자건, 염백우, 중궁이요, 언어에는 재아, 자공이요, 정사에는 염유, 계로요, 문학에는 자유, 자하니라.
>
> 子曰, 從我於陳蔡者 皆不及門也. 德行, 顔淵閔子騫冉伯牛仲弓, 言語, 宰我子貢, 政事, 冉有季路, 文學, 子游子夏.

이 발언이 먼저 공자孔子, B. C. 551~B. C. 479 만년의 발화라는 데 유의하자. 그는 노나라 정공定公 9년B. C. 501 관직에 나아가 삼가三家의 과두정치를 타파하고 군주권을 확립한 위에 자신의 이상 정치를 펼치려다 오히려 삼가의 총반격으로 고국을 떠나 13년간B. C. 497~B. C. 484 여러 나라를 떠도는 망명길에 올랐다가 애공哀公 11년 귀국한 바 있다. 귀국 후 어느 날, 그는 자신의 정치적 이상을 실현하기 위해 천하를 철환轍環하던 그 고난의 여정을 회상한다. 여기서는 채에 갔다가 겪었던 환난B. C. 491에 생각이 미친다. 진나라와 채나라의 대부들에게 포위되어 죽음의 고비를 맞이했다가 제자 자공을 초나라에 보내 구원병을 얻어 살아났던 일을 상기하면서 그 시절 고락을 함께한 제자들, 이제는 죽거나 흩어져 자신의 문하를 떠난 그 제자들을 애틋하게 그리워한다. 그리하여 그 장처長處에 따라 제자 열 명의 이름을 하나하나 나직이 호명하였던 것이다. 덕행이 아름다웠던 제자, 언어 즉 변론에 능했던 제자, 정사에 밝았던 제자, 그리고 마지막에 문학이 도저했던 제자. 이 호명의 절차에서 문학이라는 용어가 처음으로 출현하였던 것이다.[41] 이때 문학이란 일체 서적과 일체 학문을 그 안에 포괄한 광의의 개념임은 물론이거니와, 자하가 "고전의 숙독을 중시하는 입장의 시조"라는 점에서 이는 "학문, 특히 문헌에 대한 학문"을 뜻할 터이다.[42]

덕행, 언어, 정사, 문학으로 구성되는 사과四科에서 문학은 앞의 세 과와 달리 직접적 실천으로부터 일정한 거리를 취하고 있다는 점에 물론 유의해야 하지만, 그럼에도 훗날의 자율파와는 인연이 없다는 것 또한 기억해야 할 일이다. 문학을 이루는 두 글자 가운데 특히 '문文'은 유가儒家문명론의 핵이다. "문文이 본체이고 명明은 그 발현태에 해당하는 셈이다. 즉 태양의 광채가

41. 최원식(2001), 『문학의 귀환』, 창작과비평사, pp.39~40.

42. 磯田光一(1983), 『鹿鳴館の系譜』, 文藝春秋社, p.10. 이는 요시카와 고지로(吉川幸次郎)의 주해이다.

지상을 밝게 하듯 세상이 개명해지는 형국이다. 문이 고도로 실현된 상태, 그것이 다름 아닌 문명이다."[43] 그렇다면 문이란 무엇인가? 무늬 또는 아름답게 빛나는 문채文采에서 기원한 문은, 첫째 내용과 형식이 최고의 미학적 이상에 도달한 문장을, 둘째 경세經世의 지극함을 그대로 드러내는 예악제도禮樂制度를 가리킨다.[44] 요컨대 문학은 온 세상을 최적의 개명 상태로 들어 올리려는 핵심적 배움인 동시에 그 도심道心을 최고의 상태로 표현한 문장을 뜻하는 이중성을 보이는 것이다.

궈샤오위의 3기론

이 중층적 의미의 문학은 이후 어떤 연변 과정을 거치는가?

다음의 그림은 궈샤오위郭紹虞, 1893~1984의 『중국문학 비평사中國文學批評史』에 나오는 유명한 도식이다.[45] 주진B. C. 1046~B. C. 206 시기의 문학은 '문장과 박학'이라는 두 뜻을 겸했다. "문이 곧 학이요, 학 또한 문과 분리되지 않는文卽是學, 學不分離文" 문학 관념의 요람기가 바로 가장 큰 문학 관념을 보인 제1기인 것이다. 제2기인 양한B. C. 206~A. D. 220 시기에 이르러 문학은 문문장과 학문학으로 나뉘는데, 이 시기 문학 관념이 여전히 학술과 깊은 유대를 지

43. 임형택(2009), 「동아시아의 문명전통과 교양교육 문제」, 『아시아 대학 교양교육의 정체성과 방향을 묻는다』, 서울대 기초교육원, p.11.

44. 임형택(2009), 앞의 논문, p.12.

45. 郭紹虞(1975), 『中國文學批評史』, 唯一書業中心, p.5. 이 책의 상권은 상하이 상무인서관(商務印書館)에서 1934년에, 하권은 같은 출판사에서 1947년에 출간되었다. 내가 이용한 본은 대만의 타이난에서 합본으로 찍은 1975년판이다.

니고 있다 하여도 문 또는 문장은 오로지 사장詞章을 가리켜 말하기 때문에 요즘의 문학과 가깝다. 그리하여 그는 양한 시기에 이루어진 문과 학의 분리를 문학이 학술로부터 분리되는 아주 중요한 열쇠라고 평가하는 것이다. 제3기인 위진남북조220~589에 오면 양한보다 더 나아가 "문학을 기타 학술의 밖에 구별"하여 거의 오늘의 문학 관념과 유사해진다. 문장이 더 세분되어 정情을 중시하는 문과 지知를 중시하는 필로 분기한바, 전자야말로 오늘의 순문학 즉 좁은 의미의 문학에 다름 아니라는 것이다郭紹虞 1975 : 3. 한자문화권에서 문학의 발신자 역을 맡았던 중국에서도 이미 양한에 자율적 문학이 맹아적으로 나타나 천하대란天下大亂의 위진남북조에는 학술과 분명히 구별되는 문학의 영역이 출현했다는 지적은 매우 시사적이다. 물론 이때의 자율성이 서구로부터 기원한 근대적 경험과 그대로 일치한다고 보기는 어렵다. 자본의 사회 장악에 대한 자발적 소외의 형태로 나

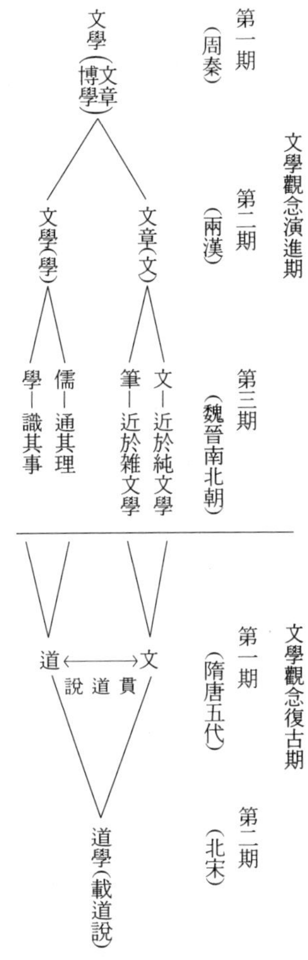

» 궈사오위의 『중국문학 비평사』에서

타난 문학 또는 예술의 근대적 자율성이라는 이 독특한 자질은 위진남북조 시기에 이루어진 문학의 독립과는 차원을 달리한다고 보아야 합리적일 것이다.

또한 궈샤오위의 시각 자체가 서구적일 가능성이 없지 않다. 중국문학의 과거에 자율성의 신장이라는 서구문학의 잣대를 들이댐으로써 이처럼 조숙한 흔적을 발견하게 되었는지도 모르기 때문이다. 그럼에도 불구하고 literature 이전의 문학이 그저 비자율적 관념의 장기 지속만은 아니라는 점을 드러낸 것만으로도 그의 도식은 흥미롭다. 한자문화권의 문학은 아시아적 전제를 받치는 단일 언어가 아니라 내부에 즐거운 균열을 지닌 채 변화를 거듭한 다성多聲 언어라는 데로 우리를 인도하고 있기 때문이다.

이처럼 이른 시기에 출현한 자율성의 문학은 그 뒤 어디로 나아갔는가? 이 도식의 맨 오른쪽에 보이듯이 그는 주진에서 북송960~1126에 이르는 총 5기를 둘로 나누어 앞의 세 시기는 '문학관념 연진기', 뒤의 두 시기는 '문학관념 복고기'로 명명한다. 복고기의 제1기인 수당오대581~959와 제2기인 북송을 거치면서, 이데올로기의 분화에 따라 개성적으로 발랄하게 개화한 문학이 도학적 경향으로 수렴되는 와중에 다시 주진시대의 문학으로 돌아가고 말았다는 것이다. 그런데 복고기 제1기의 관도설貫道說이 제2기에는 재도설載道說로 급진화한다는 점이 흥미롭다. 양자의 차이는 무엇인가? "도를 꿴다는 것은 도가 반드시 문을 빌려 드러난다는 것이고, 도를 싣는다는 것은 문이 모로매 도로 말미암아 이루어진다는 것이다貫道是道必藉文而顯, 載道是文須因道而成."

전자에서는 도와 문이 동시에 중시되는 데 비해 후자에서는 문은 "도학의 부용道學的 附庸"으로 격하됨을 뜻한다郭紹虞 1975 : 4. 요컨대 그는 문학문文學文과 학술문學術文이 혼합되었던 주진에서 양자의 분리가 일어난 양한을 거쳐 문학문의 독자적 발전이 이루어진 위진남북조가 수당으로 접어들어 문학문의 형식주의적 말폐에 대한 반동으로 질을 중시하는 도학적 경향이 울흥, 마침내 북송의 재도설로 문학문 즉 자율적 문학의 종언이 찾아왔다는 것이다.

참으로 훌륭한 정리다. 그런데 한편 의심이 꼬리를 든다. 앞에서 지적했지만 재도설로 문학이 결국 도학의 부용으로 떨어졌다는 결론이 literature를 표준으로 삼고 있다는 반증이 아닌가 하는 점이다. 서구문학의 연진 과정을 중국문학의 과거에 소급 · 적용했다고 해도 지나친 말은 아니다. 과연 관도설과 재도설은 발전하던 문학을 위기로 몰아넣은 악령인가? 물론 천박한 공리주의 또는 위선적 도덕주의의 도구로 전락한 경우가 없지 않았지만, 문과 도의 관계에 대한 진지한 물음을 궁극의 것으로 지니지 않은 문학을 자율성의 이름으로 옹호할 수는 없을 터이다. 따라서 관도설 · 재도설로 말미암아 수당 이후 문학이 종속물로 변모했다는 평가는 지나치게 단순하다고 하겠다. 과연 수가 출현한 581년 이후 중국문학은 이처럼 지루한 도덕 교과서들의 행진에 지나지 않았던가? 물론 아니다. 관도설을 제출한 당의 고문운동이 산문 분야에서만이 아니라 문풍 전체를 일신시켜 이후 문학의 발달에 강력한 영향을 미친 점은 주지하는 터인데, 과연 북송 이후 오직 재도설만 독존했다고 볼 수 있을까?

또한 그의 도식은 송 이후 시민적 문학 양식으로 급속히 부상한 소설을 시야에 두지 않았다는 비판을 면할 수 없을 것이다. 설령 고급문학 즉 고문문학의 도그마로 재도설이 군림했다고 할지라도, 그 바깥에서 발랄하게 성장하고 있는 소설을 비롯한 대중문학의 도발은 어떤 점에서는 몰락의 도정에 들어선 고급문학의 대안이라는 문학사적 성격조차 뚜렷하지 않은가? 이 점에서 그의 도식은 선구적이지만 일반화하기에는 매우 제한적이라고 할 수 있다.

사실 궈샤오위도 이 도식의 과도함을 의식하고 있었다. 망명한 남송1127~1279 이후 마지막 제국 청1636~1911에 이르는 시기를 다룬 하권의 총론에서 그는 "연진기가 정正이라면 복고기는 반反이고 하권에서 다룰 시기는 합合"郭紹虞 1975 : 431이라고 변증법의 논리를 끌어와 무리를 수습하는 것이다. 그런데 실제 서술을 보건대 이 '합'은 그저 종합에 지나지 않는다. 그는 또한 남송 이후 현저한 소설 · 희곡의 발달을 높이 평가하고 있다. 그럼에도 이 새로운 경향을 적극적으로 포괄하지 못한 이유를 변증한다. "신흥의 문학이 비록 문학사상 주조일지라도 문학비평사상에서는 주조를 이루지 못하고, 고문학의 세력이 문학사상으로는 여파餘波에 지나지 않을지라도 문학비평사상에는 여전히 중견의 지위를 잃지 않았다"郭紹虞 1975 : 432. 그러고 보면 이 단순화가 궈샤오위 탓이라기보다는 소설을 비롯한 속문학俗文學의 발달에도 불구하고 그 신흥 문학을 끝내 바깥에 두었던 고문 중심 문학 개념의 협소성에 말미암는다는 점을 새삼 깨닫게 된다.

저우쭤런의 순환론

궈샤오위의 선적線的 파악에 대해 저우쭤런周作人, 1885~1967은 순환론을 제시한다.

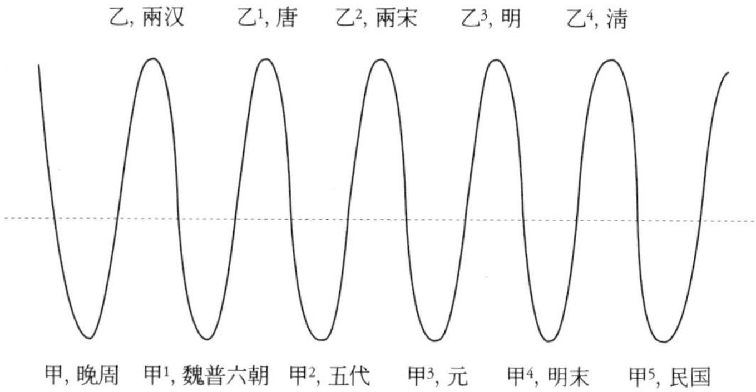

》 저우쭤런의 『중국 신문학적 원류(中國新文學的源流)』에서[46]

여기서 갑은 언지파言志派, 을은 재도파載道派라고 명명되는데, 전자가 자율파라면 후자는 타율파라고 정리할 수 있겠다.[47] 흥미로운 것은 그가 언지파를 중심에 둔다는 점이다. "문학에는 감정이 있을 뿐이지 목적은 없습니다"저우쭤런 1970 : 29. 실용적 목적을 가지지 않았다는 자율성 신화에 경도된 그는 그럼에도 문

46. 周作人(2011), 『兒童文學小論 中國新文學的源流』, 北京出版集團公司 · 北京十月文藝出版社, p.20.
47. 저우쭤런(1970), 『중국신문학강화』, 김철수 역주, 을유문화사, pp.36~37. 이 책은 원래 1932년 베이징의 푸런대학(輔仁大學)에서 '중국신문학의 원류'라는 제목으로 행한 강연을 풀어 같은 해 인문서점(人文書店)에서 인행한 것이다.

학이 무익한 것은 아니라는 점을 애써 강조한다.

> 문학이란 무용無用한 물건입니다. 왜냐하면 우리들이 말하는 문학이란 다만 작자의 사상 · 감정을 전달 · 표출表出함으로써 만족하는 것이지 이 밖에는 아무런 목적이 없기 때문입니다. 그 속에는 어느 정도 사람을 고무 · 감동시키는 힘도 없는가 하면 교훈도 없고, 다만 사람의 기분을 애오라지 유쾌하게 할 뿐입니다. 그러나 단지 사람의 기분을 애오라지 유쾌하게 하는 이 한 가지 점만으로도 일종의 용도라고 말할 수 있을 것입니다. 그것은 작자의 흉중胸中의 불평을 써냄으로써 가라앉힐 수가 있고, 독자로서는 비록 아무런 교훈을 얻지 못한다 할지라도 무익하지는 않기 때문입니다.
>
> —저우쭤런 1970 : 30~31

말하자면 무용지용無用之用을 내세워 문학의 무목적성을 옹호할 만큼 속살로는 철저한 순수주의자라고 하겠다. 바로 이 입장에서 재도파를 비판적으로 제시한다.

> 언지 외에 또 재도파가 생겨난 원인은 문학이 종교로부터 탈각한 후 원래의 세력은 오히려 일부분이 문학 속에 보존되어, 어떤 사람들은 단지 뜻을 말하는 것만으로는 너무 무의미하다고 생각해서 문학을 도구로 삼고, 다시 이 도구를 빌려 다른 더 중요한 것—'도道'를 표현하라고 주장하기 때문입니다.
>
> —저우쭤런 1970 : 36~37

문학을 도구로 삼으려는 재도파를 문학의 본령에 충실한 언지파의 일탈로 여기는 그의 관점은 문제적이다. 저우쭤런은 궈샤오위보다 더 지독한 literature 신자인 것이다. 그런데 재도파를 이처럼 엄숙한 문학도구론자로 모는 것도 그렇지만 언지파를 자율파로 상정할 수 있을지 의문이다. 알다시피 '언지'는 『서경書經』「순전舜典」의 "시는 뜻을 말한다詩言志"에서 따온 것이다. 그 주석을 보자. "마음이 가는 바를 일러 뜻이라 한다. 마음이 가는 바가 있으면 반드시 말로 나타나는 고로 시는 뜻을 말한다고 하는 것이다心之所之謂之志. 心有所之. 必形於言. 故曰詩言志."[48] 과연 언지가 자율파의 아성이 될 수 있을까? '시언지'를 그 문맥 속으로 환원할 필요가 있다.

> 제 이르시기를 기夔야. 너를 명命하여 음악을 맡게 하노니, …시詩는 뜻을 말함이요, 노래는 말을 길게 함이요, 소리는 긴 데 의지함이요, 율律은 소리를 화和하게 하나니, 팔음八音이 능히 고르게 되어, 서로 차례를 빼앗음이 없어야, 귀신과 사람이 이로써 화和하리라.
>
> 帝曰, 夔야命汝하야 典樂하노니 …詩는 言志요 歌는 永言이요 聲은 依永이요 律은 和聲하나니 八音이 克諧하야 無相奪倫이라사 神人以和하리라.[49]

순임금이 신하 기夔에게 음악을 맡기며 당부하는 말 가운데

48. 蔡沈 注(1989), 『書經集傳』, 上海古籍出版社, p.10.
49. 김관식 옮김(1967), 『서경』, 현암사, p.51.

'언지'라는 시에 대한 최초의 정의가 출현한 것인데, 먼저 이는 순수시론이 아니라는 점을 기억해야 한다. 시는 노래로, 다시 소리로, 그리고 율로 전개되어 마침내 하늘과 땅과 사람이 함께 화하는 지극한 경지에 이르는 유가적 유토피아론으로 수렴되는 것이다. 음악이 우주적 질서의 지상적 현현을 상징하는 정화精華임은 여기서도 드러나거니와, 시는 우주악宇宙樂의 상서로운 출발이다. 따라서 뜻을 말하는 시는 자율성 신화와 무관한 것이다. 그렇다고 실용적 도구론으로 보기는 또한 어렵다. 시가 유토피아의 도래에 심절深切한 공능功能을 발휘한다는 점을 평가하는 데서 드러나듯 기본적으로 타율성론이지만, 그럼에도 시를 보통 실용 도구로 보지 않는다는 점에서 구별된다. 유토피아의 실현에 시와 악을 그처럼 중시하는 데에서 짐작되듯이, 유가는 말하자면 정치성을 비정치적으로 실현하려는 일종의 문화주의적 경향을 보이기 때문이다. 높은 시의 경지와 이상 사회의 풍격風格을 끊임없이 일치시키려는 유가의 몽상은 시의 정치성에 대한 통상적 이분법을 넘어서는 터인데, 바로 이런 독특한 구도로 말미암아 시의 자율성이 또한 보장되는 것이다.

이처럼 언지파와 재도파는 그 용어부터가 문제적이거니와, 두 경향의 정연한 순환으로 중국문학사의 변전 과정을 파악하는 관점도 솔직히 미덥지 않다. 만주 즉 춘추전국시대에 사상적 자유를 바탕으로 "최초라고 볼 수 있는 시언지詩言志의 조류가 조성"되었고, 강력한 한제국의 등장으로 유가의 사상 통일이 이룩되면서 "문학도 재도의 길로 접어들었"다는 것저우쭤런 1970 : 39, 다시 말하여 난세에는 언지파가, 치세에는 재도파가 주류가 된다는 이 최초의 사례는 그렇다 하더라도 그 규칙적 적용에는 갸우뚱해지는 바 없지 않다. 가령 "당조唐朝는 양한처럼 사회가 비교적 통일되어 문학도 따라서 재도의 길을 걸었기 때문에 훌륭한 작품은 얼마 없"저우쭤런 1970 : 41다는 진술은 상식이라고 보기 어렵다. 이러한 무리에도 불구하고 재도파의 헤게모니에 대한 반란의 징후들을 특정하여 드러냄으로써 중국문학의 내면을 풍부히 한 점, 특히 삼원三袁 : 원종도袁宗道 · 굉도宏道 · 중도中道 삼형제를 비롯한 명 말 공안파公安派의 의의를 밝게 들어 올린 시각은 선구적이다.

공안파와 신문학

'오로지 성령을 토로할 뿐 격식과 상투에 매이지 않는다獨抒性靈 不拘格套'는 주장 아래, 문은 진한秦漢을, 시는 성당盛唐을 표준으로 하는 복고적 모방을 "한겨울에 처하여 여름의 갈옷을 입는 것과 같다處嚴冬而襲夏之葛者也"라는 신랄한 비유로 반대한 공안파는 과연 통쾌한 문학혁명론자들이다. 물론 그도 "청초淸楚하기는 하나 심후深厚하지가 못"한 공안파의 유폐를 "연못이 오탁汚濁되어 있어도 못쓰지만, 한눈으로 연못 밑바닥까지 보여 수초와 어류가 함께 보일 정도로 맑아도 재미없는 것과 같"다고 날카로운 지적을 마지않지만저우쭤런 1970 : 44~53, 그럼에도 언지파의 절정으로서 모자람이 없다는 입장인 것이다. 그토록 오랜 의고주의를 일거에 격파한 공안파의 마술은 어떻게 출현할 수 있었을까? 류따지에劉大杰, 1904~1977가 "만명晩明 자본주의 맹아기의 신흥

사상의 문학상 반영"[50]이라고 지적했듯이, "마음에 구해서 아니라면 비록 그 말이 공자에게서 나왔더라도 감히 옳다고 할 수 없다求之於心而非也, 雖其言之出於孔子, 不敢以爲是也"라는 대담한 주장을 펼친 왕양명王陽明, 1472~1529 및 양명좌파의 사상해방운동[51]과 함께, 전통적인 고문문학 바깥에서 자라난 대중문학의 급격한 성장이 이 조숙한 자유주의를 숙성시켰던 것이다. 알다시피 경사고문經史古文을 정통으로 삼고, 시사詩詞를 소도小道로 보는 기존의 문학 관념에서 소설·희곡은 더욱 경시되어 문학의 숲에 들어올 수조차 없었다. 그런데 양명좌파의 기인 이탁오李卓吾 : 탁오는 이지李贄의 호, 1527~1602와 공안파의 중심이라고 할 원중랑袁中郎 : 중랑은 원굉도의 자, 1568~1610은 이미 흥기한 소설과 희곡을 비롯한 시민문학을 크게 중시하여 그 문학적 가치를 높이 평가함으로써,[52] 유구한 문학 관념의 일대 혁신을 이룩하였던 것이다.

그럼 저우쭤런이 공안파를 이처럼 들어 올린 속셈은 어디에 있을까? 이 강연의 제목에서 이미 짐작할 수 있듯이, 공안파를 후스胡適, 1891~1962의 「문학개량추의文學改良芻議」1917를 계기로 폭발한 중국 신문학운동의 원류로 조정하고자 하는 것이다. 두 운동의 유사성에 대해 그는 말한다.

50. 劉大杰(1962), 『中國文學發展史』, 上海古籍出版社, p.931. 원래 이 책의 상권은 1941년에, 하권은 1949년에 중화서국(中華書局)에서 출판되었다. 그 뒤 1957년에 수정본을(「新序」), 1962년에는 새로운 수정본을 상해고적출판사에서 간행했다(「重版前記」).

51. 劉大杰(1962), 앞의 책(주 50), pp.918~919.

52. 劉大杰(1976), 『中國文學發達史』, 臺灣中華書局, p.863. 이 책은 류따지에의 『중국문학발전사』를 대만에서 저자 이름을 숨기고 제목도 바꾸어 출판한 것이다. 초판 상하권을 합본하여 간행한 것이라 마르크스주의적 해석을 강화한 상해고적출판사에서 낸 수정본과 다른 점에서 참고가 된다.

두 차례의 주장과 추세는 거의 모두가 아주 같습니다. 더욱 기괴한 것은 허다한 작품이 모두 서로 비슷한 것입니다. 후스즈(胡適之. 후스즈는 후스胡適—인용자)·삥신(謝冰心, 1900~1999—인용자) 및 쉬즈머(徐志摩, 1896~1931—인용자)의 작품은 공안파를 매우 닮아 청신투명하지만, 맛은 그다지 심후하지 않습니다. 말하자면 마치 수정구슬 같아서, 비록 빛이 맑아 아름답지만 자세히 장시간 보고 있노라면 곧 다소간 맛이 없어지는 것처럼 느껴집니다. …그들이 비슷하다는 것은 완전히 무의식중의 교합巧合인 것입니다. 여기에서도 더 한층 명 말과 현금現今의 양차 문학 운동의 추향趨向이 서로 동일함을 발견해 낼 수 있습니다.

—저우줘런 1970 : 54~55

공안파가 자율파에 근사하다는 점을 인정한다 하더라도 두 운동의 표면적 유사성에만 유의해서는 실상에 접근하기 어렵다. 백화문학운동으로 표출된 신문학운동은 경직된 재도문학의 굳은 껍질을 깨고 '오늘의 문학'을 재구축하려는 열망에서 자연스럽게 공안파의 자유의지를 공유하고 있지만, 신문학운동의 근본적 지향은 국민문학 또는 민족문학의 건설에 있음을 상기할 필요가 없지 않다.

동성파와 신문학

이처럼 조숙한 공안파의 경향은 그 뒤 어떤 궤적을 그리는 것일까? 제3강과 제4강의 제목이 각각 '청대清代 문학의 반동 상·하'라는 데서 드러나듯이, 명 말에 흥기한 공안파적 경향은

"청조에 이르러 저작은 모두 금서禁書가 되었고, 그들의 운동도 건륭(乾隆, 1736~1795—인용자)·가경(嘉慶, 1796~1820—인용자)의 학자들에게 타도되" 저우쭤런 1970 : 45었던바, 그 선봉장이 동성파桐城派다. 그런데 동성파의 고문운동에 대한 분석이 흥미롭다.

> 동성파의 여러 사람은 문인일 뿐만 아니라 '도학가'道學家를 겸하고 있었습니다. 그들은 한유의 문장은 어떻든 훌륭한 것이지만 그의 의리義理 방면에서의 조예는 도리어 깊지 않으며, 정程·주朱의 이학理學은 어떻든 훌륭하지만 그들이 지은 문장은 도리어 훌륭하지 못하다고 생각했습니다. 이에 두 방면의 장점을 합하여 하나로 하고, 그리하여 '학행學行은 정·주의 뒤를 잇고, 문장은 한韓(한은 한유韓愈, 768~824—인용자)·구歐(구는 구양수歐陽脩, 1007~1072—인용자)의 사이에 있겠다'는 지원志願을 갖게 되었습니다. 그들은 '문은 곧 도라'하여 양자를 결코 분리할 수 없는 것이라 생각했습니다.
>
> —저우쭤런 1970 : 84

동성파의 문즉도론文則道論은 도를 싣는 그릇으로서 문을 파악하는 기존의 재도론과 다르며, 도를 중시하지만 역시 문에 방점을 친 관도론과도 구별된다. 문과 도를 하나로 보는 일원론에 가까운 동성파의 고문론은 문장가와 도학가를 겸할 자신감의 발로로서 재도론의 절정이라고 해도 지나치지 않을 터이다. 과연 "그들은 다방면의 사람이지 단지 문학가만은 아" 저우쭤런 1970 : 87니었으니, 그가 동성파 "중흥中興의 명주明主" 저우쭤런 1970 : 91라고 일컬은, 문장가요 도학가요 정치가인 증국번曾國藩, 1811~1872은 그 대표적 인물일 것이다. 그런데 바로 증국번 이후의 동성파와 신문학운동의 관계가 미묘하다는 점이 흥미롭다.

> 그후 우루룬(吳汝綸, 1840~1903—인용자)·옌푸(嚴復, 1854~1921—인용자)·린수(林紓, 1852~1924—인용자) 등 여러 사람이 일어나 한편으로는 서양문학을 소개하고 한편으로는 과학사상을 소개하게 되자, 이에 증국번에 의해 범위를 확대한 후 동성파는 서서히 새로 일어나는 문학과 접근하기 시작했습니다. 후에 신문학운동에 참가한 후스즈·천두슈(陳獨秀, 1879~1942—인용자)·량런꿍(梁任公. 런꿍은 량치차오梁啓超의 호, 1873~1929—인용자) 등 여러 사람들은 모두 그들의 영향을 크게 받았기 때문에 우리들은 이번 문학운동의 발단은 실제로는 역시 동성파 가운데의 인물에 의해 인기引起된 것이라고 말할 수 있습니다.
>
> —저우쭤런 1970 : 91

저명한 번역가 우루룬과 옌푸와 린수가 동성파라는 점이 기이하다면 기이하지만, 증국번이 태평천국혁명1851~1864을 진압하면서 양무洋務로 나아간 방향을 상기컨대 자연스러운 진화일 수도 있는 것이다. 그리고 바로 그들의 번역으로 양육된 새로운 세대가 출현함으로써 후스와 천두슈의 신문학운동은 본격화하였는데, 양자를 매개한 량치차오 또한 "경학을 연구하여 문장면에서는 동성파를 좋아한 사람"저우쭤런 1970 : 98이라는 사실조차 감안하면, 독특한 재도론을 펼친 동성파와 신문학운동의 연계가 중층적이라는 것을 요해하게 된다. 공안파를 침묵시킨 동성파가 시대의 추이 속에서 오히려 새로운 맹아를 양육, 동성파를 묻고 공안파를 부활시키는 신문학운동을 생산했다는 저우쭤런의 시각은 예리하기 짝이 없다. 요컨대 신문학운동은 공안파와 동성파에 양속적兩屬的이다.

그런데 공안파는 물론이고 신문학의 기본 관념도 "언지"저우쭤런 1970 : 93라고 규정하는 판단이 문제적이다. 언지파와 재도파는 저우쭤런의 열쇳말들인데, 상식적으로는 이해하지 못할 바도 아니다. 양의 동서를 막론하고 근대 이전에는 도덕주의적 문학관이 득세한바, 그에 반대하는 반항적 목소리들이 괄목상대할 청신함으로 다가오게 마련이니, 답답한 전자에 재도를, 그에 반대한 대담한 흐름에 언지를 붙일 수도 있을 것이다. 그러나 이미 지적했듯이 언지가 문학의 무목적성과는 별 상관이 없다는 점, 아니 그 궁극은 재도와 다르지 않다는 점을 상기컨대 공안파와 신문학을 언지파로 모는 것은 적절치 않다. 그 자신이 날카롭게 간파했듯이 신문학운동은 동성파의 재도론을 해체하면서 새로운 재도론, 즉 국민문학론을 구축하려는 집합적 분출로 보는 게 보다 합리적이지 않을까? 이 점에서 후스의 팔불주의八不主義가 "반드시 말에는 내용이 있어야 한다須言之有物"로 시작된다는 점에 주목해야 한다.

동성파 고문桐城派 古文도 실은 완전히 동일한 테제인 언유물言有物을 표방하고 있었다. 그래서 후스의 팔불주의 초고를 접한 천두슈陳獨秀가 백화혁명의 주장에는 전적으로 공감을 표하면서도 "수언지유물須言之有物"한 조항에 대해서는 동성파류의 '이상주의文以載道'라는 구투에 빠져 들 염려가 있다고 해서 난색을 표명한 것은 아주 이유가 없는 것이 아니었다.

—「답후스즈의 문학혁명答胡適之文學革命」1916[53]

이 삽화는 신문학운동과 동성파의 관련이 얕지 않다는 점을 잘 보여 주거니와, 따라서 후스가 제창한 문학혁명운동을 무목적의 자율파에 다름 아닌 언지파로 규정하는 것은 저우쭤런의 순수주의 상상이기 쉬울 것이다. "옛사람을 모방하지 말라不摹倣古人"는 팔불주의의 두 번째에서 "속어 · 속자를 피하지 말라不避俗語俗子"는 그 여덟 번째까지가 바로 공안파의 구호라는 점을 감안컨대, 중국 신문학운동은 공안파의 발랄한 반란이 격세유전隔世遺傳의 형태로 신문학운동의 육체를 형성하고 있음을 깨달을 터인데, 공안파를 이처럼 재발견한 것이야말로 저우쭤런의 공적이 아닐 수 없다.

53. 무라타 유지로(村田雄二郎, 2008), 「'문언 · 백화'를 넘어서」, 『흔들리는 언어들 : 언어의 근대와 국민국가』, 류준필 옮김, 성균관대출판부, p.148.

2. literature 이후의 문학

서양의 literature

literature 역시 文學만큼이나 복잡한 내력을 지니고 있지만, 르네 웰렉의 정리가 무난한 듯싶다. 첫째는 "인쇄된 모든 것 everything in print"[54]을 문학으로 보는 것이다. literature의 어원인 라틴어 littera가 '글자letter'를 의미한다는 점에서 이는 가장 넓고 가장 오래된 정의일 터인데, 文學의 文도 '글월 문'이다. 글월이 글이나 문장 또는 글자를 지칭함을 상기컨대, 양의 동서를 막론하고 문학과 문자는 불가분리다. 요즘이야 인쇄물이 지천으로

54. René Wellek & Austin Warren(1966), *Theory of Literature* , Penguin Books, p.20.

널려서 이런 정의를 황당해할 수도 있겠지만, 문자의 발명이 문명 이전과 이후를 가르는 획기적 계기라는 점에서 문학에 관한 이 오랜 정의가 문자 숭배의 침강沈降임을 인지할 터이다. 둘째는 '위대한 책들great books'로 한정하는 정의다.[55] 이 또한 자연스러운 일이다. 책이 상대적으로 흔해지면서 그 가운데 정전canon을 선별하여 고전classic으로 등록하는 작업의 진행 속에서 문학의 불가피한 축소가 이루어진 것이다. '위대한 책'이란, 따라서 정전正典 즉 고전古典이다. 어떤 책이 가장 무서운 비평가인 시간의 채찍을 견딜 뿐 아니라 공간 또는 방언의 경계조차 넘어서는 이월 여행에 성공할 때 고전은 탄생한다. 그런데 고전이 정전화正典化, canonization 과정을 통해 구성된다는 관점을 일정하게 승인한다면, 이 역시 계급적 요구와 무관하지 않다는 점을 인지하게 된다. literature가 이런 고전에 대한 박학을 뜻하는 사정이 여기서 기원할 것인데, 뛰어난 문장가를 가리키는 말로도 진화한다는 점이 흥미롭다.

"독서를 통한 교양이라는 의미로 14세기의 영어에 유입"된 literature는 "대체로 읽고 쓰는 능력이라는 'literacy'의 현대적 의미에 해당하는 단어였다"[56]는 지적처럼, 서양의 literature도 동아시아의 文學처럼 학식이라는 일반적 의미로 통용되었던 것이다. 인쇄술이 발달하고, 책 시장이 성립하고, 저술가가 출현하는 "18세기 중반을 거치면서 글을 쓰는 행위 또는 글을 쓰는

55. René Wellek & Austin Warren(1966), 앞의 책, p.21.
56. 레이먼드 윌리엄스(2010), 『키워드』, 김성기 · 유리 옮김, 민음사, pp.277~278.

직업을 나타내게 되었"[57]다니, 19세기에 결정적인 걸음을 내딛는 literature의 특수화가 얼마나 낯선 것인지를 짐작하겠다. 그것이 셋째, 문학은 "문학예술, 즉 상상적 문학the art of literature, that is, imaginative literature"[58]이라는 정의다. "'하나의 민족'은 '하나의 문학'을 가진다는 관념", 즉 국민문학론의 확산이 대학의 영어 교육에서 '창조적 문학'이라는 이름 아래 시 · 소설 · 희곡을 중심으로 구성되면서 문학에 관한 가장 좁고 가장 늦은 정의가 출현하게 된 것이다. 이처럼 문학의 의미가 특수한 방향으로 꺾어진 것은 낭만주의의 세례라는 점은 이미 주지하는 바이거니와, 낭만주의가 시 장르의 특권화를 통해 표출되었다는 점을 상기컨대, 이른바 자율성을 축으로 구성된 literature의 신화화가 19세기 자본주의와 맺고 있는 독특한 위상이 짐작될 터이다. 캐터필러처럼 진군하는 자본주의에 대한 강렬한 부정을 꿈꾸었음에도 결국 체념과 손잡은 초월에 갇히기 일쑤인 낭만주의의 문학/예술에 대한 찬미는, 말하자면 자발적 소외의 한 형태일지도 모르기 때문이다. 그런데 최종 형태의 literature가 단일 언어를 지향하는 시 중심으로 구성되었다는 것은 시와 문에 대한 소설 · 희곡의 반란, 즉 단일 언어에 대한 다성 언어의 도발이라고 할 공안파와 날카롭게 차별되는 지점임을 기억할 일이다.

서양문학의 역사 속에서 아주 낯선, 그럼에도 이후 서양뿐만 아니라 제국주의적 확장 속에서 비서양을 석권해 가는 여정에

57. 레이먼드 윌리엄스(2010), 앞의 책(주 56), p.279.
58. René Wellek & Austin Warren(1966), 앞의 책(주 54), p.22.

서 마침내 동아시아에 도착, 심지어 한 · 중 · 일 세 나라의 오늘날에까지 깊숙한 영향을 미치는 이 대목의 풍경을 조금 더 자세히 살펴보자. 문학을 상상적인 글들로 한정하는 오늘날의 관행은 18세기 말에 생겨나 19세기에야 실제로 통용되었으니, 그 성립 원인을 이소다 고이치1931~1987는 세 가지로 든다. 허구를 지향하는 소설이 이 시기에 문학의 시민권을 획득한 점, 19세기 낭만주의운동이 내포하고 있는 초월의 계기가 허구의 미학을 지향한 결과 개인의 각성이 문학의 개념에 개성이라는 계기를 더한 점, 그리고 역사가 사실의 기록으로 한정되면서 문학의 범주 바깥으로 이탈한 점 등.[59] 상상력에 의한 창조라는 문학 개념의 신비로운 축소가 낭만주의에 기원을 둔 최근의 산물인 점에 대해서는 이미 주지하는 터이지만, 소설의 대두에서 그 결정적 원인을 파악하는 관점에는 전적으로 동의하기 어렵다. 물론 허구를 대표하는 소설 장르의 약진이 일조하지 않은 바는 아니겠거니와, 앞에서 지적했듯이 문학 개념의 한정에는 산문적인 것에 대한 시적인 것의 승리를 몽상하는 유토피아적 충동이 핵심일 것이기 때문이다. "실제로 '산문적'이라는 기술적記述的 용어가 지루하고 따분하고 감동을 주지 않는다는 부정적 의미를 얻기 시작한 것은 낭만주의시대에서였다"[60]라는 테리 이글턴의 지적 또한 상상력 숭배에 기초한 literature의 출현에 시적인 것

59. 磯田光一(1983), 앞의 책(주 42), pp.17~18.

60. 테리 이글턴(1986), 『문학이론입문』, 김명환 · 정남영 · 장남수 옮김, 창작사, p.29. 아울러 영어본도 참고했다. Terry Eagleton(1999), *Literary Theory : An Introduction*, Second Edition, Blackwell Publishers.

이 어떻게 관여했는지를 웅변하지 않는가. 신비스런 유기체, 즉 소외되지 않은 노동의 이미지로서 문학을 숭배하는 낭만주의적 태도는 합리주의로 가장한 자본주의 시장의 폭력적 이데올로기에 대한 예리한 비판을 그 자체로 함유하고 있으니, 이 지점에서 "문학은 하나의 온전한 대안적 이데올로기"테리 이글턴 1986 : 30로 축성되었던 것이다. 그럼에도 현실적으로는 소小상품 생산자로서의 주변적 위치를 면할 수는 없었던지라, 낭만주의자들의 근사한 급진주의는 "이미 지나가 버린 옛 '유기체적' 영국에 대한 무기력한 향수로 떨어지기 일쑤였다"테리 이글턴 1986 : 31. 이 전도顚倒의 간극으로부터 자율성의 신화가 탄생한다.

> '예술'이라는 불변적인 객체가 존재한다거나 '미' 혹은 '미적인 것'이라고 불리는 따로 독립된 경험이 존재한다는 가정은 대체로… 예술의 사회적 삶으로부터의 소외의 한 산물이다. …'창조적인' 글의 핵심은 그것이 명예롭게도 효용이 없는 것이며 어떠한 너저분한 사회적 목적과도 거리가 먼 '그 자체가 목적인 것'이라는 점이었다. 후원자를 잃은 작가는 시적인 것 속에서 그 대체물을 발견하였다. …예술은 그것을 항상 둘러싸고 있는 물질적 행위와 사회적 관계들 그리고 이데올로기적 의미들로부터 유리되었고 단독적 인물신의 위치로 승격되었다.
>
> —테리 이글턴 1986 : 32

혁명적 요구를 담지한 창조적 문학이 소외의 결과 모욕과 자부의 심리 복합으로 균열된 물신으로 변화하는 그 아찔한 틈으로부터 자율성 또는 무목적성의 신화가 구성되는 과정이 일목

요연하다.

자발적 소외의 드러남이라고 해도 지나치지 않은 낭만적 문학 개념이 그후 어떻게 하나의 제도로서 자리 잡게 되었는가? 테리 이글턴은 '종교의 실패'의 대안으로서 19세기 후반 이후 발흥한 영문학 연구에 착안한다. "종교가 점차 사회적 '접착제' 즉 혼란스런 계급 사회를 융합시킬 수 있는 정서적 가치들과 기본적인 신화들을 제공할 수 없게 되자 '영문학'이 빅토리아시대 이래 줄곧 이러한 이데올로기적 임무를 수행할 과목으로서 확립된다"테리 이글턴 1986 : 35. 그리하여 "속물적인 중산계급을 '그리스화하는 것', 즉 교양 있게 만드는 것to 'Hellenize' or cultivate the philistine middle class"테리 이글턴 1986 : 36 ; Terry Eagleton 1999 : 21을 기본으로 반란하는 노동계급을 체제 안으로 통합하고, 고등교육 기관의 입학이 마지못해 허락된 여성을 훈육하는 데 적합한 교과목으로서 영문학이 각광받게 되었다는 것이다. 이런 국내적 요인들과 함께 더욱 주목할 결정적 계기는 제국주의시대라는 국제적 인자다. "영국자본주의는 독일과 미국이라는 신생 경쟁국들에 의해 위협당하고 점차로 따라잡히게 되자, 과다한 자본이 극소수의 해외 식민지들을 쫓는 치사스럽고 어엿하지 못한 쟁탈전—이것은 1914년의 첫 번째 제국주의 전쟁에서 절정에 달하게 된다—이 벌어짐으로써 민족적 사명과 동질성에 대한 인식이 절박하게 필요하게 되었다. 영문학 연구에 있어 중요한 것은 영국 **문학** English *Literature*—인용자이라기보다는 **영국** 문학*English* Literature—인용자이었다. 셰익스피어와 밀턴을 위대한 '민족 시인'으로 추앙한다든지, 인문학을 연구하는 사람이면 누구나 편입되는 '유기체적인' 민족 전통과 동질성의 인식을 주장하는 것들이 다 이런 맥락 속에 놓인다"테리 이글턴 1986 : 41. 영문학 연구가 안으로는 민족적 정체감正體感의 고취와 밖으로는 문화적 우위의 선전으로서 대학의 정식 학과목으로 자리 잡는 과정에서 문학은 이처럼 튼튼하게 근대적 제도로 사회화한 것이다. 자본주의의 도도한 진군에 대한 강력한 항의로 제출된 문학의 자율성 담론은 외향이 내향으로 곱아 들면서 자발적 소외를 통해 국척跼蹐되는 듯, 다시 대학교육의 전파 경로를 타고 보편의 길을 걷게 되었는데, 이 과정은 꼭 영국만으로 그치는 것이 물론 아니다. 또한 서양에서 이렇게 복합적으로 이루어진 문학의 제도화가 비서구에서는 제국의 휘황한 권위를 업고 일방적 추종의 대상으로 변신했다는 점을 망각할 수 없다. 그 문맥의 복합성은 절개된 채, 물신화가 전면적으로 전경화前景化하는 그 단면에서 literature는 동아시아의 해안에 흑선黑船처럼 도착한다.

일본의 분가쿠文學

일본에서 문학이라는 말이 전변하는 과정을 추적한 대표적 연구자는 스즈키 사다미다. 그런데 그에 앞서 이에 착목한 야나기다 이즈미柳田泉, 1894~1969, 고보리 게이이치로小堀桂一郎, 이소다 고이치의 논의를 소개한 대목이 또한 유용하다. 우선 야나기다로부터 시작해 보자.

그의 대저 『메이지 초기의 문학사상』 상권1965의 서술을 요약한 이 도표는 상층의 한문학과 하층의 가나假名문학으로 양분된

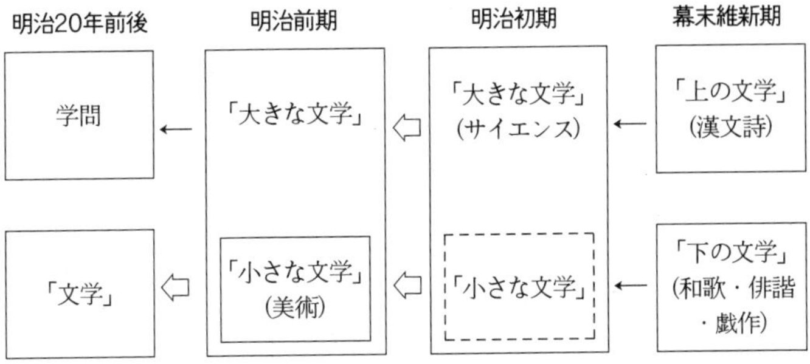

» 야나기다 이즈미에 의한 메이지기 문학 개념의 변천[61]

채 존재하던 메이지 이전 문학에서 출발한다. literature가 사이언스science, 즉 '백과百科의 학'으로 수용됨에 따라 전통적 구분이 흐려지는 1단계에서는 학예 일반을 뜻하게 된 '큰 문학' 안에 왕년의 시가와 게사쿠戲作 등이 '작은 문학'으로 포괄된다. 미술(오늘날의 예술)로서의 literature, 즉 자율적 언어예술관이 모습을 드러낸 2단계에 이르면 큰 문학 안에 껴묻어 있던 작은 문학이 대립각을 세운다. 그리하여 메이지 20년1887을 전후하여 큰 문학은 '학문'으로 분리되고, 작은 문학만이 '문학'으로 독립함으로써 근대적 의미의 분가쿠가 출현하는 것이다鈴木貞美 1998 : 32.

고보리 게이이치로는 짤막한 글 「『문학』이라는 명칭」1975에서 오늘날과 같은 의미의 문학이 정착한 것이 메이지 18~19년1885~1886이라고 더 정확하게 지적했는데, 그가 말한 문학이란 고급한 언어예술에 지적 가치를 지닌 문장들, 그리고 그 연구까지 아울러 이르는 개념이다. 역시 오늘날 통용되는 문학 개념의

61. 鈴木貞美(1998), 앞의 책(주 4), p.33.

협소함을 타파하려는 의도 아래 전통적 文學과 서구적 literature의 만남과 그 변이를 추적한 이소다 고이치는 그의 저서 『로쿠메이칸鹿鳴館의 계보』1983 「제1장 역어譯語 『문학』의 탄생」에서 더 세밀한 특화를 시도한다. 번역어 '문학'이 탄생한 것은 후쿠치 오치福地桜痴. 이름은 겐이치로源一郎이고 오치는 호, 1841~1906의 논설 「일본문학의 부진을 한탄하다」1875에서라면, 그 정착은 제국대학에 외국 문학과들이 새로 설치된 메이지 20년1887 즈음으로 정리된다는 것이다鈴木貞美 1998 : 33~34. 다구치 우키치田口卯吉, 1855~1905의 『일본개화소사日本開化小史』1877~1882에 등장하는 '문학'이 일본에서 "'지智'의 표현으로부터 '정情'의 표현을 분리한" 오늘날 통용되는 순문학 개념으로서의 '분가쿠'라는 점을 변별함으로써 번역어 문학의 자질을 한층 뚜렷이 드러낸[62] 이소다의 논의는 그 정착을 제국대학과 연관해서 밝힌 것이 더욱 주목된다. 제국대학령1886에 의해 문학부가 개조되면서 영길리문학과英吉利文學科·영문과와 독일문학과獨逸文學科·독문과가 1887년에, 불란서문학과佛蘭西文學科·불문과가 1889년에 신설됨에 따라 역어로서 불안정 요소를 가지고 있던 문학이라는 용어가 안정되었다는 것이다.[63] 영국의 경우를 다룬 앞 장에서 살펴보았듯이, 서양에서처럼 분가쿠도 사회 침투력이 강력한 대학제도를 통해 비로소 일본 근대사회를 받치는 뼈대로서 정착되었다는 점이 진실로 흥미롭다.

메이지 20년대라는 시간표가 묘하다. 국회 없이 출범한 데서

62. 磯田光一(1983), 앞의 책(주 42), p.20.
63. 磯田光一(1983), 앞의 책, pp.24~25.

단적으로 드러나듯, 메이지유신1868은 너무나 순수한 위로부터의 혁명이었다. 근대국가의 영혼과 육체인 국민nation이 부재했던 것이다. 이 공백 속에서 국회 개설을 목표로 한 자유민권운동이 폭발한 것은 자연스러운 일이거니와, 결국 운동은 제한된 성과를 거둔 채 타협 속에 좌절한다. 바로 이 틈에 근대일본은 제도로서 안착한다. 그때가 바로 메이지 20년대다. 이 시기에 자율성 신화 위에 구축된 분가쿠가 정착되는 한편, 일본 근대문학도 본격적 성립을 알리게 된다. 분가쿠란 내적으로는 근대문학이니, 양자는 동전의 양면이다. "메이지 20년대의 근대문학은 자유민권투쟁을 계속하는 대신 그것을 경멸하고 투쟁을 내면적 과격성으로 전환시킴으로써 사실상 당시의 정치 체제를 긍정한 것이었다"[64]라는 가라타니 고진의 지적처럼, 이 시기에 정립된 일본 근대문학은 계몽주의의 정치성으로부터 결정적으로 탈각하였으니 분가쿠와 일본 근대문학, 이 양자가 하나의 연쇄를 이루고 있다. 동전의 양면을 이루는 분가쿠와 근대문학은 일본문학을 하나 더 거느리고 있으니, 사실은 세 얼굴인 셈이다. 스즈키 사다미는 19세기 서구에서 성립한 리터러처의 번역어로서 분가쿠를 사용한 최초의 용례로 이소다 고이치가 주목한 후쿠치 오치의 논설이 "일본문학이라는 관념을 신문에 등장시킨 최초의 문장"이기도 하다는 점을 지적한바鈴木貞美 1998 : 141, 이는 영국의 예에서 보듯 필연의 행로다. 근대적 국제관계, 즉 international이라는 문자 그대로 국민국가nation state를 단위로 한 그

64. 가라타니 고진(1997), 『일본 근대문학의 기원』, 박유하 옮김, 민음사, p.9.

들 사이의 리그이기 때문에, 일본이 이 자랑스러운 질서 안으로 명예롭게 입장하기 위해서라도 일본문학이라는 국민문학national literature이 요구되었던 것이다. 자유민권운동과 연계해 정치소설이라는 비자율적 문학이 번성하다가 운동의 쇠퇴 속에서 마침 맞게 자율파 분가쿠가 근대의 이름으로 축성되기에 이르니, 일본은 얌전하게 순치된 일본문학이라는 꽃을 달고 국제 사회에 당당하게 참여하게 되었던 터이다.

분가쿠의 이면

그렇다면 메이지 근대는 이처럼 자율파 분가쿠로만 질주했는가? 스즈키 사다미는 그 내부의 복잡성을 실사구시적으로 드러낸다. 번역어 분가쿠의 행세에도 불구하고 전통적 문학론이 여전히 존속하고 있었으니, 대표적 계몽주의자 니시 아마네西周, 1829~1897의 강의 「백학연환百学連環」1870에 등장하는, '도道의 학'이면서 '문장의 학'이라는 이중성을 지닌 의미로 사용된 '문학'은 그 단적인 예의 하나다. 비록 도의 내용이 '유교적인 도'가 아니라 '서구적인 인도나 정신문명'으로 치환되었을망정鈴木貞美 1998 : 159 그 문학은 자율파의 분가쿠와는 차별될 터이다. 더구나 메이지 12년1879 즈음, 서구주의 열풍의 한복판에서 한학이 다시 흥기한다는 점에 주목한다. 일본의 국민 작가라고 해도 좋을 나쓰메 소세키夏目漱石, 1867~1916가 중학을 중퇴하고 한학을 배우러 니쇼가쿠샤二松学舍에 편입했다가 다시 대학에 가기 위해 영학숙英學塾 세이리쓰가쿠샤成立学舍에 다녔다는 예는 웅변적이다. 요컨대, "한학과 영학을 동시에 배우는 것은, 막말幕末부터 유신에 걸쳐서 살아갔던 세대가 고등교육을 받는 코스"였던바, 현실로서는 '양한겸수洋漢兼修'의 형국이라는 것이다鈴木貞美 1998 : 170. 이 점에서 '인문학적 문학'과 번역어 분가쿠가 일변 갈등하면서 일변 협력하면서 공존했다고 보는 것이 실상에 가깝다.

물론 한학 붐이 한결같지는 않았다. "'지나支那 멸시'의 풍조"가 높아진 청일전쟁1894~1895을 고비로 한학열은 서서히 수그러드는데鈴木貞美 1998 : 175, "메이지기의 언론계—그것은 '문단文壇'으로 불리웠지만—에 있어서 문체의 변천"과도 연관된다. 일종의 규범이었던 딱딱한 한문 투에서 이탈하여 일상 구어에 가깝게 하려는 자각과 실천이 진행되면서 한학 붐의 저하를 이끄는 데 일조하였던 것이다鈴木貞美 1998 : 176. 이와 같은 흐름에도 불구하고 한학이 영학에 일방적으로 추방된 것은 물론 아니다. 한학이 왕년의 독존적 위치에서 내려와 제국대학의 각과 체제 안으로 재편되는 과정을 겪으면서 문학의 이름으로 오히려 안정되기에 이른다는 점이야말로 반어적이다. 요컨대 자율파 분가쿠의 독점이라는 유행 담론도 메이지 양학파와 그 후예들이 만들어 낸 신화일 수 있다는 것이다.

> 도쿠가와德川기에 유학과 한시문을 의미한 '문학'이라는 말은, 민중의 문예를 배제하고 성립했기 때문에, 오히려, "belles-lettres" 내지는 "polite literature"의 관념에 기초한 "literature"와 같은 뜻으로 보기 쉬웠던 것이 아닌가. 그렇게 대응되었기 때문에, "literature" 관념의 중심에 '시'가 있었던 것을 망각하고, 역어 '문학'은, 먼저 학문문사學問文事

—특히 인문계의 그것— 가운데 우수한 것이라는 경향으로 생각된 것은 아닌가. 혹은, 거기에 도쿠가와기의 게사쿠 따위를 멸시하는 경향이 생길 씨앗이 숨어 있었는지도 모른다. 그렇게 생각하면, 고보리 게이이치로의 「문학이라는 명칭」이, 금일今日, 일반으로 유통되고 있는 언어예술이라는 관념이 아니라, "belles-lettres"의 관념을 바탕으로, 우수한 학문문사의 관념을 가지고, '문학의 금일의 의미'로서 말한 것에는, 혹은 쇼와昭和 전전기戰前期까지 행해진 엘리트 교육에 있어서 교양 형태의 그림자가 투사되고 있다는 생각이 든다. …따라서, 이 일종의 중의中義의 '문학'관은, 동경제국대학이라는 엘리트 교육의 최고봉에 있어서 제도, 학부나 학과의 호칭과 밀접히 관련될 것이다.

— 鈴木貞美 1998 : 178

여기에서 우선 주목해야 할 점은 순문학 belles-lettres와 polite literature로 좁혀진, 그래서 고급한 literature가 비교적 부드럽게 수용된 것이, 일본에서 이미 문학이 대중적인 것이 배제된 상층의 문학만을 지칭한 사정이 개재하고 있다는 대목이다. 말하자면 도입 단계에서 양학과 한학의 기묘한 합작 또는 협동이 작동한 셈인데, 그 결과 현실적으로는 분가쿠가 자율파적 순문학이라는 협의라기보다는 그를 포괄한 중의로 통용되었다는 것이다. "고급한 언어예술"에 한정하는 가장 좁은 뜻의 문학 작품들에 "고급한 지적 가치"를 지닌 순문학 바깥의 저술들을 더하여 성립되는 범주인 중의의 문학鈴木貞美 1998 : 55 범주가 현실태라는 지적은 도입기의 문학이 진실로 어떠하였던가를 다시 보는 데 유용하다고 하겠다.

스즈키 사다미는 근대적 의미의 문학 관념이 정착한 때가 메이지 20년 즈음이라는 기존의 통설에 의문을 제기한다鈴木貞美 1998 : 40. 한학의 文學과 영학의 literature 사이의 만남과 갈등이 만만치 않은 과정을 겪었음을 구체적으로 논증함으로써 이른바 분가쿠의 이면을 다양하게 드러낸 것이다. 바로 이 지점에서 비자율적 문학을 대표하는 정치소설의 유행을 저지하고 자율적 사실주의 문학이라는 새로운 작풍을 일으키는 데 결정적 역할을 수행했다고 평가되어 온 문학 개량의 리더 쓰보우치 쇼요坪内逍遙, 1859~1935의 『소설신수小說神髓』1885~1886 역시 상대화한다. '인정세태의 사실寫實'을 표어로 내걸고 예술로서의 소설을 선언한 『소설신수』에 대한 당시의 반응이 흥미롭다. 소설의 생명은 '짜임새仕組'라며 사진술에 반대한 구파의 반발은 그렇다 쳐도 소설의 근본인 '아이디어意'는 제쳐 두고 수법에만 집중했다고 비판한 후타바테이 시메이二葉亭四迷, 1864~1909 등 젊은 반발도 인상적이다鈴木貞美 1998 : 208~209. 그러니까 그에 의하면 『소설신수』의 출현은 분가쿠의 확립을 결정한 것이라기보다는 더욱 치열한 논쟁의 시작점이다. 결국 언어예술 중심의 분가쿠가 안정되는 획기는 러일전쟁1904~1905인데, 광의의 문학인 논단을 지칭하던 문단이 "문예 사조의 각축의 장" 또는 "소설가나 시인 들의 그룹"을 가리키는 협의의 문학으로 축소된 것도 이즈음에 확립된다는 것이다鈴木貞美 1998 : 243~244. 메이지 일본이 제국주의로 방향을 확실히 정립한 시기에, 마침내 기나긴 싸움 끝에 한학의 文學에 대해 영학의 literature가 최종적 승리를 거두었다는 점은 상징적이다.

서구주의의 일방적 관철이 아니라 외래적인 것과 내재적인 것 사이에 얽히고설킨 복잡한 양태 속에서 일본 근대를 바라봄으로써 그 중층성을 실감나게 드러낸 스즈키 사다미의 작업은 매우 암시적이다. 다만, 일본 근대문학을 '근대 대 반근대'의 분석 축으로 접근할 때 발생하는 편향을 극복하기 위해 '근대의 초극'론을 대안으로 삼겠다는鈴木貞美 1998 : 49 시각은 문제이다. 일종의 내재적 발전론에 가까울 수 있기 때문이다. 가령 메이지 시기를 오로지 탈아입구의 역사관으로 파악하는 것은 "사상, 문화사에 관한 한, 그 점에서 결정적으로 오류"鈴木貞美 1998 : 187라는 주장이 그렇다. 서구주의에 대한 반동으로 일어난 한학 또는 일본 고전에 대한 열기 또한 서구주의가 관철되는 한 국면이라는 성격을 면치 못할 것이라는 점이다. 내재주의가 서구주의를 제어하면서 일본 국가주의를 견제하는 지렛대 노릇을 했다면 혹 모르겠지만, 현재로서는 양자가 갈등하는 듯 협력해서 천황제 파시즘을 완성하는 데 동원되었다고 판단되기에, 그 한학열이란 진정한 의미의 아시아 연대의 초대장이라기보다는 양학열의 친구에 가까울 것이다.

이 점에서 분가쿠가 정립된 시기를 메이지 20년 즈음에 러일전쟁 전후로 조정해야 한다는 그의 주장은 조금 눌러서 볼 필요가 없지 않다. 메이지 20년 즈음에 새로이 일어난 분가쿠 바람이 러일전쟁 전후로 확정되었다고 보는 것이 더 합리적일 것이다. 이미 싸움의 승패는 그때 이루어진 것이나 마찬가지니까 말이다.

후스의 문학개량론

마침내 1917년 1월 중국에서 문학혁명의 깃발이 크게 펄럭인다. 약관의 미국 유학생 후스가 「문학개량추의」를 『신청년新青年』에 담아 높이 쏘아 올린 것이다. 이 잡지의 주관자 천두슈가 바로 그 다음 달 「문학혁명론」으로 화답함으로써 후스에서 비롯된 논의는 개량론에서 혁명론으로 일약 진화한다. 루쉰魯迅, 1881~1936의 가담 또한 천군만마의 후원이다. 근대소설의 첫 작품이라고 해도 좋을 「광인일기」1918를 이 잡지에 발표함으로써 문학혁명론이라는 고독한 영혼은 백화소설이라는 대중의 육체를 획득하게 되었으니, 이 트로이카의 기막힌 협동 속에서 『신청년』은 신문화운동의 급선봉으로 떠올랐다.

신해혁명1911으로 아시아 최초의 공화국이 오래된 제국의 폐허에서 홀연히 출현했으나, 군벌의 발호로 귀결된 사정에서 극명히 보이듯 중화민국中華民國은 허울뿐이었다. 말하자면 공화국을 안에서 받칠 국민nation이 부재하기 때문이다. 이 점을 감안하면 5·4운동1919은 3·1운동1919처럼 국민 형성의 결정적 계기임이 환해질 터인데, 신해혁명과 5·4운동 사이에 위치한 문학혁명론이란 후자를 예고하는 폭발적 징후요, 국민을 선취하는 국민문학national literature의 출현을 촉진하는 예언적 목소리였던 것이다.

나는 여기서 중국의 국민 또는 국민문학 창출을 위한 기나긴 여정의 첫걸음이라고 할 후스와 천두슈의 글을 찬찬히 독해함으로써 한국의 논의를 위한 마지막 징검다리로 삼고자 한다. 먼저 후스를 보자. 이 글의 제목 「문학개량추의」는 겸손하다. '개량'이라는 말도 그렇지만 '추의'는 또 어떠한가? 자신의 의견을

'꼴 베는 이의 의론'에 비겼기 때문이다. 물론 실제로는 겸손하지 않다. 글 앞머리에 대뜸 8개 조를 제시하고 있기 때문이다. '해라' 3개 조와 '하지 마라' 5개 조로 이루어진 팔사八事는 이규보李奎報, 1168~1241의 구불의체九不宜體[65]를 연상시키기도 하는데, 제시한 팔사를 하나하나 부연하는 구성을 취하고 있는 이 평론은 자신 또는 자신을 포함한 새 세대의 문학적 매니페스토로서 모자람이 없다.

1조는 "모름지기 말에는 알맹이가 있어야 할 것須言之有物"이다.[66] 동성파의 주장과 비슷하여 처음에 천두슈조차 반대했다는 점을 의식해서인지, 후스는 1조를 '문이재도'설로 오해하지 말라고 명토 박는다. 그가 말하는 알맹이(物)는 두 가지 즉 정감과 사상을 아우른다. "요즘 사람들이 말하는 미감美感"과도 통하는 전자가 "문학의 영혼"이라면 후자는 문학의 "두뇌"다. 물론 그

65. 이규보는 그의 시화집 『백운소설(白雲小說)』에서 9가지의 좋지 못한 시체(詩體)를 든바, "한 편 안에 옛사람의 이름을 많이 쓰는 것은 '귀신을 수레에 가득 실은 체(載鬼盈車體)', 옛사람의 뜻을 가로채 취하는 것은 잘 훔쳐도 오히려 가하지 않은데 훔치기 또한 능해 '선도둑이 쉽사리 잡히는 체(拙盜易擒體)', 근거 없이 강운(强韻)을 맞추는 것은 '센 쇠뇌를 이겨내지 못하는 체(强弩不勝體)', 그 재주를 헤아리지 아니하여 압운이 어긋난 것은 '술을 지나치게 마신 체(飮酒過量體)', 험자(險字)를 써서 사람을 곧잘 당황케 하는 것은 '구덩이를 파서 맹인을 이끄는 체(設坑導盲體)', 말이 순하지 않은데 억지로 인용하는 것은 '남을 강제로 내게 따르게 하는 체(强人從己體)', 상말을 많이 쓰는 것은 '촌사람들이 모여 떠드는 체(村夫會談體)', 공자와 맹자(孟子)를 범하기 좋아하는 것은 '존귀한 분을 지나치게 범하는 체(凌犯尊貴體)', 시어가 거친데 삭제하지 않는 것은 '잡초가 밭에 가득한 체(莨莠滿田體)'"가 그것이다[차주환 교주역(1971). 『시화와 만록』, 민중서관, pp.30~31. 번역은 이를 바탕으로 손질한 것이다]. 그런데 뒤의 세 문체는 이규보의 불철저성으로 볼 수 있지만, 앞의 여섯 체는 공안파나 팔사의 선구로서 한국문학개혁론의 조숙한 맹아라고 해도 결코 지나치지 않을 것이다.

66. 胡適(1917), 「文學改良芻議」, 『新青年』 2권 5호, 1917. 1, p.1. 내가 이용한 텍스트는 『신청년문학론선(新青年文學論選)』에 실린 영인본이다.

는 전자도 강조하지만 후자를 더욱 높인다. "사상은 모두 꼭 문학을 의지해 전해지는 것이 아니나, 문학은 사상이 있음으로써 더욱 귀하고, 사상 또한 문학적 가치가 있음으로써 더욱 귀하다思想不必皆賴文學而傳, 而文學以有思想而益貴, 思想亦以有文學的價值而益貴"는 입장에서 그 예로 드는 것이 "장주莊周의 문文, 연명淵明 · 노두老杜의 시, 가헌稼軒의 사詞, 시내암施耐庵의 소설"이다. 장주는 장자莊子, B. C. 369?~B. C. 289?, 연명은 도연명陶淵明, 365~427, 노두는 두보杜甫, 712~770, 가헌은 남송 최고의 사인詞人 신기질辛棄疾, 1140~1207, 시내암1296?~1370?은 원말명초元末明初를 살았던 『수호전水滸傳』의 작가를 가리킴이니, 그가 구성한 정전正典들이 흥미롭다. 유가儒家가 아니라 도가道家의 종장宗匠 장자의 산문을 필두로, 전원 시인 도연명과 시성詩聖 두보의 시, 우국 시인 신기질의 사, 그리고 4대 기서奇書 가운데서도 가장 저항적인 소설 『수호전』으로 마감한 이 목록은 인물과 장르 양면에서 공안파적 감각의 강렬한 사회성을 드러내고 있다. 후스가 꿈꾼 새로운 문학이 재도론에 대한 반발 속에 정감으로만 질주하지 아니하고 정감에 기초하여 새로운 사상을 잉태한 문학, 즉 국민문학의 건설이라는 점이 여기에서 분명해진다. 정감과 사상 사이에서 균형을 취할 수 있었기에 그의 문학론이 과거의 문학을 몰밀어 부정하는 허무주의가 아니라 재도론에 속박된 눈에 가린 다른 문학적 전통을 다시금 재구성하는 온당함을 갖추게 된 점이야말로 종요롭다.

2조는 "옛사람을 모방하지 말 것不摹倣古人"이다胡適 1917 : 2. 그 전제가 바로 "한 시대에는 한 시대의 문학이 있다一時代有一時代的文學"는 것인데, 사실은 왕궈웨이王國維, 1877~1927가 이에 앞서 이렇게 말한 바 있다, "무릇 일대에는 일대의 문학이 있다凡一代有一代之文學"[67] 라고. 왕궈웨이나 후스의 이 예민한 감각은 일찍이 고문 반대의 깃발을 높이 든 공안파의 계승이거니와, 후스에게 각별한 점이 있다면 서구에서 수용된 진화론이 뒷배라는 사실이다. 그는 시대에 따라 문학도 변천한다는 주장이 자신의 사견이 아니라 "문명 진화의 공리公理"라고 강조한다. 2조를 설명하는 이 부분에서 '진화'가 무려 네 번이나 동원될 정도이다胡適 1917 : 2~3. 그리하여 "오늘의 중국은 당연히 오늘의 문학을 만들어야 한다今日之中國當造今日之文學"라고 선언한다胡適 1917 : 3. 그렇다면 '오늘의 문학'은 무엇인가? 그것은 바로 백화소설白話小說이다. 그리하여 세계 일류 문학과 비교해도 부끄럼이 없는 것은 옛사람을 모방하지 않고 오늘날 사회적 정상을 실사實寫한 "아불산인我佛山人 · 남정정장南亭亭長 · 홍도백련생洪都百鍊生, 3인이 있을 뿐"이라고 단언한다. 이 대목은 더 세심히 들여다 볼 필요가 있다. 아불산인은 『이십년목도지괴현상二十年目睹之怪現狀』1907~1909의 우워야오吳沃堯, 1866~1910, 남정정장은 『관장현형기官場現形記』1906의 리바오자李寶嘉, 1867~1906, 홍도백련생은 『노잔유기老殘游記』1904의 작가 류어劉鶚, 1857~1909이니,[68] 이 작가들이 널리 드러난 결정적 계기는 루쉰이 『중국소설사략』에서 이 종류의 소설들을 견책소설譴責小說로 명명한 이

67. 이 말은 그의 『송원희곡사(宋元戲曲史)』[원제는 '송원희곡고(宋元戲曲考)'인데 1915년 출판할 때 개제] 서문에 나오는데, 여기서는 이종민(2004), 『근대 중국의 문학적 사유 읽기』, 소명출판, p.223에서 재인용.

68. 루쉰(1998), 『중국소설사략』, 조관희 역주, 살림출판사, pp.638~677 참고할 것. 역자 주에 의거하여 작가의 생몰과 작품의 발표 연대를 정리했다. 알다시피 이 청 말의 사회소설들을 견책소설로 명명하고 그 의의를 자상히 밝힌 이가 루쉰이다.

후의 일이다. 그런데 『중국소설사략』 상권은 1923년, 하권은 1924년에 처음 출간되었으니[69] 이 소설들에 장르 이름을 준 것은 루쉰이지만 처음으로 그 가치를 높이 평가한 이는 후스로 된다. 더욱 흥미로운 것은 그 선구적 작품으로 『유림외사儒林外史』, 『수호전』, 『석두기石頭記』를 든 점이다胡適 1917 : 4. 그중 『수호전』은 이미 거론되었던 터이고, 오경재吳敬梓, 1701~1754의 『유림외사』는 역시 루쉰에 의해 청의 풍자소설로서 주목되었거니와,[70] 조설근曹雪芹, 1719?~1763의 『석두기』는 건륭 연간에 나온 중국 최고의 소설로 꼽히는 『홍루몽』이다. 중국문학의 과거를 부정하기보다는 비모방의 길을 걸었던 선구적 작품들을 창조적으로 계승한다는 역사 의식을 지니고 이 작업을 수행했다는 점이야말로 인상적이다.

3조는 "모름지기 문법을 강구할 것須講文法"이다. 고문문학의 말폐로 문법에 맞지 않는 비문이 횡행하는 것을 저지하자는 너무나 분명한 취지로 상론詳論할 필요도 없다고 가볍게 넘어간다胡適 1917 : 4.

4조는 "병도 없이 신음하지 말 것不作無病之呻吟"이다. 상투적 영탄에 경고를 발하는 것인데, 이를 "망국의 애음亡國之哀音"이라고 지칭한 것이 흥미롭다. 더구나 그 반면교사의 예로 결국 자살로 생을 마감한 위대한 시인 굴원屈原, B. C. 343?~B. C. 289?을 들고, 모범의 대상으로 피히테費舒特와 마치니瑪志尼를 들어 올린 것은 놀

69. 루쉰(1998), 앞의 책, p.15. 이 책은 원래 루쉰이 북경대학에 출강할 때(1920~1924)의 강의 노트가 저본이라고 한다.

70. 루쉰(1998), 앞의 책, pp.516~532.

랍다胡適 1917 : 1. 피히테Johann Gottlieb Fichte, 1762~1814는 나폴레옹Napoléon, 1769~1821의 침략에 맞서 국권의 회복을 호소한 「독일 국민에게 고함Reden an die Deutsche Nation」1807~1808이라는 연설로 유명한 철학자고, 마치니Giuseppe Mazzini, 1805~1872는 이탈리아 통일운동을 주도한 저명한 혁명가다. 공화혁명 이후 점차 반식민지로 함몰되는 중국을 구할 국민/문학의 건설이라는 초미의 과제 앞에서 굴원은 비판되고 서양 애국자들은 추앙되는 역전이 발생했다는 점을 기억해 두자.

5조는 "너무 익은 가락과 상투어를 제거하는 데 힘쓸 것務去爛調套語"이다. 4조를 이어받은 5조 역시 시문에 자주 등장하는 진언陳言, 진부한 말을 버리라는 주문이다胡適 1917 : 4. 대안은 무엇인가? "친히 본바, 친히 들은바, 친히 몸으로 겪은 사물을 일일이 자신이 말을 만들어 형용하고 묘사할 것所親見所親聞所親身閱歷之事物——自己鑄詞以形容描寫之"胡適 1917 : 5. 죽은 비유로 가득한 낡은 문학으로부터 자신의 몸을 통과한 진실을 토대로 탄생할 신문학으로 이동하고자 하는 후스의 염원이 간절하다.

6조는 "전고를 사용하지 말 것不用典"이다胡適 1917 : 5. 이 조를 해설한 부분은 유난히 길다. 답지한 공격에 무려 4페이지에 걸쳐 해명을 시도하고 있기 때문이다. 요지만 딴다면, 이미 널리 사용되는 광의의 전고가 아니라 "독자로 하여금 전고 씀의 번잡함에 빠져 오히려 비유를 베푼바 사물을 망각하게 만드는使讀者迷於使事用典之繁, 而轉忘其所爲設譬之事物" 협의의 전고, 즉 '궁벽한 전고僻典'를 사용하지 말자는 것이다胡適 1917 : 8.

7조는 "대장을 강구하지 말 것不講對仗"이다. '대장'이란 대구對句

다. 노자와 공자의 문에서 저명한 예를 보이듯, 대구란 자연스러운 일인데, 후세 문학에 이르러 알맹이가 없어지면서 경박하고 공허한 말놀이로 전락했기 때문에 대구를 자제하자는 것이다. 그런데 이 부분에서도 또한 천시되던 소설을 높인다. 변문駢文 · 율시律詩를 진짜 소도小道라 격하하고, "시내암, 조설근, 오견인吳趼人(앞에서 나온 견책소설가 우워야오의 자—인용자)" 등 백화소설가들을 "문학정종文學正宗"으로 추상推尙하던 것이다胡適 1917 : 9.

8조는 "속어 · 속자를 피하지 말 것不避俗語俗字"이다. 이 대목 또한 새겨들을 견해가 적지 않은데, 기본방향을 언문일치에 두고 있는 점이 흥미롭다. 백화를 부분적으로 채용한 어록체가 불서佛書 번역에서 기원했다는 것도 교시적이지만, 흔히 이민족통치로 격하되게 마련인 요금원遼金元 3백 년의 문학, 그중에서도 원대를 최전성기로 평가하고, 오히려 한족 정권인 명에 이르러 고문운동의 반동 속에 백화문학의 발전이 저지되었다는 안목은 가히 혁명적이다. 그런데 여기서도 서양의 단테但丁와 루터路得가 동원된다. 위대한 시인 단테Alighieri Dante, 1265~1321는 이탈리아어로 『신곡神曲』을 창작하고, 종교 개혁가 루터Martin Luther, 1483~1546는 『성경聖經』을 독일어로 번역함으로써, 죽은 라틴어 문학을 추방하고 "언문합일의 국어言文合一之國語"에 기초한 활문학活文學을 건설한 위업을 이룩했다고 추앙되는 것이다. 그리하여 고문문학이라는 '사문학死文學' 대신 백화문학이라는 '활문학'의 건설로 팔사를 요약한 그는 백화문학의 전통을 정종正宗으로 삼는 새로운 백화문학의 창조가 요체라고 선언한다胡適 1917 : 10.

후스의 문학개량론도 공안파처럼 소설 · 희곡에 대한 과감한 긍정에 토대하고 있다. 그럼 그의 논의는 내발적인 것인가? 서양인 네 명이 거론된 데서 짐작되듯이 그의 문학개량론에는 서양이 출석한다. 후스는 말한다.

> 신문화新文化운동의 큰 공헌은 구주歐洲 신문명新文明이 물질문명 면物質文明面에서만 우리 중국中國보다 고도高度의 것이 아니고 사상·학술·문학·미술·풍속·도덕까지도 모두 우리들보다 고도의 것이라는 것을 지적한 것이었다. 천두슈 선생은 일찍이 신문화新文化운동은 오직 두 분 선생을 옹호하는 것이라 하였다. 한 분은 과학科學 사이언스선생이요 또 한 분은 민주주의民主主義 데모크라시 선생이다.
>
> —「신문화운동과 국민당」 1929[71]

서양을 오직 용用으로만 여기는 양무파洋務派는 물론이고 서양의 민주주의에 대한 시각의 진화를 반영한 변법파變法派와 국민당 혁명파에조차 보수적 전통의 그림자가 강하게 작동하는 상황에서, 신문화운동이 서양을 중국이 따라야 할 도로 여겼다는 그의 주장은 유구한 중화주의의 파열로서도 주목에 값한다. 최초의 본격적 서도파西道派라고 해도 좋을 후스의 문학개량론은 분명 내발적이기보다 외발적인 것이다.

71. 후스(1974), 『후스문선』, 민두기 편역, 삼성문화재단출판부, p.133.

문학혁명론의 양면성

그럼 당시 후스보다 더 철저한 서도파 천두슈의 「문학혁명론」을 일별하자. 문학개량론을 문학혁명론으로 진전시킨 이 글은 유럽에 대한 노골적 찬미로 시작된다. "오늘날의 장엄하고 찬란한 유럽은 혁명의 산물"[72]이라는 데서 보이듯, 찬미의 각도는 그런데 '혁명'이다. 물론 이 혁명은 그가 마르크스주의자로 이동하기 이전이니 부르주아 민주주의혁명일 터인데, 그럼에도 후스와의 온도 차가 감지된다. 끝까지 근대민주주의에 충실한 후스와 이후 곧 중국공산당의 중추로 활약한 천두슈 사이에는 이미 그 틈이 존재했던 것인지도 모른다. 글 제목의 '개량'과 '혁명'은 상징적이다. 천두슈는 충분히 급진적이었다.

서양에 대한 예찬이 중국에 대한 질타로 이어지는 것은 자연스럽다. 중국의 혁명이 결국 실패로 떨어진 것은 혁명을 두려워하는 정신의 부패 때문이라고 통탄하면서 정치혁명을 성공으로 이끌 '윤리도덕혁명'의 절박성을 그는 강조한다. 그리하여 공교孔敎를 타격 목표로 설정한 윤리도덕혁명의 일환으로서 문학혁명이 제기된바, 그 선구자가 "내 친구 후스"사실 천두슈는 후스보다 열두 살이나 위다라고 찬양한다. 그리고 유명한 3대주의를 내건다.

> 나는 전국 학구學究들의 적이 될 것을 달게 무릅쓰고, "문학혁명군"의 큰 깃발을 높이 펼쳐, 내 친구를 성원하고자 한다. 그 깃발 위에 우

72. 陳獨秀(1917), 「文學革命論」, 『新青年』 2권 6호, 1917. 2, p.12. 여기에서 내가 이용한 텍스트는 『신청년문학론선(新青年文學論選)』에 실린 영인본이다.

리 혁명군의 3대주의를 대서특필大書特筆한다. 첫째, 조탁彫琢하고, 아부하는 귀족문학을 타도하고, 평이하고, 서정적인 국민문학을 건설하자. 둘째, 진부하고, 과장적인 고전문학을 타도하고, 신선하고, 성실한 사실문학을 건설하자. 셋째, 우회적이고, 난삽한 산림문학을 타도하고, 명료하고, 통속적인 사회문학을 건설하자.

—陳獨秀 1917 : 13

위에서 특별히 유의할 말이라면, '서정적'과 '통속적'이다. 전자는 후스의 '정감'을 염두에 둔 것일 테고, 후자는 저속으로 폄하되던 '통속'을 '널리 통한다'라는 좋은 뜻으로 들어 올린 것인데, 후스의 팔사를 국민문학 · 사실문학 · 사회문학이라는 세 강령으로 요약한 천두슈의 솜씨가 돋보인다.

천두슈의 혁명주의는 후스의 프래그머티즘과 차별됨에도 불구하고, 중국문학의 과거에 대한 새로운 해석을 시도한 점에서 상통한바, 이는 중국 지식인에게는 거의 태생적인 것인지도 모른다. 이 글의 후반부는 천두슈의 시각으로 본 중국문학사의 개요로서 흥미롭거니와, 그 두 근원으로 되는 『시경詩經』과 『초사楚辭』를 언급하는 데에서 논의는 시작된다. 두 작품, 특히 굴원을 비판한 후스와 달리 천두슈는 뜻밖에도 긍정적이다. 통속성이 잣대다. 『시경』의 「국풍國風」은 "이항외사里巷猥辭", 즉 마을과 거리의 속된 말을, 『초사』는 "토어방물土語方物", 즉 사투리와 고장의 산물을 사용하여 아름다움을 이루었다고 높이 평가함으로써 두 작품의 경전적 권위가 아니라 세 강령에 가까운 근대적 가치를 전경화한 것이다. 이 경향은 양한에 이르러 귀족문학으로 위축되었다가 다시 위진魏晋의 문학혁명으로 살아났지만, 국민문학으로 발전하지는 못했다고 판단한다. 이후 귀족 취향으로 물러난 "문학의 말운末運"을 되돌린 당의 한유韓愈, 768~824와 유종원柳宗元, 773~819의 굴기崛起에 주목한다. '남북조의 귀족고전문학'이 '송원宋元의 국민통속문학'으로 진화하는 과도기를 마련한 한유와 유종원의 고독한 고문운동이 지닌 긍정적 성격을 높이 평가한 것이다. 그럼에도 결국 재도론으로 떨어졌다고 냉정하게 매듭짓는다陳獨秀 1917 : 14. 그도 "원명元明의 극본과 명청明清의 소설", 특히 마동리馬東籬 : 동리는 호이고 본명은 마치원馬致遠, 원곡 4대가元曲四大家의 한 사람, 1260?~1324?와 시내암과 조설근을 근대문학 최고봉으로 평가한다. 이 맹아는 그러나 '십팔요마배十八妖魔輩'에 의해 유산되고 말았다고 탄식을 금치 않는다. 그들은 누구인가? 명청의 고문파다. 그는 '오늘의 중국문학'을 유럽에 비견할 수 없게 만든 최대의 장애로 이들 고문파를 견결히 성토하는 것이다陳獨秀 1917 : 15. 그리하여 중국문학을 구원할 새로운 신으로 다시 서양을 예찬하면서 글을 마감한다.

> 유럽문화는 정치 · 과학으로부터 받은 것이 실로 많지만 문학으로부터 받은 바 역시 적지 않다. 나는 루소盧梭와 파스칼巴士特의 프랑스도 사랑하지만, 나는 위고虞哥와 졸라左喇의 프랑스를 더욱 사랑한다. 나는 칸트康德와 헤겔赫克爾의 독일도 사랑하지만, 나는 괴테桂特와 하우프트만郝卜特曼의 독일을 더욱 사랑한다. 나는 베이컨倍根과 다윈達爾文의 영국도 사랑하지만, 나는 디킨스狄鏗士와 와일드王爾德의 영국을 더욱 사랑한다. 우리나라 문학계의 호걸지사豪傑之士로서 중국의 루소, 졸라, 괴

테, 하우프트만, 디킨스, 와일드를 자부할 자 있는가? 우유迂儒(세상물정에 어두운 선비—인용자)의 비방과 칭찬을 불고하고 명목장담明目張膽(눈을 크게 뜨고 용기를 냄—인용자)하여 18요마와 선전宣傳할 자 있는가? 나는 42센티미터 대포를 끌고 그 앞잡이前驅 되기를 원하노라.

—陳獨秀 1917 : 16

'나'가 유독 강조되고 있는 데에서 보이듯, 새로운 중국/중국문학의 탄생에 대한 그의 간절한 소망을 감안한다 하더라도 서양 귀신을 수레에 가득 실은 이 마무리는 문제적이다. "서구문학에 대한 지나친 숭배"[73]라고 비판당해도 할 말이 많지 않을 것이다. 더욱 문제는 서양 귀신들이 왕년의 중국 귀신들과 유사하게 호출되고 있다는 점이다. 고문파들의 중국 귀신이 그러했듯이, 천두슈의 서양 귀신 또한 문학으로부터 '오늘'을 다른 차원에서 앗아 갈 가능성이 농후하기 때문이다. 강력한 원군을 자임한 천두슈가 오히려, 새 문학의 탄생을 위해 귀신들을 추방하려 한 후스의 길에 무의식적 장애를 조성한 폭이 되었으니, 감정적 급진주의가 말썽이기는 하다. 이렇게 후스를 교조화한 천두슈의 문학혁명론이 곧 혁명문학으로 전화轉化하여 중국 현대사의 격동 속으로 빨려 들어간 사정은 여기서 반복할 필요는 없겠다. 다만 문학에 과도한 의미를 부여한 천두슈식 급진주의가 혁명문학에서도 다른 차원에서 복제되었다는 점을 상기하고 싶다.

73. 주더파 외(1989), 『중국현대문학운동사I』, 임춘성 옮김, 전인, p.35.

온건한 후스는 물론이고 천두슈 같은 급진주의자조차 전통의 감각을 깊숙이 지니고 있었다는 점 또한 망각할 수 없다. 이는 "문화 그 자체가 보수적"[74]이라는 일반론으로 해명되지 않는다. 후스와 천두슈의 글을 검토하면서 더욱 실감했지만 이 역사감각은 중국 지식인들에게 유별나기 때문이다. 이 양면성은 혁명파라는 주류 바깥의 (준)자율파에게도 비슷하게 드러나게 마련이다. 문학혁명이든 혁명문학이든, 문학을 턱없이 물신화하는 급진주의 탓에 중국의 자율파는 살아 있는 틈을 제공하기도 한다. 이미 검토했듯, 뒤에 한간漢奸으로 전락했지만, 혁명문학의 어떤 과잉성에 대한 의미 있는 반발로 독특한 자율파의 면모를 지닌 저우쭤런도 흥미롭거니와, 『신청년』 신문학운동에 앞서 그 이론적 초석을 놓은 왕궈웨이와 루쉰의 논의가 각별하다. 공안파의 뒤를 이어 소설과 희곡 같은 하위 장르들을 독자적으로 탐구하여 새로운 문학 건설의 자양으로 삼은 그들은 모두 문학의 비실용성 또는 비도구성을 화두로 든다. 전자의 '쓸모없음의 쓰임無用之用'과 후자의 '쓰지 않는 것의 쓰임不用之用', 이보경은 그 차이를 이렇게 해석한다.

> 축자적으로 살펴보면 후자(여기서는 왕궈웨이의 무용지용—인용자)는 무용 그 자체가 바로 유용이라는 말이며, 전자(루쉰의 불용지용—인용자)는 무용한지의 여부에 대해 유보적 태도를 취하는 측면이 있으며 그 유용함을

74. 후스(1935), 「『중국본위의 문화건설 선언』을 시평함」, 민두기 편역(1974), 앞의 책(주 71), p.201.

'의식적(자각적)'으로 사용하지 않겠다는 의지를 통해서 유용에 도달하겠다는 뜻으로 이해할 수 있을 것이다. 어쨌거나 청년 루쉰魯迅은 선배 세대의 양극단적 사고, 즉 량치차오梁啓超의 공리주의적 문학관과 왕궈웨이王國維의 초공리주의적 문학관, 양자를 극복할 수 있는 터전을 가지고 출발했던 것이 그의 행운이라면 행운이라고 할 수 있을 것이다.[75]

'유용/무용'이라는 이분법을 기준으로 하면 후스와 천두슈를 막론하고 『신청년』 그룹은 확실히 유용론이다. 특히 천두슈의 문학혁명론은 그 앞 세대 량치차오의 소설계혁명론과 슬그머니 연통된다, 문학이 마치 온 세상을 다 바꿀 듯이 기염을 토하는 점에서. 그런데 바로 이 지독한 공리주의로부터 뜻밖의 낭만주의가 산출된다. 거의 신비주의적 물신화라고 할 그들의 문학관이 알게 모르게 자율성으로 이끌 문학의 중요성을 선전하고 있기 때문이다.

프래그머티즘의 세례를 제대로 받은 후스는 이런 낭만주의로부터 비교적 안전하다. 이 기묘한 지형 속에서 왕궈웨이의 무용론이 오롯이 빛난다. 그는 보수적이건 진보적이건 문학의 유용성을 조자룡 헌 창 쓰듯 휘두르는 일체의 문학론에 반대한다. 쓸모를 화두로 드는 순간 이미 체제 안으로 흡수되는 비밀을 예민하게 눈치 챈 것인데, 이 또한 다른 낭만주의의 표현이 아닌

75. 이보경(1999), 「20세기 초 중국지식인의 '문학(文)'의 해체와 구성」, 『중국현대문학』 16호, p.63.

가? 신해혁명 후 망한 왕조 청조의 유로遺老로 자처하며 갑골문 연구에 몰두한 그의 만년은 경건과 희화戲畵의 기묘한 조합이다. 이태준李泰俊, 1904~?의 소설 「해방전후」1946에 나오는 삽화를 잊을 수 없다.

현은 문득 청조 말의 학자 왕국유王國維의 생각이 났다. 그가 일본에 와서 명곡明曲에 대한 강연이 있을 때, 현도 들으러 간 일이 있는데, 그는 청나라식으로 도야지 꼬리 같은 변발辮髮을 그냥 드리우고 있었다. 일본 학생들은 킬킬 웃었으나, 그의 전조前朝에 대한 충의를 생각하고 나라 없는 현은 눈물이 날 지경으로 왕국유의 인격을 우러러보았었다. 그 뒤에 들으니, 왕국유는 상해로 갔다가 북경으로 갔다가, 아무리 헤매어도 자기가 그리는 청조淸朝의 그림자는 슬어만 갈 뿐이므로, "綠水青山不曾改, 雨洗蒼苔石獸間"…을 읊조리고는 변발 그대로 곤명호昆明湖에 빠져 죽었다는 것이었다.[76]

이태준의 일본 체류 시기는 1924~1927년 3년인데, 1923년 마지막 황제 푸이溥儀의 문학 시종 노릇을 한 왕궈웨이가 마침내 '순국'에 성공한 때는 이허위앤頤和園의 쿤밍호에 몸을 던진 1927년 6월 2일이니, 이태준이 포착한 왕궈웨이의 모습은 죽음 직전으로 짐작된다. 독일철학을 독학으로 탐구하여 미적 자율성의 핵심을 움키고, 공안파의 뒤를 이어 송원명宋元明의 소설과 희곡 연구를 거점으로 새로운 문학의 탄생을 촉구한 기재奇才 왕

76. 임형택 외 엮음(1996), 『한국현대소설선 3』, 창작과비평사, pp.223~224.

궈웨이는 오히려 1911년 혁명 이후 '타락한' 당대 중국을 이륙하여 영원한 본질을 시현한 중국의 고대로 비상해 버리고 말았던 것이다. 그는 진정 불세출의 낭만주의자이다. 어찌 보면 무용론의 대극에 위치한 천두슈와도 유사한 바 없지 않다. 열렬한 공산주의자로 활약하다가 급기야는 운동으로부터 이탈하여 영미식 민주주의로 전향한 채 죽음을 맞은 천두슈 또한 낭만주의자, 혁명적이라는 수식어가 붙는 낭만주의자일지도 모른다.

이 점에서 루쉰의 위치가 종요롭다. 유용론의 과잉으로 질주함으로써 오히려 낭만적 초월과 조우한 천두슈와 달리, 유용론에 섰어도 프래그머티즘의 훈련으로 낭만주의를 제어한 후스와 또 달리, 루쉰은 유용론과 무용론, 그 어느 쪽도 물신화하지 않은 회통會通의 자리를 지켜 냈다. 문학의 현실적 무용無用을 수긍하는 일방으로 그 유용을 과장하지 않음으로써 오히려 그 용用을 새로이 드러낸[77] 루쉰이 그 뒤 어떤 길을 걸어갔는지는 여기서 다시 반복할 필요가 없을 것이다.

77. 루쉰은 일찍이 「마라시역설(摩羅詩力說)」(1907)에서 문학의 불용지용(不用之用)을 다음과 같이 수장했다. "문학은… 개인이나 국가의 존망과 관계가 없고 실리(實利)와 멀리 떨어져 있고 이치를 따지는 일도 없다. 따라서 문학의 효용은 지식을 넓히는 데에는 역사책만 못하고, 사람을 훈계하는 데에는 격언만 못하고, 부를 쌓는 데에는 공업이나 상업만 못하고, 공명(功名)을 떨치는 데에는 졸업장만 못하다. …그렇지만 우리가 [문학을] 보고 읽는 데에 즐거워하는 것은 큰 바다를 헤엄치는 것과 같아서 망망한 바다를 마주하고 유유히 파도를 타면 수영이 끝난 다음에 몸과 마음 모두에 변화가 생긴다. …따라서 문학의 인생에 대한 쓰임은 결코 의식(衣食), 가옥, 종교, 도덕에 비해 못하지 않다." 루쉰(2011), 『무덤』, 홍석표 옮김, 그린비, p.112.

Part 4

조선의 신문학론

1. 논의의 발단

애국계몽기의 국민주의

춘원의 「문학의 가치」가 발표된 때는 1910년 3월, 국치國恥 다섯 달 전이다. 이를 기점으로 문학론이 심심치 않게 출현한다. 그런데 그 이전에는 기이하게도 문학을 주제로 한 단위 평론이 잘 눈에 띄지 않는다. 그렇다고 문학론이 없었다는 뜻은 물론 아니다. 새로운 문학이 일어설 때는 문학론 또한 활발하게 마련이다. 앞에서 언급했듯이 문학 개혁의 효시로 될 백운거사白雲居士 이규보의 '구불의체'론, 소설 및 언문시가는 긍정하면서 한시는 '앵무새 말'과 다름없다고 비판한 서포 김만중西浦 金萬重, 1637~1693의 조숙한 국민문학론, 그리고 화이華夷의 구별을 지우려는 뚜렷한 자각에 기초한 다산 정약용茶山 丁若鏞, 1762~1836의 '조선 시' 선언[78]은 그 대표적 예로 될 터이다. 그럼에도 이런 논의들은 문학평론으로서 특화된 것이 아니다. 이런 사정은 애국계몽기1905~ 1910에도 유사했다. 이 시기는 운동의 고조기답게 문화열 또한 폭발적이었다. 문학평론은커니와 문학조차 '나라의 독립'과 '인민의 자유'를 획득하기 위한 큰 담론/큰 운동에 기꺼이 비자율적이었던바, 이 열기 속에서 구소설을 개혁한 신소설, 옛 노래를 개량한 새 노래, 판소리를 개혁한 창극 등, 모든 장르에서 새로운 문화/문학을 위한 실험이 활발했다. 그리하여 주로 서발序跋이나 신문 논설의 형태로, 또는 작중 인물의 발언을 빌려서, 다시 말하면 익명적 문학론이 애국계몽운동에 껴묻은 채 개진되곤 했던 것이다. 문학평론이 독자적 영역으로 독립한 때는 1920년대, 그중에서도 프로문학의 대두와 긴밀히 호응하는데, 나라가 식민지로 된 1910년대에 문학론이 단속적으로 출현한 것은 3 · 1운동 이후 뚜렷해질 평론 독립의 전조일지도 모른다. 이 점에서 자기 이름을 걸고 현해탄 너머의 소식을 전한 춘원은 애국계몽기 문학론의 익명성 또는 운동성으로부터 이탈하는 1910년대 문학론의 선편을 쥔 것이다. 물론 서명署名이라는 형태로 '나'가 전경화한 이 또한 다른 운동성의 표현이라는 점은 기억해야겠지만 말이다.

애국계몽기 최고의 논객은 단연 단재 신채호다. 백과전서적

78. "나는 본래 조선 사람/ 조선 시를 즐겨 쓰리(我是朝鮮人 甘作朝鮮詩)." 송재소(2005), 『한국 한문학의 사상적 지평』, 돌베개, pp.238~240.

문필 활동 가운데 문학론 역시 각별한 위치를 차지하는데, 그중에서도 "3·1운동 이후 본격적으로 발전한 신문학의 초보 과정"[79]으로 주목된 「천희당시화天喜堂詩話」『대한매일신보大韓每日申報』 1909. 11. 9~12. 4는 백미다. 이 또한 단재의 글이라는 결정적 증거는 없다. 사실 천희당이 단재의 필명이 아니라고 해도 좋다. 절박한 운동 속에서 서명의 개별성은 지워지기 일쑤였으니, 당시 문학론은 거의 공유재라고 해도 무방할 만큼 집합적이었던 것이다.

「천희당시화」의 '국시國詩개량론'을 먼저 살펴보자.

> 詩시란 者자는 國民言語국민언어의 精華정화라. 故고로 强武강무한 國民국민은 其기 詩시부터 强武강무하며 文弱문약한 國民국민은 其기 詩시부터 文弱문약하나니 一國일국의 盛衰治亂성쇠치란은 大抵대저 其기 國詩국시에셔 可驗가험할지오. 又우 其기 國국의 文弱문약을 回회하야 强武강무에 入입코자 할진대 不可不불가불 其기 文弱문약한 國詩국시부터 改良개량할지라.[80]

문약한 국시를 강무한 국시로 개량하자는 이 주장은 시와 노래를 살펴 그 나라 정치의 득실을 가늠하는 채시採詩의 전통에 속한다. 그럼에도 적지 않은 변화가 있다. 강무와 문약의 대조에서 전자를 중시하는 것이 그렇다. 소국주의적 왕도를 지향하는 인정仁政에서 이탈하여 대국주의적 패도로 꺾어 든 것이다. 물론 강무가 남의 나라를 침략하는 그런 패도가 아니라 대국의

79. 임형택(1984), 「'동국시계혁명'과 그 역사적 의의」, 『한국문학사의 시각』, 창작과비평사, p.274.
80. 『대한매일신보』 1909. 11. 11. 맞춤법에 따라 약간 고치고 띄어쓰기를 베풀었다.

침략을 막아 독립을 지키기 위함이니, 소국주의적 패도라고 해도 좋을 것이다. 그런데 국시론이 무용론의 대극에 위치하되 단순한 유용론이 아니라는 점이다. 시를 "국민 언어의 정화"라고 드높이는 이상주의에는 시/문학을 국민nation 창출을 위한 성소聖所로 경배하는 경건성마저 감지되는 것이다. 실제로 신채호는 시가와 종교의 관계에 착목하고 있다. "고故로 대종교가大宗敎家가 교敎를 포布함에 위선爲先 시가詩歌에 종사從事하야 차此로써 인심人心을 개이改移하나니 삼국시대三國時代 불교도佛敎徒의 향가鄕歌와 지나支那 육조시六朝時 달마혜능達磨慧能의 게구偈句(원문은 갈구喝句이나 이는 착오일 것이다—인용자)와 구약경중舊約經中의 시가詩歌가 개시皆詩니 시詩의 공용功用을 차此에 가지可知할진저."[81] 근대문학이 종교의 대체라는 말이 실감날 정도로 시를 국민 종교의 영혼과 육체로 삼으려는 계몽의 기획이 확연하다 하겠다.

이 기준에서 당대의 유행 시가를 "태반太半 유미음탕流靡淫蕩하야 풍속의 부패만 양釀할" 뿐이라고 맹렬히 비판한 그는 또한 이처럼 "시계詩界의 국수國粹"가 쇠락한 원인으로 한시漢詩를 엄지로 꼽는다. 한시를 "국시가 아니라"고 부정하는 엄격한 속문주의屬文主義는 결국 남이南怡와 최영崔瑩, 두 장군의 강무한 시만 남기고 "기여其餘는 일체 화거火炬에 부付"[82]하자고 단호하게 맺는 것이다. 왜 이처럼 완강하게 속문주의를 강조하는가? 그것은 무엇보다 대중에 대한 감화력 때문이다. "국자國字를 다용多用하

81. 『대한매일신보』 1909. 12. 4.
82. 『대한매일신보』 1909. 11. 13.

고 국어國語로 성구成句하야 부인유아婦人幼兒도 일독一讀에 개효皆曉하도록 주의注意하여야 국민지식보급國民知識普及에 효력效力이 내유乃有"[83]한다는 데서 단적으로 드러나듯이, '한자'가 아니라 '국자'를 사용해야 하는 이유는 철저히 공리적 유용론에 서 있다. 여성은 물론이고 아이까지 나라의 독립을 보위할 국민으로 호출하고자 하는 절박함이 속문주의의 토대이매, 모든 논의는 '동국시계혁명東國詩界革命'으로 요약된다. "동국시東國詩가 하何오 하면 동국어東國語 동국문東國文 동국음東國音으로 제製한 자者가 시是오. 동국시東國詩 혁명가革命家가 수誰오 하면 동국시중東國詩中에 신수안新手眼을 방放하는 자者가 시是라."[84] '신수안'이 종요롭다. 새로운 솜씨와 새로운 눈으로 국민의 출현을 선취한 한글시야말로 국시 개량의 핵이다. 그런데 그는 국민보다는 국민을 호출할 시인을 더 중시한다. 시인은 겉보기와 달리 "인심을 지배"하기 때문이다. 그리하여 시화는 '대영웅'이고 '대위인'이며 '역사의 일거물一巨物', 즉 대시인의 대망으로 맺어진다. 다시 국민종교론으로 귀의했으니, 시인은 이제 메시아로까지 들어 올려지는 것이다.

이는 소설론에서도 유사하게 전개된다. 단재의 것으로 추정되는 무서명 논설 「근금 국문소설 저자近今國文小說著者의 주의注意」1908는 대표적인데, 그 기초는 "소설은 국민의 혼"이라는 신성명제다. 소수의 엘리트가 아니라 "부유주졸婦孺走卒", 즉 아줌

83. 『대한매일신보』 1909. 11. 16.
84. 『대한매일신보』 1909. 11. 20.

마 · 젖먹이 · 하인 같은 하위자들이야말로 국민의 육체이거니와, 그들을 국민으로 호출하기 위해서는 "혹호酷好"하는 소설만큼 좋은 도구가 없다는 것이다. 그러나 주위에 넘치는 것은 "위미음탕적萎靡淫蕩的 소설"뿐이다. 따라서 국민을 부패하게 하는 구소설을 "기묘영결奇妙瑩潔한 신소설"로 개량하는 것이 핵심이라는 주장[85]이니, 이 역시 '국시개량론'의 국민종교론과 상통하는 터이다.

소설개량론은 '한 나라의 백성을 새로이 하려면 먼저 그 나라의 소설을 새롭게 하지 않으면 안 된다'로 요약되는 량치차오의 유명한 평론 「소설과 군치의 관계를 논함論小說與群治之關係」1902과 유관하다.[86] 그럼에도 중국과 조선 사이에는 미묘한 차이가 존재한다. 량치차오의 문학개량론보다 조선 측이 종교성, 다시 말하면 이념성이 강하다는 점이다. 소설의 현실태에 대한 부정적 인식도 더욱 강렬한데, 역시 망국을 눈앞에 둔 조선의 현실이 절박한 데 기원할 것이다. 강대국의 반열에 오른 중국의 미래를 꿈꾸는 반半식민지 지식인 량치차오와 제국주의를 결코 용인할 수 없던 식민지 지식인 신채호 사이의 거리[87]가 새삼 새겨지는 대목이 아닐 수 없다.

85. 『대한매일신보』 1908. 7. 8.

86. 백지운(1999), 「한-중-일 근대소설과 문학이념의 문제 : 쓰보우치 쇼요, 량치차오, 신채호의 소설론을 중심으로」, 『중국현대문학』 16호, p.85.

87. 백지운(1999), 앞의 논문, pp.97~98.

국민과 문학 사이 : 이보경의 「문학의 가치」

그럼 이제부터는 애국계몽기의 국민주의 문학론과 비연속적이라는 1910년대의 문학론들을 개관해 보자. 그 필자들은 대체로 현해탄을 청춘의 조국으로 삼은 일본 유학생이었으니, 그 선두에 선 글이 춘원의 「문학의 가치」『대한흥학보大韓興學報』 11호, 1910. 3다. 『대한흥학보』는 재일본 한국 유학생의 통합 단체인 대한흥학회의 월간 기관지로서 1909년 3월에 창간, 1910년 5월 망국 직전 통권 13호로 폐간되었다. 도쿄유학생감독부 안에 둔 대한흥학회 출판부에서 출판된 이 잡지는, 겉으로는 친목지지만 속으로는 국권 회복을 목적으로 한 실력양성론을 내세운 정론지였다. 국초 이인직菊初 李人稙, 1862~1916을 비롯한 유학생 출신 친일개화파도 아니고, 그렇다고 단재를 대표로 하는 토착 애국계몽파도 아닌 새 세대의 등장을 예고하는 이 잡지에 춘원은 중요한 기고가로 참여한다. 『대한흥학보』는 파란만장한 문필 활동이 본격적으로 비롯된 춘원의 데뷔 무대였던 것이다.

발표 당시 춘원은 메이지학원 보통부 5학년을 졸업하고 고향의 오산학교에 부임했으니,[88] 정말 약관이다. 이보경李寶鏡이라는 이름으로 발표된 이 글은 그가 처음 쓴 문학론이자, 한국 최초의 문학론으로 평가된다. 이미 지적했듯이 이전에 문학론이 없었던 것은 아니다. 너무나 활발했다. 다만 논의가 '문학'의 이름으로 이루어지지 않았을 뿐이다. 그럼에도 시, 소설, 연희 등 각론으로 전개되던 문학론을 문학이라는 이름으로 묶어 낸 것 자

88. 하타노 세쓰코(2008), 『『무정』을 읽는다』, 최주한 옮김, 소명출판, p.131.

체가 대단한 일이기는 하다. 이 글의 서두를 보자.

> '문학'은 인류사상에 심히 중요한 것이라. 이제 여余와 같은 한서생寒書生이 '문학의 가치'를 논한다 하는 것은 자못 외월猥越한 듯하나, 지금껏 아한我韓 문단에 한 번도 차등此等 언론을 견見치 못하였나니, 이는 곧 '문학'이라는 것을 한각閑却한 연유로다. 부夫 아한我韓의 현상은 가장 급업岌嶪하여 전 국민이 모두 실제 문제에만 악착하는 고로 얼마큼 실제 문제에 소원疏遠한 듯한 문학 등에 대하여는 주의할 여유가 무無하리다. 연然이나, 문학은 과연 실제와 몰교섭沒交涉한 무용無用의 장물長物일까?[89]

이 서두는 일면 애국계몽기의 논의와 연속된다. 문학의 중요성을 강조하고 당대를 급업, 즉 위태롭게 높고 험하다고 파악한 점에서는 상통하기 때문이다. 그런데 중점이 살짝 이동했다. **국민에서 인류로!** 어조 또한 한결 누그러졌다. 문학은 실제와 소원할 수밖에 없음을 너무나 당당히 내세우는 것이다. 계몽주의자들의 문학에서는 위태로우면 위태로울수록 더욱 국민을 불러낼 새로운 문학의 출현을 담지한 실천가가 상기된다면, 춘원의 문학에서는 책상 앞에 앉은 글쟁이가 떠오른다. 이 점에서 인용문 가운데 '문단'이 가리키는 바가 궁금하다. 처음에는 '논단'을 가리키던 말이 자율성의 신장에 맞추어 '전문 문인들의 그룹'이라는 폐쇄적 의미로 한정된 사정은 이미 앞에서 거론한

89. 『이광수전집 1』(1979), 우신사, p.545. 이하 인용문들은 원문과 대조하여 바로잡은 것이다.

바, 춘원의 문단은 아마도 후자에 기운 듯하다. 그의 모델은 자유민권운동 이후 사회로부터 퇴각하면서 만들어진 일본의 문단일 것이다. 춘원은 일본의 문단을 일종의 이념태로 삼아 조선 문학을 개조하고자 한 것인가? 그래서인지 춘원은 자신의 글쓰기를 의식한다. '내가 지금 쓰고 있는 글은 조선에서 완전히 새롭다.' 계몽주의자들은 자기 글이 새롭든지 말든지 국민의 출현이라는 목표에 집중했지 이런 자의식은 거의 없었다. 물론 이런 의식의 진화는 근대성의 내면화가 진전되면 필연적으로 발생하는 것이지만, 춘원의 생각이 조선이 아니라 일본이라는 외국에서 빚어진 것이라는 점에서 문제적이다. 일본에는 있는데 조선에는 없다는 괴리 사이에서 춘원의 급진주의가 자라난다. 그래서인지 그 급진주의는 안에 대해서는 공격적이고 밖에 대해서는 관대한 기이성을 지니고 있던 것이다.

이어서 그는 문학이라는 말의 변천을 더듬는다.

> 본래 '일반 학문'이러니, 인지人智가 점진漸進하여 학문이 점점 복잡히 되매 '문학'도 차차 독립이 되어 기其 의의가 명료히 되어 시가 · 소설 등 정情의 분자를 포함한 문장을 문학이라 칭하게 지至하였으며이상은 동양東洋
>
> 영화英話(아마도 '영어'의 오자 — 인용자)에 (literature) '문학'이라는 자字도 또한 전자와 약동略同한 역사를 유有한 자者라.
>
> —『이광수전집 1』 1979 : 545~546

그는 이미 광의의 문학이 시 · 소설 · 희곡 중심의 협의의 문학으로 이행한 사정을 인지하고 있다. 그렇다고 그가 자율성을 신줏단지처럼 모시는 그런 단계에 있는 것 같지는 않다, "정의 분자를 포함한" 이라는 다소 완곡한 표현에서 미루건대. 그런데 동서양비교론으로 들어가면서 기이한 급진주의는 다시 도진다. 동양은 척박하여 생존에 급급, "지智와 의意만 중히 여기고, 정을 천홀賤忽히 하여… 정을 주主하는 문학도… 기 발달이 지지遲遲" 한 반면, 윤택한 서양은 "정의 존재와 가치를 각覺한지라" 문학이 속히 발달하였다는 것이다『이광수전집 1』 1979 : 546. 당시 한·중·일의 문학개량론자들에게 서양을, 정도의 차이는 있을지언정 모범으로 삼는 일은 공통적이었지만, 춘원만큼 용감한 이는 없었다. 이 황당한 '자기 오리엔탈리즘'은 동양과 그 문학에 대한 거의 완벽한 왜곡이다. 조선의 가난을 "온대에는 처하나 한대에 근近한 온대"『이광수전집 1』 1979 : 546라는 식으로 설명하는 것을 보건대, 온대를 높이고 열대와 한대는 천시하는 서구 중심적 문명론의 포로임이 틀림없을 것이다. 그럼 가난한 나라에는 문학이 불필요한가? 물론 아니다.

> 인류가 정이 유할진댄 문학이 생길지며 또 필요할지라. 고로 기 진보·발전의 도는 토지를 좇아, 국민의 정도를 좇아, 또는 시세와 경우를 좇아 지완성쇠遲緩盛衰의 차이가 유有하리로되 문학 그것은 인류의 생존할 때까지는 존재할지니라.
>
> —『이광수전집 1』 1979 : 546

정은 인간에게 보편적이고 원천적이기 때문에 문학이 생기지 않을 수가 없다는 것이다. 다만 그 발달 정도가 다를 뿐이다. 다시 말하면 문명국의 국민은 정이 발달하여 높은 단계의 문학을 지니게 되는 데 비해 가난한 나라의 국민은 덜 발달한 문학을 누리게 된다는 것이다. 서구를 문명의 표준으로 삼는 그에게 발달한 문학이란 무엇을 가리키는가? "석일昔日 유희적 문학"과 다른 오늘의 문학은 "인생과 우주의 진리를 천발闡發하며, 인생의 행로를 연구하며, 인생의 정적情的 상태(심리상) 급 변천을 공구攻究"『이광수전집 1』 1979 : 546하는 엄숙한 진리의 탐구자다. 우리의 옛 문학은 대부분 오락에 지나지 않았다는 그의 대언大言 또한 병통이지만 당시 서구 근대문학의 선진성을 감안해 넘어간다 하더라도, 여기 드러난 진리 위주의 문학관은 그가 시종 강조한 정과 착종한다.[90] 어떤 점에서는 재도론으로 회귀한 인상도 주는 것이다. 자율성의 사도로 자처했지만 실제로는 타율성의 유혹에 곧잘 떨어지는 이중성을 면치 못한 이가 춘원이다.

그리하여 문학의 효용을 서양을 예로 들어 설명한다. 서양의 찬란한 물질문명을 이끌어 낸 근원은 인민에게 사상의 자유를 자각케 한 문예 부흥이었고, "근세 문명의 일대 자격刺激되는 경천동지驚天動地하는 불국대혁명의 활극"은 루소의 "일지필一枝筆의 역力"이며, 흑인을 해방시킨 미국 남북전쟁은 "스토(H. B. Stowe—

90. 하타노 세쓰코(2008)는 "'정'을 분자로 삼는 문학은 그러한 '정'을 통해 사람의 사상과 이상을 지배하고, 사람을 행동하게 만드는 인생 문제 해결의 담임자가 될 수 있다는 것"(앞의 책, p.136)이라고 지적함으로써 춘원의 정과 사상을 연속적으로 설명한다. 이에 대해 김재영(2008)은 앞에서는 정을 강조하다가 뒤에 가서는 비판하는 이 글의 모순을 지적한다[「이광수 초기문학론의 구조와 와세다 미사학」, 『한국문학연구』 35집, 동국대 한국문학연구소, pp.385~387].

인용자)…등 문학자"의 붓끝에서 일어났다는 것이다『이광수전집 1』 1979 : 547. 계몽적 국민주의와 진화론적 문명주의가 묘하게 절충한 형태다. 이 글의 마무리를 보자.

> 대저, 누억累億의 재財가 창름倉廩에 일溢하며 백만의 병兵이 국내에 나열하며 군함 · 총포 · 검극劍戟이 예리무쌍한단들 기 국민의 이상이 불확不確하며, 사상이 탁열卓劣하면, 하용何用이 유有하리요. 연즉然則 일국의 흥망성쇠와 부강빈약은 전全히 기 국민의 이상과 사상 여하에 재在하나니, 기 이상과 사상을 지배하는 자 학교 교육에 유하다 할지나, 학교에서는 다못 지智나 학學할지요 기외는 부득不得하리라 하노라. 연즉 하何오. 왈 문학이니라.
>
> —『이광수전집 1』 1979 : 547

문학이 국민의 이상과 사상을 지배함으로써 결국 나라의 흥망을 좌우한다고, 따라서 조선도 서양처럼 그런 국민문학을 발전시켜야 한다고 판단하는 한에서 이는 국민문학론이다. 그런데 반식민의 계기가 진화론적 문명론에 압도된 데 유의해야 한다. 서양문학 따라잡기가 전면에 나서면서 정에 기초한 자율파 순문학을 문학이라는 신성한 이름 아래 호출하는 물신화가 이루어졌던 것이다. 요컨대 국민문학은 국민문학이되, 방점이 **'국민'에서 '문학'으로** 이동하는 미묘한 전도가 발생한 터이다.

독자가 본 문학 : 최두선의 「문학의 의의에 관하여」

이를 이어 발표된 문학론 가운데 와세다대 철학과 재학생 각천 최두선의 「문학의 의의에 관하여」가 흥미롭다. 육당 최남선六堂 崔南善, 1890~1957의 제씨로 후일 국무총리까지 지낸 인물이라 뜻밖이지만, 이 시기에는 이런 일이 많았다. 계몽주의시대란 순문학이 오히려 소외된 시절인지라 지식인이 문인을 겸하는 경우가 흔했던 것이다.

이 글은 『학지광學之光』 3호1914. 12에 발표되었다. 1914년 4월, 도쿄조선유학생회의 기관지로 창간된 이 월간 잡지는 『대한흥학보』1909~1910의 후신으로서 1930년 4월 통권 29호로 폐간되었다. 꽤 긴 시간 출판되었지만, 이 잡지의 청춘은 바로 1910년대다. 조선 국내가 일제의 무단통치 아래 굴종하고 있을 때 3·1운동과 그를 모태로 태어날 1920년대 신문학을 준비하는 새로운 세대의 등장을 고지하는 마당이 이 잡지였으니, 이 글은 이 잡지를 통해 토론될 새로운 문학론들의 선두를 끊었던 터이다.

제목 '문학의 의의에 관하여'에서 '의의'란 정확히 말하면 정의다. 그러니까 "광협廣狹의 차差가 유有"[91]한 이 복잡한 말의 내력을 착실히 정리하는 것이 이 글의 취지다. 그는 먼저 '모든 서책'을 문학으로 보는 광의의 개념을 제시하고 너무 넓어 쓸모가 없다고 부정한다. 예컨대 통계연감을 문학이라고 할 수는 없기 때문이란다최두선 1914 : 26. 다음에는 "시가, 소설의 형체를 구

91. 최두선(1914), 「문학의 의의에 관하여」, 『학지광』 3호, p.26. 이하 이 글의 인용문들은 가능한 원문에 가깝게 현대어로 고치고 구두점과 띄어쓰기를 베풀었다.

유具有한 것"을 문학으로 잡는 협의의 문학 개념을 들고, 이 또한 적절치 않다고 판단한다.

> 시가나 소설의 체재를 구유하지 아니(원문에는 '나'인데 이는 오자일 것—인용자)하야도 문학적 가치를 존유存有한 저작물이 불선不尠(적지 않음—인용자)한 까닭이니라. 보아라 지나支那 고세古世의 다수의 저서 『고문진보古文眞寶』나 사마천司馬遷의 『사기史記』와 같은 것은 이들이 비록 소설이나 시가의 형形은 구유하지 아니할지라도 뉘가 이를 지나문학사상에서 빼어 낼 수가 있으며 영국 칼라일Carlyle 저서 더욱 『불국혁명사』(원제는 *The French Revolution*, 1837—인용자)의 가치를 영국문학사상에서 무시하리오.
>
> —최두선 1914 : 26~27

이처럼 두 개념을 비판한 다음 그는 세 번째 정의를 제시한다. "문학은 공상 혹은 이상을 묘사한 것이오, 타他는 사실을 기록한 것이라 정할까." 상상을 준거로 삼는 이러한 정의에 대해 그는 다시 비판한다. 『사기』와 『불국혁명사』는 상상이 결여되어 있더라도 "당당한 문학의 칭호를 점유"할 것이고, 역으로 "비록 공상이나 이상을 묘출한 것이라도 문학의 일컬음을 얻지 못한 것도 유有"하기 때문이다최두선 1914 : 27. 상상에 호소한 창작품이라고 다 문학적 가치를 지니는 것이 아니거니와, 상상을 배제한 글쓰기 또한 얼마든지 문학적 가치를 발휘할 수 있다는 그의 논의는 사실 선구적이기조차 하다. 상상력이나 창작력에 대한 물신적 숭배에 기초한 순문학론에 대한 이런 식의 비판적 검토가 제기된 것도 그리 먼 일이 아니기 때문이다.

그럼 "문학이 문학 되는 이유"는 어디에 있는가? 그는 여기서 정情에 주목한다. 그런데 사실은 정의情意다. 지知 · 정情 · 의意 삼분법에서, "정과 의는 일종 연쇄 작용"이므로, 지와 정 · 의로 묶는 이분법을 선호하기 때문이다최두선 1914 : 27. 이 바탕에서 "지식의 인지"가 아니라 "정의의 만족"을 축으로 삼는 문학론이 전개된다.

> 같은 글이라도 지식의 경험에만 감촉될 때에는 생명을 감득感得하기 난難하고 다시 정의의 경험에 감촉한 후에 비로소 감득하나니라. 그런데 생명이 있다 함은 그 글이 정의의 경험을 자극함이니 그 글 가운데 정의가 있음이라. 그러므로 누구든지 그 글을 보면 그 가운데서 정의의 자극이 생하나니 그러한 때에 그 글이 생명이 있다 함이라. 만일 사실만 기록한 것이면 비록 그 글을 보더라도 지적 만족밖에는 없을 터….
>
> —최두선 1914 : 28

이 대목은 작품 안의 정의가 독자 안의 정의와 접촉하면서 발생하는 심리 상태를 문학적 체험의 생명으로 간주하는 최두선의 수용론적 안목을 충실히 보여 준다. 창작자의 입장에서 기염을 토한 춘원과 달리 각천은 독자의 입장에서 아주 융통적으로, 그래서 매우 쓸모 있게 문학의 밑그림을 그려 낼 수 있었던 것이다. 상상력에 기초한 순문학만을 문학으로 여기는 편협함을 넘어선 것도 그렇지만, 수용론적으로는 정의를 중시한다 해도 그에만 집착하지 않는 점 또한 더욱이 그러하다.

요하건대 문학은 글 가운데에 정의를 넣는 것이니라. 이것이 물론 완전한 정의는 아니라. 그러므로 문학은 반드시 정의만 유하다 함이 아니오, 정의가 그 주요 부분이라 해석함이 가하리로다.

—최두선 1914 : 28

인생의 예술화 : 김억의 「예술적 생활」

각천의 글이 발표된 다음 해, 『학지광』 6호1915. 7에 게이오慶応 유학생 김억의 「예술적 생활」과 니혼대日本大 유학생 안확의 「조선의 문학」이 함께 발표된다. 전자는 예술론이고 후자는 조선 문학론이지만, 문학론과 직간접적 연관을 맺고 있는 초창기의 중요한 논의인지라, 더구나 창작과 번역 양면으로 한국 근대시 형성에 크게 기여한 김억이나, 최초의 조선문학사를 비롯하여 백과전서적 저술 활동을 펼친 대표적 국학파 안확이나, 두 인물의 비중이 적지 않아 검토에 값할 것이다.

먼저 안서 김억의 글을 보자. 'H 군[92]에게'라는 부제가 붙은 이 글은 일종의 고백적 서간이다. "아아 예술적 생활을 바라는 맘!/동천東天 하늘은 차차 밝아 온다!"[93]로 글이 마무리되는 데서 짐작되듯이, 아마도 밤을 새워 이 글을 쓴 모양이다. 그리고 불어로 "Le 25. mai 1915", 즉 1915년 5월 25일이라는 집필 날

92. H는 아마도 소성 현상윤(小星 玄相允, 1893~1950)일지 모른다. 춘원처럼 정주에서 태어난 소성은 인접한 곽산 출신의 안서와 동향이거니와 후일에는 교육자 또는 학자로 나아갔지만, 이 시기에는 『학지광』을 통해 활발하게 창작 활동을 벌였다. 말하자면 당시 소성은 안서의 가까운 문우인 셈이다.

93. 김억(1915), 「예술적 생활」, 『학지광』 6호, p.62.

짜를 밝혔다. 문청 시절의 감상주의가 진동하는 글이라는 점에서 각천보다는 춘원과 연결되는 이 짧은 글은 참으로 분열적이다. 시종일관 정신의 고조 상태에서 발화되는 감탄사들이 접종接踵해서 그야말로 '병 없이 신음하는 글'의 표본이라고 할 만하다. 예술지상주의 찬가가 아닐까 지레 짐작할 수도 있다. 그런데 뜻밖에도 안서는 "실인생實人生을 기지基地로 안함의 예술은 환영幻影"이라고 주장하며, "예술은 예술 자신을 위하야의 예술이오 단연코 인생을 위하야의 예술은 아니라고art is for its own sake, but not for the life's sake 주장하는 사람의 말"이란 "아즉 속적俗的의 정견井見"이라고 비판한다김억 1915 : 61. 그는 예술지상주의를 명백히 반대하고 인생을 위한 예술을 주장한 것이다. 그런데 이 지점에서 기이한 전도가 발생한다.

> 인생을 향상시키며, 개혁시키며, 창조시키며, 발전시키며, 모방시키는 것은 예술이므로 나는 예술을 인생을 위하야 요구한다. 그러기에 예술의 향상은 전 생활의 향상이며 따라서, 전 생활의 향상은 예술의 향상 아니어서는 안 됨과 같이, 인생의 향상은 예술의 향상이며 예술의 향상은 인생의 향상 아니어서는 아니 된다고. 말하자면 인생의 모든 것은 예술적 되려고 노력하는 것이다. 인생의 최고 목적은 예술적 되는 그곳에 있다.
>
> —김억 1915 : 61

예술과 인생의 완벽한 일치 또는 전 생활의 예술화를 몽상하는 이 지독한 낭만주의는 사실 예술지상주의와 멀지 않다. 그는 그리하여 외친다. "개인의 중심적 생활을 예술적 되게 하여라, 그러면 사회적 생활도 예술적 되리라, ―먼저, 개적個的 생명의 단편斷片을 모아, 예술적 되게 하여라. 그러면 예술은 인생로의 예술적 되리라"김억 1915 : 62. 인생파의 외피를 쓴 예술파의 선언인 동시에 예술파의 외피를 쓴 인생파 선언이기도 한 이 기이한 문헌은 식민지 지식인의 고독한 밤새움에서 어떻게 예술이 물신화의 자리로 승천하는지를 생생하게 증언하는 최초의 글이 아닐까 싶다. 그런데 세계를 예술 안에 가두는 것이 아니라 예술이 개인과 사회로 열려 그 구원마저 보증하는 일종의 예술국가론이라는 점에서 복합적이다. 이를 '정치의 미학화'라는 파시즘의 씨앗으로 해석하는 것은 기우일 터인데, 자율파이기도 하고 타율파이기도 한 안서의 예술론은 또한 '예술을 위한 예술이냐, 삶을 위한 예술이냐?', 이후 우리 문학사에서 두고두고 논의될 쟁점에 대한 최초의 토론으로서 기억할 문헌이기도 하다.

2. 신문학의 제창

자율적 타율론 : 안확의 「조선의 문학」

안서의 글이 고백적이라면, 자산 안확의 글은 그래도 침착하다. 춘원이나 안서가 창작자인 반면, 각천과 자산이 비창작자라는 점이 역시 작용하는 것 같다. 총 6절로 구성된 자산의 이 글은 후일 『조선문학사』1922로 완성될 작업을 위한 예비 점검인데, 바로 이어질 춘원의 「문학이란 하오」와 거리가 멀지 않다는 점에도 유의해야 한다. 근대적 문학론이란 국민문학론 또는 국민문학사와 긴밀히 연관되게 마련이거니와, 자산은 이 논의에서 선편을 쥔 셈이다.

1절은 그 제목 '문학은 하오'가 가리키듯 문학론이다. "문학은 미감상美感想을 문자로 표현表顯하는 것"[94]— 이 글에 처음으로 등장하는 '미감상'이란 무엇인가? "대저 인人이 춘풍화기春風和氣를 승乘하야 경가景佳한 처處에 임하면 진상塵想(속된 생각—인용자)이 불래不來하고 감정이 격동하야 심心이 순주醇酒에 취함같이 망아忘我의 회懷가 기起하는 동시에 자연의 취미를 감感하야 시가의 정이 생할지니 차此 시가의 정이 생함은 즉 오인吾人이 생존을 요要한 잉여에서 기심其心을 자위케 하며 오락케 하는바 미를 심審하는 사상 활동이라. 차가 즉 문학 발생의 원인이니 환언하면 적과 전戰하야 개승凱勝할진대 악樂을 주奏하고 배盃를 거擧하야 축하함같이 범인은 생존력이 족하고 경쟁력이 여餘한 후에는 필必 문학이 발생하야 사회를 위로하며 인심을 오락케 하나니라"안확 1915 : 64. 자산 또한 감정 또는 정에 기초한 미적 자율성론에 선다. 이는 예술의 기원을 노동이 아니라 잉여에서 찾는 부르주아 미학에 대한 동의를 뜻하는 것이다.

그럼에도 그는 자율파에 갇히지 않는다. "문학의 공효", 즉 그 기능에서 보건대 "일면으로 관觀하면 오락의 료料와 소한消閑의 구具가 될 뿐이나 연然이나 타면으로 보면 또한 인人의 사상을 활동시키며 이상을 진흥시키는 기계"안확 1915 : 64이기 때문이다. 감정에서 사상으로, 이는 곧 자율에서 타율로 이월하는 것이니 자산은 일종의 절충론자다. "이상의 경境에 유遊케" 하는 점에서 문학과 종교는 상통하는데 그렇다면 양자는 어떻게 구별되는가? "종교는 명령적이오 우又 교도적이나 문학과 **미술**은 구俱

94. 안확(1915), 「조선의 문학」, 『학지광』 6호, p.64.

(모두—인용자) 감명을 여與할 뿐이니라. 고로 문학**미술**의 독립은 교훈적 의식을 거去하고 자유의 사상을 예술상에 현顯하되 습관적 시대 급及 법규와 여如한 것은 필탈必脫하야 우주의 대법大法과 인심의 최후 요구 등을 취하야 완전한 문학**미술**이라 하나니 고로 문학은 도덕과 종교와 승묵繩墨과 질서에 묵종치 아니함이 기 원리니라"안확 1915 : 64, 강조는 인용자. 문학의 본령은 묵종이 아니라 자유라고 파악하는 곳에 그의 개성이 숨 쉰다. 그 호가 가리키듯 드높은 자유의 감각을 내장한 자산이었기에 이런 진전이 가능했을 것이다. 일방적 교훈주의를 거부하고 감정 교육을 통해 근대적 이상주의로 스스로 나아가는 결정적 자리에 문학을 놓는 것인데, 그 자리는 일변 미적 자율성의 근거지이면서 동시에 삶으로 열린 타율성의 발진지이기도 한 양면성을 지니고 있다 하겠다.

그런데 여기서 '미술'이라는 말에 유의해야 한다. 이 말은 지금 통용되는 미술, 즉 회화와 조각으로 대표되는 그런 미술이 아니라 문학을 포함한 예술 전체를 가리키는 메이지미술론과 연관될 것이다. 1873년에 열린 빈 만국박람회 참가를 독려하는 태정관太政官 포고1872에 첨부된 규약문의 번역에 처음으로 등장한 '미술'[95]은 그야말로 '미美의 술術', 즉 "모든 인위의 제작품製作品으로서 사람 눈을 기쁘게 하는 데 충분한 바의 기술"을 뜻하는 말이었다.[96] 이처럼 실용 기술에 지나지 않던 미술이 점차 예

95. 정병호(2007), 「'예술'의 이데올로기—1880년대의 미술계와 ≪소설신수≫의 교섭」, 쓰보우치 쇼요, 『소설신수』, 정병호 옮김, 고려대학교출판부, p.239.

96. 정병호(2007), 앞의 논문, p.235에서 재인용.

술로서 당당한 시민권을 획득하게 되는데, 그 논리가 흥미롭다. "인생 생계의 필요품은 원래 미술의 범위가 아니다. 오로지 이곳 사회가 단지 생계의 일도一途로만 그친다면 미술과 같은 것은 바로 무용에 속하겠지만… 적절하게 일국의 문화文華를 환발渙發하고 인심의 양창화합揚暢和合을 도모하며 풍속을 고상하게 하며 그래서 문명의 진보를 도모하지 않으면 안 된다. 그렇다고 하면 미술과 같은 것은 그 인위공작人爲工作이 미묘하게 널리 미치는 것으로서 인심의 정기精氣, 인공의 미美를 규명하여 일국의 문화를 환발하기에 충분하다."[97] 쾌락이라는 무용론과 문명 진보라는 유용론이 합작하면서 미술은 드디어 예술로 격상되기에 이르매, 자유라는 핵심어로 무용/유용을 다시 파악한 자산의 문학론은 아마도 메이지미술론을 비판적으로 수용한 최초의 문헌으로 기록될 것이다.[98] 그 절충성은 문학을 "시가, 소설, 서사문, 서정문 등"의 '순문학'과 "서술문, 평론문 등"의 '잡문학'으로 나누는 데서도 잘 드러나거니와, 그 기능을 "인간의 정신상 감명과 이상상理想上 활동을 여與하는 바"라고 다시 확인하는 데에서 더욱이 확연하다안확 1915 : 64.

그런데 그 양면성 가운데 무엇이 더 구경究竟인가? "금今에 문학과 정치와 비견比見하면 정치는 인민의 외형을 지배하는 사오 문학은 인민의 내정內情을 지배하는 자이라. 고로 일 국민의 문

97. 정병호(2007), 앞의 논문(주 95), pp.235~236에서 재인용.
98. 안확은 「조선의 문학」을 발표하기 전에 「조선의 미술」(『학지광』 5호, 1915. 5)을 발표한바, 이미 미술의 외연은 오늘날처럼 좁혀졌지만 그 정신은 메이지미술론과 연결됨을 확인할 수 있다.

명을 고考함에는 정치의 변천보다 문학의 소장消長을 찰察함이 대大하며 또한 정치를 부흥코저 할진대 먼저 인민의 이상을 부흥하여야 기공其功을 가득可得하나니라"안확 1915 : 64. "국민의 문명"이나 "정치(의) 부흥"이 가리키는 바가 개혁과 독립을 암시하는 점에서 그의 문학론은 애국계몽기의 국민문학론과 직접적으로 연결된다. 그 과제를 해결하기 위해 문학을 일으켜야 한다는 논거로 문학이 "인민의 내정을 지배"하기 때문이라는 지적은 「천희당시화」에 나오는 시인의 인심지배론과 혹사酷似하다. 결국 그의 자율론조차 타율론으로 가기 위한 디딤돌이라는 점을 이 대목은 잘 보여 주는 것이다. 요컨대 그의 문학론은 순문학론을 수용한 국민문학론이다.

국민문학사론

'2절 문학의 기원'은 상고시대의 문학을 다룬다. "상고上古 범凡 이천삼백 년간은 아我 조선 고유한 신지문神誌文으로 서書를 기記하니 상고에는 즉 고유 문학이 발달"안확 1915 : 66했다고 기술하는 데에서 보이듯이 국수적이다. 그러나 정작 자료는 없으니 자연히 추론적이다. "아 조선의 문학도 구주歐洲 급及 인도와 같이 종교의 신화가神話歌가 선기先起하고 기차其次에 사시史詩가 생하며 기후其後에 희곡 소설 등이 차차 발달한지라"안확 1915 : 65. 그래서 주로 대종교의 문헌들을 무리하게 편제한다. 국수주의가 넘치다 보니, 중국에 대해 지나치게 공격적이다. "유惟 지나는 차와 반反하야 기 건국이 종교가 아니오 소위 성현이 상종相踵하야 차가

군君, 차가 사師가 되야 민을 통어하매 기 민이 고복안도鼓腹安堵에 태평을 구가한 고로 상고시上古詩에 풍아風雅가 다多하고 신화신가神話神歌가 무無한지라. 시이是以로 지나 한문학은 세계 중 제일 유치幼稚타 하는 원인이 차에 인因함이니라"안확 1915 : 65. 모든 나라의 문학이 종교로부터 기원한 데 대해 중국만 예외라는 지적도 그렇지만, 그래서 중국문학이 유치하다는 비판은 아무리 국민문학적 요구가 절박하다고 하더라도 정말 황당한 것이다. 아마도 한문학의 짐이 버거웠던 탓일 터인데, 특히 고전문학사를 다룰 때 중국에 대해 더 뾰족해지기 십상이겠다.

'3절 문학의 발달 기일其一'은 "한문이 입入한 후로 고유 문자는 폐멸하고 모든 문학이 한문세漢文勢의 지배를 수受"안확 1915 : 66한 중고中古시대 문학사다. 그는 이미 고구려 유리왕類利王의 「황조가黃鳥歌」와 을지문덕乙支文德의 「우중문시于仲文詩」를 중고시대 한시의 예로 거론하고 있는데안확 1915 : 66, 이 작품들을 조선문학사에서 거론한 아마도 최초의 예가 아닐까 한다. 그런데 더욱 흥미로운 것은 한문의 유행을 유교보다는 불교의 수입과 연관 짓는 점이다. "불교는 기 사색력이 심원하야 철학과 문예의 정을 고취할 뿐 아니라 또한 애관주의哀觀主義가 유有"안확 1915 : 66[99]하다고 지적함으로써 불교의 선진성과 그 획기성을 일정하게 승인하고 있는데, 염세적 감각이 일찍이 성숙한 "아 문학이 구주보다 수백 년 전에 발달됨을 가지可知"안확 1915 : 67라고 호언한다.

99. 이 '애관주의'가 꼭 부정적인 말이 아니라는 데 주의해야 한다. 불교적 비애는 즉물적 현실주의를 해체함으로써 세계를 복합적으로 볼 새로운 시각을 마련한다는 점에서 일종의 리얼리즘이기도 하기 때문이다. 하여튼 자산은 유교보다는 불교에 우호적이다.

그런데 역시나 작품이 없으니 국수주의적 무리수를 둘 밖에 없다. 그런 가운데서도 벌써 충담忠談의 향가를 특기한 것도 그러려니와, 언문 창제를 한 획으로 삼는 태도는 암시적이다. 예컨대 언문소설에 대한 그의 해석을 잠깐 보자. "차는 특히 한문학에 함陷한 민성民性을 고취함이 명백하니 하여何如한 이야기책이든지 옥동자녀를 생하야 조실부모로 고초를 경經하다가 전승의 공명을 입立하고 부귀하얏다는 취지가 다多하니 차는 즉 아 조선 상고 수천 년의 고유한 무력 정신을 감명케 하야 은은중隱隱中 한문학을 격퇴하고 배달 혼을 발양코저 함에 재在하니라"안확 1915 : 67. 3절을 맺는 이 문장의 핵은 '배달 혼의 발양'이다. 물론 구소설을 이렇게 해석하는 것은 억지에 가깝지만, 외래적인 것에 지배되던 중고문학의 주류 즉 한문학에 대한 반란으로서 언문소설을 마주 세우는 그의 국민주의는 울연 도드라진다.

'4절 문학의 발달 기이其二'는 바로 중고시대의 주류라고 할 한문학의 성과를 계통적으로 다룬다. 최치원崔致遠, 857~?을 "대문학가"로 높이나 그의 저술은 "아 반도문학에는 무관한 자"안확 1915 : 67라고 지적하는 것으로 시작, 고려의 대표적 문학가를 의천義天, 1055~1101으로부터 포은 정몽주圃隱 鄭夢周, 1337~1392에 이르기까지 10인을 호명하고는, 그중 3인을 특별히 평한다.

"『상국집相國集』(백운거사 이규보의 문집—인용자)은 문조文調가 완약緩弱하나 시 삼천문삼백 수三千文三百首는 가진可珍함으로 『기아箕雅』에 가로되 '동국문장지관東國文章之冠'이라 하얏고 포은의 시문은 호방웅경豪放雄勁의 기상이 유有하나 기 수數가 소少하고 유唯 이색李穡, 1328~1396의 시문이 최우最優하야 대가大家라 하기 가可하니라"

안확 1915 : 68. 그는 고려 한문학의 3대 문인으로 백운거사와 포은과 목은牧隱을 들고, 그중 목은 이색을 최고로 평가한다. 그런데 이는 그의 독자적 판단이다. 물론 『기아』와 같은 전통 비평의 안목을 참고한다. 호곡 남용익壺谷 南龍翼, 1628~1692이 1692년숙종 18에 엮은 시선집 『기아』는 신라에서 조선 인조 때까지의 한시를 엄선한 대표적 사화집詞華集으로 백운거사를 "문장으로 동국의 으뜸文章爲東國之冠"[100]이라고 평한 바 있다. 자산도 백운거사를 호곡처럼 높이 평가하면서도 '완약'하다고 비판한다. 짐작컨대 무인정권 아래서 현달한 백운거사보다 고려에 충절한 포은과 목은의 덕목을 기린 것인가? 그리고 그중에서도 질과 양 양면에서 압도적인 목은을 최후의 일인자로 낙점한다. 비록 압축적일망정 이런 식으로 고려문학사를 정리하는 솜씨나 안목이 놀랍다.

이어서 한문학이 크게 발달한 조선의 한문학사를 계통화한다. 그는 선조宣祖를 획으로 조선 한문학사를 양분하여, 이전 시대는 정도전鄭道傳부터 서거정徐居正, 1422~1492까지 11인을 대표 문인으로 지목하고, 따로 유자류儒者流 가운데에서는 4인을 거론한다. "유학의 대성은 이황李滉, 이이李珥, 성혼成渾이라. …차 삼인보다 전대인前代人으로 서경덕徐敬德… 기인은 유학사의 일석一席을 점하니 국인이 차인을 송宋의 소강절邵康節에 비하니라"안확 1915 : 68. 역시 그는 협의가 아니라 중의의 문학 개념을 취하고 있거니와, 조선 유학사의 소수자라 할 화담花潭 서경덕을 특기한 점이 이채롭다. 선조대 전후로 서애 유성룡西厓 柳成龍을 비롯한

100. 南龍翼 編(2008), 『箕雅校注』下冊, 趙季 校注, 中華書局, p.1449.

대문학가들이 족출한 뒤에는 "기 권수卷數는 다多하되 대개 전대보다 열劣하"다고 평가한다. 그 가운데 우암 송시열尤庵 宋時烈이 끼어 있는 점이 재미있다. 이는 '근세'에 대한 평가에서도 비슷하게 반복되는데, 추사 김정희秋史 金正喜와 다산 정약용과 같은 실학자들도 오늘날만큼 높이 기려지지 않는다. 뜻밖에도 비주류들이 특필된다. "최근으로 언言하면 황녹일黃綠一, 정수동鄭壽銅은 대시인이니 정은 지나支那 이백李白보다 현賢하고 황은 시계詩界 혁명주의가 유有하더니라"안확 1915 : 68. 수동이라는 별호로 잘 알려진 정지윤鄭芝潤, 1808~1858은 왜어倭語 역관의 집안에 태어난 대표적 위항委巷 시인인데, 자산은 이백보다 낫다고 장담한다. 그런데 과문의 탓인지 황녹일은 더욱 모를 인물이다. 아마도 그 역시 위항 시인일 것이다. 자산 또한 위항에서 성장한 터라 양반에 대한 의식적 · 무의식적 저항이 도저해서 소수자들에 대한 혈연적 평가가 종종 나타나곤 하는 것이다.

이처럼 문인별로 계통을 잡은 뒤 3종의 책, 서거정이 엮은 시문집 『동문선東文選』, 이행李荇이 증보한 『신증동국여지승람新增東國輿地勝覽』, 그리고 조선시대 관각館閣의 문장을 모아 1787년정조 11 간행된 『문원보불文苑黼黻』을 '걸작'으로안확 1915 : 68~69 세운 한편, 과학의 업적도 배려하는 선진성조차 보여 준다. "「천문분포도天文分布圖」와 허준許浚(1546~1615—인용자)의 『동의보감東醫寶鑑』과 남병철南秉哲(1817~1863—인용자)의 (고등수학)『해경세초해海鏡細草解』와 기타 농업 등의 저서가 큰 가치를 유한 자이 다하니라"안확 1915 : 69. 「천문분포도」는 아마 조선 초기부터 제작 · 보급된 「천상열차분야지도天象列次分野之圖」를 가리킬 것인데, 구암龜巖의 『동의보감』과

과학에도 능통한 규재圭齋 남병철의 수학책 『해경세초해』까지 포괄한 박람博覽에 탄복하는 바이다.

이처럼 한국한문학의 전개 과정을 요령 있게 개관한 뒤, 다음과 같이 매듭짓는다. 총론적으로 한국한문학은 "서구문학을 압壓하나" 그럼에도 "대직설大直說이 무하고" "대동정大同情이 무하고 " "대위자大慰藉이 무하니", 이는 모두 "지나사상을 수입한 결과"라고 개탄한다. 이런 한계 속에서도 "지나의 한문을 종從치 않고 순전한 조선적 한문을 작"했다고 그 의의를 긍정하는데, 더 나아가 "고려 말과 선조 시宣祖時에 발달한 바를 견見하면 국정이 문란하야… 대변동을 조우할 시는 더욱 기 문사文思를 흥분하고 만장의 광염光燄을 양揚하야 기 저작으로써 천고에 불오不汚(아마도 불후不朽의 오자—인용자)케 함은 세계문학 중에 대특색이라"라고 자랑한다안확 1915 : 69. 우리 문학이 혁명고려 말과 국난선조 시의 임진왜란이라는 위기 속에서 더욱 강렬한 사회성을 발휘했음을 자부하는 속셈은 은연중 분명하다. 당면한 식민지 모순을 극복할 국민문학의 탄생에 대한 강렬한 희망일 것이다.

신문학의 주체성

'5절 한문학과 조선민족성'은 국문학그가 여기서 사용한 '국문학'이라는 말은 아마도 그 첫 용례일 것에 깊은 영향을 미친 중국사상과 한문학에 대한 격렬한 비판으로 시종한다. 그는 조선의 사상 상황을 '단불이사조檀佛二思潮'의 경쟁에서 '유불이사조儒佛二思潮'의 대립으로 그러고는 '근세'의 '전全유교사상'의 시대로 전개되었다고안확 1915 :

69~70 전제한 뒤, 중국사상과 중국문학을 맹렬히 공격한다. 그런데 공자는 동네북이다. 경전을 고쳐 썼다는 이유로 공자는 "지나의 역사상 · 문학상의 대죄인"으로 선고되고, "지나문학의 화花는 주周에서 개開하얏다가 주에 조凋"했다고안확 1915 : 70 일종의 정체론을 주장한다. 그런데 흥미롭게도 몽골의 중국 침략에 대해서는 부정적이지 않다. "몽고족의 욕을 당하야 구래 보수주의를 탈각함에 지至하니 소설에는 『삼국지三國志』, 『수호전水滸傳』, 『서유기西遊記』, 『금병매金瓶梅』가 현現하고 희곡도 역 진보하며 잡극에는 크게 유행하는 「서상기西廂記」, 「비파기琵琶記」 등의 명작이 출出하고 작가로는 탕약사湯若士(약사는 명의 극작가 탕현조湯顯祖의 호—인용자) 김성탄金聖嘆(명 말 · 청 초의 문학비평가—인용자) 이립옹李笠翁(입옹은 명 말 · 청 초의 극작가 이어李漁의 자—인용자) 등이 유명한지라"안확 1915 : 70~71. 공안파처럼 소설과 희곡의 발달을 과감하게 긍정하는 그의 중국문학론은 조선에서는 매우 선진적이거니와, 그럼에도 이런 개화는 잠깐 예외 상태라고 판단한다. 다시 그는 공자를 공격한다, 일찍이 공맹 공격의 선봉에 섰던 명의 사상가 이탁오보다 더 과격하게. 문학만 부진케 한 정도가 아니다. 유교의 "보수주의, 물질주의 문약文弱, 형식形式, 자존自尊 등의 악영향이 후세 지나로 하여금 멸망"안확 1915 : 71에 이르게 했다는 것이다.

이런 공자와 유교를 조선에서 추종한 자들 또한 격하게 토죄討罪된다. 그 가장 큰 죄는 "사투私鬪를 인하야 국가를 불고不顧"하는 "개인주의, 고립주의"를 배양하는 근원이기 때문이다안확 1915 : 71. 이는 공자의 참모습이 아니라고 변호하는 논의에 대해서 그는 "공자 기인其人이 부유腐儒오 타락생이어늘 어찌 기도其道

가 선하리오"라고 직격탄을 날린다. 그리하여 이 절은 가장 격렬한 유교부정론으로 마무리된다. "오호라 신성한 정신을 실失하고 유교부림儒敎腐林에서 방황하는 이천만 단군 자손이여, 여予가 유교 정벌에 선봉을 거擧하노니 일제 분기하야 한문 질곡을 타파하고 고유의 문학과 신성의 정신을 발휘하야 자손 만세의 행복을 향享케 할지어다"안확 1915 : 72.

그는 왜 이처럼 격렬한 언사를 농하는가? 그 대답은 바로 '6절 금일 문학가의 책임'에 나온다. "파괴하는 동시에 건설이 필유必有함은 이理의 고연固然한 바라. 금일 신풍조를 제際하야 구문학을 타파할진대 신문학가의 산産함은 여의 호령을 대待치 안하야도 자기自起할지라"안확 1915 : 72. 아마도 '구문학/신문학'이라는 용어가 나오는 첫 예로 기록될 터인데, 그가 바라고 바라는 바는 바로 신문학의 탄생이다. 그런데 그 저해 요인으로 '동화력'을 꼽는다. 이는 어느 한쪽으로 쏠리는 현상이니 구체적으로 '삼신三神의 도'에서 불교로, 불교에서 유교로 홀변忽變해 온 역사를 상기한다. 그는 목하 도도히 몰려온 '구풍歐風'을 바라보며 또다시 몰아닥칠지 모를 서구주의 유일사상 체제를 우려하는 것이다. "만일 문학자가 신풍조에만 감感하야 순전한 외래 문학만 상尙하다가는 전前 유불에 미혹한갈이 조선 고유의 특성을 영멸永滅하고 다시 외풍에 화할 뿐이니 어찌 조심치 않으리오"안확 1915 : 73. 요컨대 주체를 제대로 세워야 한다는 것이다. 그렇다고 극단의 국수주의는 아니다. 물론 국수적 요소가 자주 돌출하지만 근본적으로 자산은 국수주의자는 아니다. "동서양의 사상을 조화하야 아의 특질을 발휘하야"안확 1915 : 73에서 보이듯, 그는 요즘 식으로 말하면 '열린 민족주의자'인 것이다. 이 점이 바로 무정부주의로 이행하기 전 국수주의시대의 단재와 다른 점이다. 자산의 사관은 단재 어법을 빌려 말한다면 "아我가 자각이 있으면 비아非我가 아화我化하고 아我가 무자각하면 아我가 비아화非我化한다"로 요약될 것인데,[101] 결국 문학도 그 자체로서 중요한 것은 아니다. 궁극은 사상이다. "금일 인종 경쟁이라 민족 경쟁이라 하는 사실은 일면으로 관하면 정치적 현상이라 할지나 일층 근저를 대구對究하면 민족성 경쟁이라. …시이是以로 열국이 자국 사상을 발휘하야 각각 민족성을 경쟁함에 발발勃勃한지라. 고로 문학에 유의한 자는 반드시 차에 안眼을 거擧하야 신문학을 건설"하자고 강조하면서, 우리가 고대하는 것은 "대목사大牧師의 설법", "대정치가의 웅변", "대문학가의 저작"이 아니라 "적심赤心에서 발하야 독특한 이상으로 세계를 동화케" 할 "위대한 사상"이라고 맺는다안확 1915 : 73.

애국계몽기의 국민주의 문학론을 바탕으로 메이지 문학미술론을 비판적으로 수용함으로써 자율적 타율론의 문학관을 정립하는 한편, 동서양 사상의 조화를 통해 자치와 독립을 이룩할 열린 주체의 건설을 목적으로 삼는 신문학의 탄생을 촉구한 이 글은 이미 3·1운동과 그를 모태로 태어날 1920년대 신문학운동을 생생하게 예고한 것이다. 이전의 문학론들이 중국과 달리 전통 문학사에 대한, 그것도 검토마저 생략된, 일방적 부정론에 경사된 것과 달리 특유의 문학사적 감각, 즉 역사 의식을 지니

101. 최원식(1982), 「안자산의 국학」, 『민족문학의 논리』, 창작과비평사, p.261.

고 있다는 점 또한 종요롭다.

춘원의 물음 : 「문학이란 하오」

이제 문제의 글 「문학이란 하오」에 당도했다.[102] '동경東京에서 춘원생春園生'이라는 기명으로 1916년 11월 10일부터 23일까지 『매일신보每日申報』 1면에 총 8회에 걸쳐 연재된 이 글은 질과 양, 양면에서 6년 전에 발표한 「문학의 가치」와는 천양지차다. 당시 그는 2차 유학 시기로 와세다대 철학과에 재학 중이었거니와, 이 평론의 획기성은 제목 자체에 있다. '문학이란 무엇인가?' 그 앞에 누구도 이런 질문을 하지 않았다. 이미 검토했듯이 수많은 문학론이 발표되었어도 문학 자체의 존재론을 묻지는 않았다. '문학이 무엇인가?'를 물음으로써 문학을 하나의 사유 단위 또는 분석 단위로 독립시킨 춘원은 그리하여 문학이라는 집의 건축가로서 첫 입주자가 되었던 것이다.

그런데 이 글을 검토할 때 기존의 논의들에서 거의 간과해온, 선차적으로 해결해야 할 점들에 대해 상기하고 싶다. 첫째는 텍스트 문제고, 둘째는 영향 문제다. 전자는 우리가 흔히 텍스트로 삼고 있는 전집본이 신문 연재본과 의미 있는 차이를 지니

102. 이 글에 앞서 무우생 백대진(無憂生 白大鎭, 1892~1967)이 「신년 벽두에 인생주의파 문학자의 배출함을 기대함」(『신문계』 4권 1호, 1916. 1)과 「문학에 대한 신연구」(『신문계』 4권 3호, 1916. 3)를 발표했다. 제목만으로는 그럴싸하지만 실제 내용은 빈약하기 짝이 없다. "유미파 즉 예술파"와 "공리파 즉 인생파"라는 짝을 들고 후자(공리파)를 지지한 전자나, 권선징악이라는 효용론을 기반으로 쾌락설을 절충한 후자 모두, 앞에서 검토한 안서 · 각천 · 자산의 논의를 답습한 것에 지나지 않는다.

고 있음을 가리키며, 후자는 단적으로 '쓰보우치 쇼요의 『소설신수』와 어떤 연관을 맺고 있는가'가 초점이다.

「문학이란 하오」의 텍스트 상태를 우선 점검하도록 하자. 춘원 전집은 삼중당三中堂에서 총 20권으로 출판1962~1963된 것이 효시라고 해도 좋다. 그 뒤 1979년 우신사又新社에서 총 11권으로 다시 나왔는데, 연구자들이 보통 이용하는 판은 후자다. 춘원의 친일 글들이 빠진 것은 유감이지만, 이처럼 방대한 자료를 수집해 연구자들에게 제공한 우신사 편집자에게 늘 고마움을 지니던 터이다. 그런데 이번에 춘원의 이 평론을 촘촘히 보면서 문득 원본을 확인할 필요를 강하게 느꼈다. 『매일신보』 연재본을 우신사 판본과 대조해 보니 단순한 오탈자 이상의 변환이 이루어졌음을 발견한 것이다. 사실은 「동경잡신東京雜信」을 먼저 검토했다. 「문학이란 하오」 바로 앞에 '춘원생'이라는 기명으로 연재된 「동경잡신」『매일신보』 1916. 9. 27~11. 9을 우연히 일별하다가 좀 이상해서 우신사 판본과 대조했는데, 의도적 두찬杜撰이라고 인정할 대목들이 적지 않았던 것이다. '지나'를 '중국'으로, '내지內地'를 '일본'으로 바꾼 것은 그렇다 해도사실은 원본을 편집자가 마음대로 고치는 이런 일 또한 용납될 수 없음은 물론이다, 편집자가 원본의 문장 또는 문단을 뺀 곳이 두 군데다. 그나마 생략했다는 표시를 남겼으니 다행인가. "십육자략十六字略"[103]의 전자는 "저두다시低頭多時에 감극낙루感極落淚함을 불금不禁하노라"[104]이고, "이백육십자략二百六十字略"[105]이라고

103. 이광수(1979), 「동경잡신」, 『이광수전집 10』, 우신사, p.299.
104. 춘원생(1916), 「동경잡신」, 『매일신보』 1916. 9. 27.
105. 이광수(1979), 앞의 책, p.324.

표해 둔 후자는 다음과 같다.

> 이제는 조선은 내지인과 조선인이 잡거하는 처지라. 조선인의 지식 정도가 내지인과 상비相比할 만한 수평선상에 달하지 아니하면 도저히 상호 간에 이해가 무無할지며 이해가 무할 처處에 종종의 오해와 시의猜疑가 생할지라. 그뿐 아니라 조선인이 완전한 일본 신민이 되기에도 완전한 문명인 됨이 제일 요건이니 조선인이 만일 문명 정도로 내지인을 수隨하지 못하면 황화皇化를 배반하는 대만臺灣 생번生蕃과 이異함이 하유何有하리오. 고로 당국에서는 학교를 정비하고 예의銳意로 청년의 교육을 장려함이어니와 장성한 인사들은 자각하야 신지식을 갈구하여야 할지라.[106]

그의 문명 담론이란 이처럼 위험한 것이다. '문명인-되기'는 바로 '일본 신민-되기'니 이 과제에서 탈락하면 '대만의 생번'으로 격하된다. 그런데 그가 경멸해 마지않은 그들은 "황화를 배반"하는, 즉 일본제국의 지배에 저항하는 자유의 전사들이 아닌가? 사회진화론과 결부됨으로써 제국주의를 긍정한 메이지 말기 일본문학의 생명주의 세례를 아무리 깊숙이 수용[107]했다고 하더라도, 춘원의 문명론이 머금고 있는 의도는 참으로 난감하다. 물론 그의 사유가 여기서 고정된 것이 아닐 터이지만, 적어도 우신사 전집에 수록된 1910년대 자료들은 원본비판을

106. 춘원생(1916), 「동경잡신」, 『매일신보』 1916. 11. 8.
107. 하타노 세쓰코(2008), 앞의 책(주 88), p.94.

제대로 거쳐야 한다는 생각이 또렷해졌다.

원본비판

나는 전집본 「문학이란 하오」[108]를 연재본과 꼼꼼히 대조하였다. 무엇보다 글 자체가 「동경잡신」과는 비교할 수 없을 만큼 안정되어서 「동경잡신」처럼 왜곡이 심하지 않다는 데 우선 안도했다.

바로잡은 부분들을 보이면 다음과 같다.

첫째, 단순한 오자들. 548페이지 1단의 "학문學門"은 '학문學問'의, 그리고 "감각感賞함"은 '감상鑑賞함'의 오자다. 548페이지 2단의 "오吾의 지위"에서 '오'는 '정情', "각覺하며"는 '각하매', 그리고 "만족을 구하려 함에"의 '함에' 역시 '하매'의 오기다. 같은 페이지 3단의 "목적 삼는다 하였다"에서 '하였다'는 '하다'의 오기이고, "모某 문학이"의 '모'는 원문의 오자로 판단되니 '기其'로 바로잡는 것이 좋겠고, "고로, 문학예술은 모 재료를 전혀 인생에서 취하라"에서 '모'는 '기', '취하라'는 '취하다'의 오자다. 바로 이어 나오는 "모 재료"의 '모' 또한 '기'의 오기다. "연이나" 역시 '연하나'의 오자다. 551페이지 1단의 "중국문화"에서 '문화'는 '문학'의 오자다. 552페이지 3단의 "문학이란"은 '문학이라는'의 오기다. 553페이지 1단의 "유전미묘 씨由田美妙氏"는

108. 이광수(1979), 「문학이란 하오」, 『이광수전집 10』, pp.547~555. 인용문은 전집을 근거로 하되 원문을 참고하여 바로잡은 것이다.

'산전미묘 씨山田美妙氏, 야마다 비묘 씨'의 오자다. 같은 페이지 3단의 '화소畵霄'는 '주소晝宵 : 밤낮'의 오자다. 554페이지 2단과 555페이지 1단의 "연然이나"는 '연하나'의 오기다. 554페이지 2단의 "학오學奧"는 '당오堂奧 : 학문의 깊은 뜻'의 오자다. 554페이지 3단의 "이두吏讀를 작作하였다"는 '이두를 작하니'의 오기다. 같은 페이지 같은 단의 "섬당贍當"은 '섬부贍富'의 오자다. 555페이지 2단의 "일제一齊"는 '일재一齋'의 오자다. 같은 페이지 같은 단의 "각혹覺酷"은 '각성覺醒'의 오자고, 역시 "분려일실奮勵一悉"의 '일실'은 '일번一番'의 오기고, 같은 페이지 3단의 "소원所願"은 연재본에는 '소원素願'인데, 후자라도 상관없을 듯하다.

둘째, 띄어쓰기가 틀린 것들. 554페이지 1단에 나오는 "구미취歐美就 중 불란서佛蘭西"는 '구미 취중就中 불란서'로 띄어야 한다. '구미 그중에서도 특히 프랑스'라는 뜻이기 때문이다. 같은 페이지 같은 단의 "대문학인大文學人의 정신취중精神就中 감정"은 '대문학 인의 정신 취중 감정'으로 띄어야 뜻이 통한다. '대문학'은 본문이 아니라 절의 제목으로 뽑고, '인의 정신 취중 감정'은 '사람의 정신 그중에서도 특히 감정'으로 풀어야 순하다.

셋째, 절의 구성 문제다. 전집본은 '문학과 문학자'를 마지막 절로 삼았는데, 연재본을 살피건대 그리고 글의 흐름을 삼안컨대, 이 절은 셋으로 구분하는 것이 합리적이다. 즉 본문으로 껴묻은 '대문학'과 함께, 고딕으로 처리되기는 했지만 역시 마지막 절에 부속적인 '조선문학'을 분리하는 것이 순리다.[109] 그렇

109. 김윤식(1978)은 이 글을 총 11절로 나눔으로써 '조선문학'을 처음으로 독립시켰고(『근대

다면 이 글은 10절이 아니라 총 12절로 구성된 것이다.

그런데 이런 편집상의 실수보다 신중히 고려해야 할 점은 이미 「동경잡신」에서 거론한 의도적 변환이다. 다행히 살펴야 할 경우가 많지 않다. '내지'라는 지칭이 싹 사라지고 모두 '일본'으로 객관화하고 있는데, 문제는 '중국'과 '국문'이다. 연재본에서 '지나'라고 부른 것들을 전집에서는 모두 '중국'으로 고쳤는데, 「동경잡신」만큼 반反중국적 뉘앙스가 강렬하지 않으매, '지나'를 당시의 범칭으로 여겨도 좋을 법하다. 좀 세심히 보아야 할 말은 '국문'이다. 전집본의 국문은 대개 '언문'을 고친 것인데, 국문이 '일본문'을 뜻할 경우는 원본대로다. 이처럼 연재본에서는 언문과 국문을 엄연히 구분하여 사용한 것을 전집본에서는 모두 국문으로 수정하니 혼란이 발생한다. 가령 이런 대목을 보자.

> 세종조에 **국문**이 성成하고, 「용비어천가龍飛御天歌」가 작作하니 차가 진정한 의미로 조선문학의 효시오, …여余는 일본문학사를 독讀할 때… 『만엽집萬葉集』, 『고금집古今集』, 『원씨물어源氏物語』 등 **국민문학**을 산출하고 명치유신 이전까지도… **국문학**이 절絶하지 아니하여 근송近松, 서학西鶴, 마금馬琴, 백석白石 등 **국문학자**를 출出하였음을 찬탄불이讚嘆不已하노니.
>
> —이광수 1979 : 554~555 강조는 인용자

한국문학연구』, 일지사, p.67), 김재영(2008)은 나아가 '조선문학' 앞에 '대문학'도 분리했다 [앞의 논문(주 90), pp.404~405].

첫 번째 국문은 언문이고, 뒤에 나오는 국민문학 · 국문학 · 국문학자의 '국'은 식민 모국 일본이다. 이렇게 다른 것을 '국'으로 통일하니 오해가 발생할 수 있다. 당시의 춘원에게 있어서 국문학은 어디까지나 일본문학이고 언문문학은 식민지 조선문학이었던 것이다. 이는 실용적 분류이지만, 또한 위계적이기도 하다. 국민문학의 입장에서도 일본은 이미 유신 전에도 조선과는 비교할 수 없을 만큼 가나假名에 의한 문학이 발달했다고 춘원은 감탄하고 있기 때문이다. 「동경잡신」처럼 심하지는 않지만, 이 글에서도 문명론의 그늘이 여전히 드리워져 있다는 점을 망각할 수는 없겠다.

춘원과 쇼요

두 번째 영향 문제로 넘어가자. 이 문제에 대해 처음으로 언급한 연구자는 김윤식이다. 쇼요 소설론의 열쇳말 '인정'은 춘원의 '정의 만족'과 연계된다는 전제 아래, 춘원이 문심文心을 즐겁게 하는 본질적 목적과 도덕적 고양을 배양하는 부수적인 목적을 구분한 점도 직접적 효과와 간접적 효과를 나눈 쇼요와 유사하다는 것이다. 「문학이란 하오」를 『소설신수』의 "부분적 석용"[110]으로 본 김윤식의 견해가 그 이후 조술祖述되어 온 편인데, 백지운의 논의가 색다르다. 양자의 영향 관계에 동의하면서도, "신채호申采浩의 문학론이… 량치차오梁啓超의 계열과 연결된다

110. 김윤식(1978), 앞의 책(주 109), pp.68~69.

면, 이광수의 그것은 쓰보우치 쇼요坪内逍遙의 문학 이념"이 "별 다른 굴절 없이 그대로 되비추어진 것"[111]이라는 가설을 제시하기 때문이다. 다시 말하면 타율파는 량치차오와 연결되는 단재로 그리고 자율파는 쇼요를 계승한 춘원으로 계열화한 것인데, 이 가설은 전복적이다. 「금일 아한我韓 청년과 정육情育」1909에서 「문학의 가치」1910, 「문학이란 하오」1916를 거쳐 「문사와 수양」1921으로 이어지는 춘원 평론의 행보를 한국문학사에서 연속적 문학관 즉 타율파가 확립되는 과정으로 보는 통설[112]을 이미 기원론이 그러했듯이 부정하는 것이기 때문이다.

그 논지를 잠깐 살펴보자. 그녀는 우선 쇼요의 "『소설신수小說神髓』가 '정치소설'의 부정否定을 전제로 하고 있다는 점"[113]을 확인한다. 나아가 '문학은 미술'이라는 기본 인식을 통해 "소설의 본질적인 목적이 무목적성"이며, 그 무목적성이 "'인정人情'을 있는 그대로 묘사"한다는 테제로 표현되고 있다는 데 주목한다.[114] 인정을 있는 그대로 묘사하는 것이 소설의 '신수神髓', 즉 본질이라는 쇼요의 주장은 그동안 근대소설novel의 이념과 긴밀히 조응하는 것으로 평가되어 왔다. 그런데 그녀는 이 주지가 실은 에도江戸시대의 게사쿠戱作와 연계된다는 스즈키 사다미의 견해를 존중한다.

111. 백지윤(1999), 앞의 논문(주 86), p.91.
112. 김윤식(1978), 앞의 책, p.73.
113. 백지윤(1999), 앞의 논문, p.76.
114. 백지윤(1999), 앞의 논문, p.77.

쓰보우치坪內가 말하는 '인정人情'이란… 인간의 '정욕情慾'이다. … 그의 '정욕'이라는 말속에는, 그것이 인간의 본능적인 욕구를 근본에 둔다는 점에서는 스펜서의 사회진화론의 그림자가 엿보인다. 그러나 그것보다도 그의 '정욕'에 대한 주장 속에 더 짙게 깔려 있는 것은 도쿠가와德川幕府 말기의 현세주의, 특히 희작의 세계의 그림자다. …『소설신수』의 주장을 소설화한 쓰보우치 쇼요坪內逍遙의 소설 「당세서생기질當世書生氣質」이 희작가 가나가키 로분假名垣魯文의 작풍을 계승하고 있는 점은 그의 소설론이 에도시대의 희작의 선상 위에 있다는 사실을 설명해 주고 있다. '인정'을 있는 그대로 묘사해야 한다는 그의 주장은, 외면적으로 보아서는 서구근대의 문학 관념에서 빌려 온 듯하지만, 실상은 일본 중세문학으로의 회귀를 의미하고 있는 것이었다.[115]

중세문학의 교훈주의와 정치소설의 계몽주의를 지우면서 일본 근대소설의 사실주의를 확립하는 데 기여했다고 평가된 쇼요의 인정묘사론이, 무사문화에 대한 반발을 안으로 숨기고 불안한 현실 속에서 달콤한 위안을 구하려는 조닌町人계급의 심리상태에 기초한 게사쿠에 원천을 둔다는 점은 쇼요의 뒤를 이은 오자키 고요尾崎紅葉, 1867~1903가 메이지 1기의 근대주의로부터 이탈, 노골적인 '양장한 봉건문학'을 지향한 것과 잘 맞아떨어진다고 하겠다.[116] 쇼요와 고요는 말하자면 동업자다.

115. 백지운(1999), 앞의 논문(주 86), pp.86~87.
116. 나는 신파 번안소설 『장한몽』(1913~1915)의 원천인 고요의 『곤지키야샤(金色夜叉)』(1897~1903)를 검토하면서 메이지 2기 문학의 에도 회귀 현상을 지적한 바 있다. 최원식(1982), 「『장한몽』과 위안으로서의 문학」, 『민족문학의 논리』, 창작과비평사, pp.70~ 72.

그런데 쇼요의 『소설신수』가 춘원의 「문학이란 하오」에 구체적으로 반영된다고 그 세목을 제시한다. '인정' 또는 '정'의 중시, 사실 재현의 이념, 권선징악적 유교도덕관에 대한 강한 부정 등 양자는 마주 보는 거울인 셈이다. 그리하여 후자는 표면으로 서양 근대문학의 이념을 근간으로 하고 있으면서도 세부 항목에서는 소설을 공리성의 영역으로부터 독립된 미술로서 인식한 쇼요의 강령을 따르고 있다[117]고 평가하는 것이다. 과연 춘원은 『소설신수』를 읽었을까? 「문학이란 하오」에 원고료가 비싼 "현금 일본 문사" 3인[118] 가운데 첫 번째로 거론된이광수 1979 : 554 것을 보건대 읽었을 가능성도 없지 않은데, 양자의 거리까지 감안하면서 그 개연성을 한번 검토해 보자.

『소설신수』는 소설이라는 장르를 이론적으로 따져 본 상권과 구체적 창작 방법을 설명한 하권으로 이루어진 단행본이다. 그는 왜 1880년대에 이런 책을 저술하게 되었는가? 서문을 보자. "우리나라에서 소설이 유행하는 바는 이 메이지의 성대聖代가 고금 미증유"[119]라고 지적하고 있듯이, 그는 우선 에도시대보다 더욱 번성한 소설시대의 도래에 주목한다. 그럼에도 소설가들이 "여론의 노예" 또는 "유행의 개"가 되어 "잔인한 패사"나 "외설스런 정사情史"를 양산하니, "대인大人, 학자의 눈으로 본다면 정말이지 차마 읽을 가치가 없는" 것들이 대부분이다쓰보우치

117. 백지운(1999), 앞의 논문(주 95), pp.91~92.

118. 나머지는 나쓰메 소세키와 모리 오가이(森鷗外).

119. 쓰보우치 쇼요(2007), 앞의 책, p.14. 또한 『現代日本文學全集 1』(筑摩書房, 1961)에 수록된 「소설신수」를 틈틈이 참고했다.

쇼요 2007 : 16.[120] 이 사태를 어떻게 해결할 것인가?

내가 어릴 적부터 패사를 애호하여 틈이 있을 때마다 패사를 읽으며 귀중한 세월을 낭비하기 어느덧 10여 년에 이르렀다. 따라서 과연 고금의 패사에 관해 이해한 바도 적지 않으며 또한 패사의 진정한 주안이 어디에 있는지도 다소 납득하였다고 믿고 있다. 그렇기 때문에 지극히 주제넘는 소행이라고 생각하지만, 감히 세상에 지론을 제시하여 우선 독자의 미혹을 풀고 이에 겸하여 작자를 계몽하여 이제부터 점차 우리 소설의 개량 진보를 기도企圖하면서 결국에는 서양소설노벨을 능가하여 회화, 음악, 시가와 더불어 미술의 최고 위치에 있는 찬란한 우리들의 모노가타리를 보기를 바란다.

— 쓰보우치 쇼요 2007 : 16~17

게사쿠풍 패사稗史를 개량하여 노블novel을 능가하는 새로운 모노가타리物語를 창출하는 것이 그의 목표였다. 서양의 노블은 어디까지나 참고항이고, 미술론이 핵이다. 미술의 반열에 당당히 참예해도 손색없는 일본형 노블의 출현을 촉구한 것인데, 그 몸통은 어디까지나 쇼요 자신에게 너무나 익숙한 에도와 메이지의 게사쿠라는 점에 유의해야 한다.

본문은 "소설은 미술"쓰보우치 쇼요 2007 : 21이라는 구절로 시작된다. 미술이란 무엇인가? 그에 의하면 미술은 장식인데, "사람의

120. 인용문 가운데 "유행의 충실한 앞잡이"라는 번역은 "유행의 개"라는 일본어본(p.79)을 좇았다.

심목心目을 즐겁게 하고 기품을 고상하게 함을 목적으로 한다"쓰보우치 쇼요 2007 : 22. 이 양자 가운데 무엇이 본질인가?

> 무릇 미술이라는 것은 원래 실용의 기술이 아니므로 오로지 사람의 심목을 즐겁게 하고 그 신묘神妙한 경지에 들어가려는 것을 당연 그 '목적'으로 해야 한다. 그 신묘한 경지에 들어가면 보는 자 절로 감동하여 저 탐욕스러운 욕망을 잃고 저 각박한 정情을 벗어나, 여타의 고상한 묘상妙想을 즐기게 되지만, 이것은 자연스런 영향이지 미술의 '목적'이라고는 할 수 없다. 이른바 우연의 결과이지 본래의 주지主旨라고 하기는 어렵다.
>
> — 쓰보우치 쇼요 2007 : 23~24

여기서 우선 주목할 점은 '미술=장식'에서 장식이 결코 실용예술이 아니라는 것이다. 말하자면 순수예술론 또는 자율파의 입장을 명백히 표백한 터인데, 그 기능에 있어서도 쾌락설에 선다. 그럼에도 기품론을 부차적으로 들어 그 유용성을 짐짓 붙여 둔 것인데, 자율성을 중심에 둔 절충주의라고 하겠다.

'소설이 미술'이라는 정언을 통해 아직도 게사쿠풍을 벗지 못한 일본소설을 미술의 전당에 오르도록 개량하겠다는 포부를 표백한 그는 여기서 서양의 노블을 참고한다. 노블이라는 용어를 선택한 데서 짐작되듯이, 그는 영국처럼 로맨스와 노블의 이분법을 수용한다. 전자가 "기이담奇異譚"이라면, 후자는 "세상의 인정과 풍속을 베껴 내는 것을 주안으로 하며 일상 세계에 있을 법한 글감을 재료로 하여 취향을 만드는 것"이다쓰보우치 쇼요

2007 : 35. 매우 상식적이다. 그만큼 왜곡의 가능성도 넓다. 서양의 뛰어난 노블이 그저 인정세태를 베껴 내는 데 시종했다는 그의 지적은, 게사쿠의 과장된 통속성과 그에 기초한 천박한 교훈주의를 걷어 내야 하는 절박성을 감안하더라도 노블에 대한 편협한 정의로 되기 쉽다. 더구나 그는 인정과 세태/풍속을 나란히 강조하긴 하지만 사실 후자는 부수적이다. “소설의 주안은 인정人情이다. 세태풍속世態風俗은 그 다음이다”쓰보우치 쇼요 2007 : 61. 앞에서 거론한 ‘쾌락과 기품’론과 동궤에 있다. 쾌락에 부수한 기품처럼, 사회학의 보고인 세태풍속 역시 심리학의 대상인 인정에 밀린다. 요컨대 당시 그에게 문제는 리얼리즘이라기보다는 주로 기법적 사실주의의 확립이었던 것이다.

그렇다고 그가 베끼는 것만 능사로 여긴 것은 물론 아니다. “가령 인정을 베껴 냈다고 하더라도 그 피상만을 베낀 것은 아직 진정한 소설이라 할 수 없다. 그 골수骨髓를 천착하기에 이르러 비로소 소설 중의 소설임을 말할 수 있다. …패관들은 심리학자와 같다. 능숙하게 심리학의 도리에 토대하여 그 인물을 만들어야 한다”쓰보우치 쇼요 2007 : 62~63. 인정의 기미를 능숙하게 잡아채 살아 있는 인물을 창조하는 것이 무엇보다 중요하다고 본 것이다.

사회학보다는 심리학을 지향한 그는 그리하여 인정의 심층에 대한 탐구를 소설가에게 요구한다. “인간이라는 동물은 밖으로 드러나는 외부의 행위와 안에 감추어져 있는 사상이라는 두 가지 현상現象이 있는 법이다. 그래서 안과 밖 두 가지 모두 그 현상은 다양하고 인간의 얼굴처럼 다르기 때문에 세상에 나와 있는 역사나 전기傳記처럼 밖으로 보이는 행위는 대략 베낀다고 하더라도 내부에 감추어진 사상과 같은 것은 장황하고 번거로워서 충분히 베껴 낸 것이 일찍이 드물다. 이 인정의 깊숙한 곳을 천착하여 현인, 군자는 물론 남녀노소, 선악정사善惡正邪의 마음속 내막을 빠뜨리지 않고 그려 내어 주밀정도周密精到하게 인정을 분명하게 보이도록 하는 것이 우리 소설가의 본분이다"쓰보우치 쇼요 2007 : 62.

그럼에도 인정의 심층 곧 정욕의 해부가 정말 그 골수에까지 이르기를 바란 것은 아니라는 점에도 유의해야 한다. "과도하게 음란하고 야비한 열정마저도 베껴 내라고 하는 것은 아니다. 하물며 소설은 예술이므로 저 음악에 정성鄭聲(중국 정나라의 음악이 야비하고 외설스러워서 그런 음률을 비유적으로 가리키는 말—인용자)을 기피하고 회화에 음란한 상을 싫어하며 시가 · 전기에 야비한 말을 사용하는 것을 싫어하듯이, 야비 · 외설을 말하는 것을 싫어하기 때문이다"쓰보우치 쇼요 2007 : 69. 외관 속에 감추어진 진실을, 설령 그것이 추한 정욕이라 할지라도 드러내야 한다고 강조했어도 쇼요 역시 스스로 한계를 지운다.

그는 과연 권선징악을 부정했는가? 분명 에도시대의 권징勸懲소설은 "진정한 소설이 아니"라고 비판했지만, 그 비판의 표적은 "무익한 서적이라는 식자의 비난을 막기 위해 임시로 사용하는 방편"으로서의 권징을 가리킨다쓰보우치 쇼요 2007 : 49는 점에 유의해야 한다. 진정한 권징이 아니라 억지춘향식 권징을 부정한 것이다. 그는 '직접의 이익'과 '간접의 이익'이라는 용어로 소설의 공능을 설명하면서, 인심을 즐겁게 하는 전자에 대해 후자를 이렇게 설명한다. "간접의 이익은 하나로 부족하다. 이른바 사람의 기품을 고상하게 하는 것, 이른바 사람을 권장징계勸奬懲戒하는 것, 이른바 정사正史를 보충하는 것, 이른바 문학의 모범이 되는 것"쓰보우치 쇼요 2007 : 84~85. 인정의 충실한 묘파를 바탕으로 자연스럽게 이루어지는 권징주의를 부정하지 않는다. 쾌락설을 중심으로 교훈설을 수용한 일종의 절충론자이니, 뜻밖에도 보수적이다. 유학자들에게 음란한 음악의 대표로 지탄받는 '정성' 운운하는 데에서 느껴지는 유학적 체취가 이 책 곳곳에 발견된다. 가령 『금병매』를 외설로 비난하는 대목쓰보우치 쇼요 2007 : 89, 아녀자들을 수준 낮은 독자로 과잉적으로 상정하는 발언쓰보우치 쇼요 2007 : 93 그리고 "문文은 사상의 도구이며 장식"쓰보우치 쇼요 2007 : 112이라는 생각 등등. 이미 명의 공안파는 소설과 희곡에 대한 대담한 긍정에 기초하여 재도론을 부정하는 문학혁명을 이루었거니와, 쇼요는 그에 미달이다.

앞에서도 지적했듯이 자율파의 등장을 획했다고 일러지는 이 책은 뜻밖에도 상식적이다. 작가는 소설을 잘 쓰고 독자는 안목을 길러서 지식인도 읽을 만한 품위 있는 작품들이 생산되는 환경을 만들자는 것이 이 책의 주지인 셈이다. 이 점에서 "독자 대중에의 문학 교육을 위한 교과서"요, "직자들에의 경고이자 제창"[121]이라는 이나가키 다쓰로稻垣達郞, 1901~1986?의 지적은 정곡을 얻은 것이다.

확실히 쇼요는 어떤 위기의식을 지니고 있었던 것 같다. 이

121. 稻垣達郞(1961), 「解說」, 『現代日本文學全集 1』, 筑摩書房, p.419.

처럼 싸구려 소설들이 횡행하면 자신이 그토록 좋아하는 소설이 아주 사회로부터 매장되어 버리지나 않을까 하는 우려 말이다. 실제로 실용주의가 존숭되던 메이지 초기에 후쿠자와 유키치를 비롯한 지식인들로부터 일반 사회에 이르기까지 문학무용론 내지 문학금지론이 나돌기도 했으니,[122] 『소설신수』는 자칫 퇴출될지도 모를 소설을 구원하려는 일종의 인정 투쟁일지도 모른다. 문학무용론에 대항하면서 구소설에 반대한 그의 쟁투는 일정한 성과를 거두었지만, 그 과정에서 잃은 것도 없지 않았다. 구소설적 권징주의를 일정하게 인정함으로써 오히려 노블의 핵이라고 할 정치성 또는 사회성이 실종된 것이다. 마사무네 하쿠초正宗白鳥, 1879~1962는 "문학에 반역성이 결핍한 것은, 고래古來 일본문학의 특색인 것이다. 쓰보우치 박사에게만 트집 잡는 것은 마땅함을 얻은 것이 아니"[123]라고 『소설신수』를 변호했지만, 역시 정치성의 부재는 문제적이다. 정치소설을 부정하면서 탈정치소설의 대두를 촉구한 셈이기 때문이다.

쾌락과 교훈

이 글을 정독하기에 앞서 12절의 소제목을 일별해 보자. 원문에는 번호가 없지만 편의상 번호를 붙여 절의 제목을 표시하면 다음과 같다.

122. 정병호(2007), 앞의 논문(주 95), pp.251~254.
123. 正宗白鳥(1961), 「坪内逍遙」, 『現代日本文學全集 1』, 筑摩書房, p.396.

① 신구新舊 의의意義의 상이相異

② 문학의 정의

③ 문학과 감정

④ 문학의 재료

⑤ 문학과 도덕

⑥ 문학의 실효

⑦ 문학과 민족성

⑧ 문학의 종류

⑨ 문학과 문

⑩ 문학과 문학자

⑪ 대大문학

⑫ 조선문학

1절은 아주 논리적인 도입부다. 말이라는 것이 지방과 시대와 상용常用/학술에 따라 그 뜻이 크게 달라질 수 있음을 각기 예를 들어 설명하는데, 소통의 도구인 말 자체를 점검하는 태도부터가 예사롭지 않다. "어語의 외형이 동일하다 하여 기其 의의까지 동同한 줄로 사思하면 오해할 경우가 다多하니, 금일 조선에서는 차등此等 어의語意의 오해가 파다頗多하니라"이광수 1979 : 547. 이런 전제 아래 '문학'이 곁은 예부터 쓰던 것이로되, 실은 "서양의 Literatur 혹은 literature라는 어를… 번역"이광수 1979 : 547한 새로운 말임을 지적한다. 이렇게 양자를 분별한 후, 2절에서 Literatur 혹은 literature의 번역어로서 성립한 문학을 "특정한 형식하形式下에 인人의 사상과 감정을 발표한 자"라고 정의한다.

그러고는 '특정 형식'을 풀어 첫째 "문자로 기록함"에 의거하여 구비문학을 제외하고, 둘째 "시 · 소설 · 극 · 평론"이라는 장르를 명백히 함으로써 광의 또는 중의의 문학을 배제한다이광수 1979 : 547~548. 그에 의해 이제 문학은 협의의 문학 또는 순문학으로 제한되는데, 4대 장르 가운데 흔히 거론되는 수필 대신 평론을 든 것이 그럴듯하다. 몽테뉴Michel de Montaigne, 1533~1592에 의해 창안된 에세essai는 가벼운 수필보다는 가볍지 않은 수상 또는 평론/비평에 가깝기 때문이다.

다음은 '사상과 감정'이라는 내용을 부연한다. 여기서 문학과 과학의 구별을 시도하는데 그 핵심에 '감정'이 놓인다. "타他 과학은 차此를 독讀할 시時에 냉정하게 외물을 대하는 듯하는 감感이 유有한데, 문학은 마치 자기의 심중을 독하는 듯하여 미추희애美醜喜哀의 감정을 반伴하나니 차 감정이야말로 문학의 특색이니라. 문학은 실로 학學이 아니니… 문학은 모 사물을 연구함이 아니라 감상感賞함이니, …과학이 인人의 지知를 만족케 하는 학문이라 하면 문학은 인의 정을 만족케 하는 서적이니라"이광수 1979 : 548. 문학은 감정의 영역, 과학은 지식의 영역, 이렇게 양자 사이에 칸막이를 설치함으로써 그는 문학을 '학' 바깥으로 독립시킨다. 이는 한편 문학에서 '학'을 배제하는 것이거니와, 그렇게 '문'만 달랑 남은 게 순문학인 셈이다.

'사상과 감정'이라고 언명했음에도 불구하고 정작 논의 과정에서는 선차적인 사상이 실종되고 마는 점 또한 잊을 수 없는데, 3절에서는 그렇게 도드라진 감정을 계보학적으로 따져 '문예부흥'을 획기로 삼는다. 요지인즉슨, "감정을 천히 여기고, 이지理知만 중히 여"기던 중세적 사유가 문예부흥 이후 "개성의 인식"이 명료해짐과 더불어 "정에게 독립한 지위를 여與하"게 되었다는 것이다이광수 1979 : 548. 이 대목에는 사실 어설픈 데가 없지 않다. 문예부흥을 거치면서 이성 대신 감정이 중시되었다는 지적은 부분적 진실이기 때문이다. 서양 중세에 감정이 억압되었다는 것은 진실에 가깝지만, 신앙이 아니라 이성이 기려졌다는 것은 진실이 아니다. 또한 문예부흥 이후 감정이 이성과 동등한 지위를 획득했다는 지적 또한 부분적이다. 물론 감정이 한결 주목되기는 했지만 근대야말로 이성이 왕관을 차지한 시기로, 오히려 이성에 의한 감정의 지배는 더욱 확고해졌다고 보는 게 더 그럴듯할 터이다. 그럼에도 문학의 입각점을 정에 둠으로써 이성의 전제專制를 벗어난 독립의 왕국을 구축하려 한 논리를 위해 이런 비약이 이루어졌다고 넘어가도 좋겠다.

그런데 그 바탕에 지정의론이 놓인다는 데 유의해야 한다.

> 근세에 지至하여 인의 심은 지知 · 정情 · 의意 삼자로 작용되는 줄을 지하고 차 삼자에 하우하열何優何劣이 무無히 평등하게 오인의 정신을 구성함을 각覺하매, 정의 지위가 아俄히 승昇하였나니. 일찍 지와 의의 노예에 불과하던 자가 지와 동등한 권력을 득하여, 지가 제반 과학으로 만족을 구하려 하매 정도 문학 · 음악 · 미술 등으로 자기의 만족을 구하려 하도다.
>
> —이광수 1979 : 548

지정의론의 기원은 『소설신수』가 아니라 그 이후의 평론 「문장신론文章新論」1886과 「미사론고美辭論考」1893이다. 당시 통용되던 서양 심리학에 기초한 지 · 정 · 의라는 마음의 능력을 특정한 글쓰기들과 연관짓는 전자에서 쇼요는, 학술서 · 역사 · 전기 등이 '지력智力의 영분領分'에 속하는 제1의 문文이라면, 시가 · 소설 · 희곡 등은 '정서의 영분'에 속하는 제2의 문, 그리고 모든 변론의 장르들은 '의상意想의 영분'에 속하는 제3의 문으로 규정한바, 후자에서는 제2의 문, '정情의 문'을 '미를 이상으로 하는 문장' 곧 '미문학美文學'으로 높이는 것이다.[124] 지 · 정 · 의가 각각 진眞 · 미美 · 선善이라는 지향 가치와 연관된다는 점이나, 정의 문이 순문학으로 연계되는 점을 감안컨대, '와세다미사론'이 (근대)문학의 정립에 일정한 자극을 제공했음은 인정되지만, 미사학이 러일전쟁 즈음 '문장강화文章講話'로 귀결되는 경로를 눈여겨보면, 지정의론은 문학론이라기보다는 문장론에 가깝다는 것을 인지하게 된다.[125]

『소설신수』 전체에 문학이라는 말이 한 번 등장하는데, 그것도 문장 기법이라는 뜻에 가깝다는 점[126]을 상기컨대, 『소설신수』와 「문학이란 하오」의 관계는 전면적이기보다는 제한적이라는 판단이 더 진실에 가까울지도 모른다. 이 점에서 "이광수 문학론에서 '정'의 개념을 위치시키는 논리적 범주였던 '지知 · 정情 · 의意'라는 틀"이 부재하기 때문에 양자 사이에 "직접적인 영향 수용"을 인정하기 어렵다는 정병호의 지적은 존중되어야

124. 정병호(2003), 『실용주의 문화사조와 일본 근대문예론의 탄생』, 보고사, pp.76～82.
125. 김재영(2008), 앞의 논문(주 90), pp.396～397.
126. 鈴木貞美(1998), 앞의 책(주 4), pp.206～207.

한다.[127] 전자의 '인정'이 전통 게사쿠에 드러나는 정욕을 비롯해서 더 구체적 감정들이라면, 후자의 '정'은 문학의 독립이 근거할, 이성과 대비되는 감성 또는 감각이라는 일종의 이념태이기 때문이다. 그렇다고 양자 사이에 만리장성을 쌓을 일은 아니다. 와세다미사학을 마감하는 시마무라 호게쓰島村抱月, 1871~1918의 논의가 단적으로 보이듯, "진이나 선과 분리된 미의 가치라는 측면을 강조하는 논리는 거의 필연적으로 쾌감이나 쾌락을 강조"[128]하게 마련인데, 인정이나 정이나 그 효용은 대동소이하기 때문이다. 보다 전통적인 인정과 보다 근대적인 '정'을 함께 수용하여 감각적인 것에 둥지를 틀고 쾌락의 충족을 추구하는 문학의 왕국을 건설하려는 춘원의 논리 구성에서 『소설신수』의 영향은 그처럼 직접적이고 독점적이지는 않았던 것이다.

4절은 앞 절에서 살짝 언급한 감정과 개성/자아의 연계가 논의의 실마리로 된다. '정의 만족'은 곧 '흥미'인데, 사람에게 가장 흥미를 주는 바는 "오인吾人 자신에 관한 사事"라는 것이다. 문학적 체험의 이월이 '나'로부터 비롯된다는 발상이 재미있다. "빈자貧者라야 자기의 경험에 조照하여 그 공통을 추지推知하고 동정의 염이 발發하나니라"이광수 1979 : 548. 물론 주아주의主我主義와 결합한 이런 경험주의는 문학을 좁히는 결함이 없지 않지만, 억압되었던 '나'를 들어 올리는 데 긍정적 영향을 미친다는 점을 염두에 두면, 추기급인推己及人의 공감법으로 넘어갈 수 있겠다.

127. 정병호(2004), 「한일근대문예론에 있어서 '정(情)'의 위치—지 · 정 · 의의 범주를 중심으로」, 『아세아문화연구』 8집, 한국 경원대학교 아시아문화연구소, p.273.

128. 김재영(2008), 앞의 논문(주 90), p.397.

그런데 다음 단계가 아리송하다. “고로, 문학예술은 기其 재료를 전혀 인생에 취하다. 인생의 생활 상태와 사상 감정이, 즉 기 재료니 차此를 묘사하면, 즉 인人에게 쾌감을 여與하는 문학예술이 되는 것이라. 연然하나, 재료에도 호불호好不好가 유有하고 묘사에는 정부정正不正, 정부정精不精이 유하니, 최호最好한 재료를 최정최정最正最精하게 묘사한 것이 최호한 문학이라”이광수 1979 : 548. ‘나’에서 ‘인생’으로 슬쩍 비약한바, 이는 ‘쾌감’에서 ‘묘사’로 이월한 것과 평행 관계다. 이를 분해하면 ‘나’와 ‘쾌감’ / ‘인생’과 ‘묘사’로 나뉠 터인데, 전자가 쇼요의 지정의론과 관계된다면 후자는 그의 『소설신수』에 걸릴 것이다. 춘원은 이중의 비약으로 이루어진 절충 논리에 입각하여 위의 명제를 다시 풀어낸다. 우선 ‘최호한 재료’를 설명한다. 밥 먹거나 오줌 누는 ‘무미無味한’ 것이 아니라 “춘향春香 이도령李道令의 연애… 노지심魯知深의 분노와 사씨謝氏의 원한” 등이 ‘유미有味한 재료’로 된다는 것이다이광수 1979 : 549. 『춘향전』, 『수호지』, 『사씨남정기謝氏南征記』 등 한중의 고전소설을 예로 든 점도 그렇지만, 유미한 재료여야 “관觀하고 쾌감을 수受”한다는 쾌락의 수용론을 펼치는 것이 더욱 흥미롭다. 이어서는 최정最正과 최정最精을 부연한다. 전자는 “진眞인 듯이 과연 그렇다 하고, 있을 일이라 하고, 독자가 격절擊節(무릎을 손으로 치며 탄복함—인용자)하게 함”이고, 후자는 “모 사건을 묘사하되, 대강대강 하지 말고 극히 목도하는 듯하게 함”이다. 춘원이 강조하는 묘사론이야말로 『소설신수』의 핵심이거니와, 그럼에도 양자 사이에는 미묘한 차이가 존재한다. “여사如斯히 하여야 그 작품이 독자에게 지대한 흥미를 여하나니, 고로 문학의 요의要義는 인생을 여실하게 묘사함이라 하리로다”이광수 1979 : 549. 묘사론이 쾌락설과 제휴한 점에서 아리스토텔레스처럼 일원적인데, 쾌락설이 근본이라는 점에서 쇼요보다 철저하다.

‘5절 문학과 도덕’은 조선문학의 발전을 저해한 유교식 도덕과 권선징악에 대한 규탄이 주안이다. “고려 이전은 차치 물론하고, 이조 후 오백여 년에 조선인의 사상 감정은 편협한 도덕율의 속박한 바 되어 자유로 발표할 기회가 무하였도다. …지금에 타 민족의 문학의 왕성함을 목도함에 흠선欽羨과 통한痛恨이 교지交至하는도다”이광수 1979 : 549. 외국 문학의 찬란함에 대한 흠선과 조선문학의 낙후성에 대한 통한에는 식민지 지식인의 비애가 감지되지만, 민족 해방의 꿈은 창백하다. 이는 사상, 감정의 자유를 외칠 때에도 유사하다. “금일의 문학은 초연히 종교 윤리의 속박 이외에 입立하여 인생의 사상과 감정과 생활을 극히 자유롭게 여실하게 발표하고 묘사하나니, 현대 문명 제국의 대문학이 출함이 실로 차를 인因함이라”이광수 1979 : 549. 그 자유가 종교 윤리로부터의 해방으로 한정되는 데에서도 짐작되듯이, 그는 정치경제적 억압을 비켜 간다. 그리하여 “종래의 편협한 문학관”에 대한 공격만 도저하거니와, 결국 애매한 유교만 “조선에 문학이 발달치 못한 최대한 원인”으로 타격된 터이다. 정치경제적 해방을 우회하는 희생양으로 선택된 것이 유교 및 권선징악적 문학관인 셈이다. 그리하여 서구문학의 찬란함을 끌어낸 표현의 자유 문제에서 1910년대 무단통치의 억압은커녕 검열 문제조차 암시도 없다. 그나마 “도덕의 속박을 탈하라 함은 결코 독자를 고독蠱毒할 만한 음담패설을 재료로 한 문학을 작하라 함이 아니"라고 금세 꼬리를 내린다. 그 대신 "도덕율을 고려함이 무無히 오吾에의 안중眼中에 영래暎來하는 인사 현상을 여실하게 묘사하라"라고 다시 강조하는데, 이 대목은 『소설신수』와 아주 유사하다. 춘원도 그 난관을 "만인의 안전眼前에 재현케 하라"라는 '재현'의 사실주의로 도타한 것이다이광수 1979 : 549.

'6절 문학의 실효'에서 그는 문학의 '용用'이 "정의 만족"임을 다시 확인한다. 그런데 이렇게만 하기가 미심쩍었는지 지정의론을 또 끌어다 부연한다. 지知와 진眞, 선善 · 의義와 의意, 정情과 미美를 연관시킨 뒤, "진선미에 대한 욕망이 균형"되어야 "품성의 완미한 발달"을 기할 수 있다는 점에서도 문학의 기능이 종요로움을 강조한 것이다.

이렇게 했어도 역시 허전한지 그 실용성을 다시 구체적으로 나열한다. 첫째 "세태인정의 기미를 규窺"한다. 둘째 "선행善行의 원동력 되는 동정심을 발發"한다. 셋째 "죄악에 타락하는 경로를 목도하여 족히 은감殷鑑을 삼"는다. 넷째 "자유로운 상상의 이상향에 소요"한다. 다섯째 "유해한 쾌락에 함陷함을 면케" 한다. 여섯째 "쾌락을 향享하는 중 부지불식간에 품성을 도야하고 지능을 계발"한다. 『소설신수』처럼 춘원도 문학의 교훈성을 적극적으로 인정했다. 다만 왕년의 억지 권선징악이 아니라 쾌락을 통해서 자연스럽게 훈습하는 교훈을 지향했으니, 춘원도 일종의 절충론자였다.

신문학의 정치성과 탈정치성

'7절 문학과 민족성'에서 그는 5절에 이어 유교를 다시 공격한다. "일 민족의 정신적 문명"을 전승·발전시키는 데 있어서 문학의 역할이 중차대하다는 점을 환기한 뒤 "신라, 백제, 고구려 등 찬란한 문명국"을 기리면서도 그 문학을 잃어버린 불행을 탄식한다. 춘원이 삼국시대를 높인 것은 흥미롭거니와, 그러고는 바로 조선과 유교와 지나를 맹타한다.

> 오인吾人의 근대 조선祖先이 나타무위懶惰無爲하여 오인에게 물질적 재산을 유遺치 아니함을 통한하는 동시에 피등彼等이 정신적으로까지 무능무위하여 정신적 재산을 유치 아니하였음을 원한하노라. 연하나 차는 다만 오인의 조선의 죄만이 아니라, 지나사상의 침입이 실로 조선사상을 절멸하였음이니 차 지나사상의 폭위하에 기다幾多 금옥 같은 조선사상이 고사枯死하였는고. 무심무장無心無腸한 선인들은 우愚하게도 지나사상의 노예가 되어 자가의 문화를 절멸하였도다. 금일 조선인은 개시皆是 지나도덕과 지나문학하에 생육한 자라. 고로 명名은 조선인이로되, 기실 지나인의 일 모형에 불과하도다. …방금, 서양 신문화가 침침연浸浸然 습래하는지라, 조선인은 마땅히 구의舊衣를 탈하고 구구舊垢를 세洗한 후에 자 신분명 중에 전신을 목욕하고 자유롭게 된 정신으로 신新정신적 문명의 창작에 착수할지어다.

이 대목은 물론 과도하지만 애국계몽기의 국민주의를 잇는 젊은 패기로 치부해도 무방할 것인데, 문제는 그 다음이다. "병합 이래로 만반 문물제도가 실개悉皆 신문명에 의거하였거니와 사상 감정과 차를 응용하는 생활은 의연한 구아몽舊阿蒙이니, 종차로 신문학이 울흥하여 신新하여진 조선인의 사상 감정을 발표하여서 후대에 전할 제1차의 유산을 작하여야 할지라"이광수 1979 : 551. '신문학'이라는 말을 자산에 이어 춘원도 사용하고 있다는 점에 유의해야 하는데, 그럼에도 그 제창의 의도는 약간 다르다. 단적으로 대한제국을 지도 위에서 지워 버린 강제병합을 국치로 여기는 정서가 결핍되어 있다. 1910년대의 엄혹한 무단 지배를 상기할 때, 일제의 식민통치를 서양 신문명의 도입으로 찬미하고, 그럼에도 여전히 '아몽'에 빠져 있는 조선인을 비판하는 태도란 아무리 신문학의 발전이 요구되는 시점이라 하더라도 과잉이다. '조선'과 유교와 '지나'를 한 몫에 묶어 닦아세우면서 이루어지는 신문학의 제창은 식민의 나팔과 그리 먼 것이 아닐 터이다.

'8절 문학의 종류'는 새로이 건설할 신문학의 세목을 해설하는 장르론이다. 큰 이야기가 수상한 데 비하면 실제적인 데에서는 꽤 세련된 논의를 펼친다. 여러 분류법을 보인 뒤 붙인 다음과 같은 말을 보라. "연하나 차는 결코 엄정한 분류법이 아니며, 또 문학은 반드시 차 분류 내에 입入하여야 함도 아니니, 계한界限이 무함이 실로 문학의 특징이라. 천재를 구具한 자면 자유로 신천지를 개척함을 가득可得할지니라"이광수 1979 : 551. 교과서적 평균 지식을 전달하는 데 만족하지 않는 춘원의 면모가 엿보이는바, '논문 · 소설 · 극 · 시'의 차례로2절에서는 시 · 소설 · 극 · 평론 순 간명하고도 적절한 해설을 더했다. 그는 왜 논문을 맨 앞에 두었을까? "근대에 신성新成한 일체一體가 유하니, 즉 비평문 우又는 평론문이라. 인이 문학적 작품… 등에 표현된 주지를 자가의 두뇌 중에 일단 용입溶入하였다가 갱更히 자가의 논문으로 발표함을 위謂함이니, 현대문학계의 일반一半을 점하니라"이광수 1979 : 551. 여기에 쓰인 '현대문학'이 아마도 최초의 용례일지도 모르는데, 문학비평이 근대적 소산이되 '현대문학의 절반'이랄 만큼 중요하다는 명확한 인식을 그는 가지고 있었던 것이다. 문학비평을 비롯한 평론의 선도성을 인지하고 그를 적극적으로 활용할 줄 알았던 춘원인지라, '논문'을 3대 장르 대신 전위에 세웠던 것은 아닐까? 소설이 "현대문학의 대부분을 점하는 자"이광수 1979 : 552라고 지적한 것을 보아도, 논문 · 소설 · 극 · 시라는 차례가 우연이 아니라는 점을 깨닫게 된다. 지금도 관행적으로 나열되는 순서를 전복한 춘원의 안목은 예리하게 현실적이거니와, 소설에 대한 해설도 요령 있다. '재담' 또는 '이야기'를 소설로 보는 속설을 무식의 소치라고 부정한 다음, '상상'을 중심으로 논문과 소설을 차별적으로 해명한다. "논문은 상상 내의 세계를 작자의 언言으로 번역하여 간접으로 독자에게 전하는 것이로되, 소설은 작자의 상상 내의 세계를 충실하게 묘사하여 독자로 하여금 직접으로 기 세계를 대하게 하는 것이라"이광수 1979 : 552. 아마도 상상을 문학적 자질의 중심으로 들어 올린 최초의 예로 될 것인데, 쾌락과 묘사와 교훈을 한데 섞은 앞의 문학론보다 훨씬 세련된 소설론이다. '세계를 대면함'이 환기하는 '감각의 직접성'은 그 원천인 쇼요마저 넘어서는 것이 아닐까? '극' 부분도 녹록치 않다. "무대상에서 연演할 수 있게 작作한… 대본"이 극이라면, "차를 무대상에서 실연"한 것은 '연극'이라는 구분을 통해, 전자는 문학이고 후자는 "문학에서 독립한 일종의 예술"이라는 인식은 문학과 예술을 구별하는 초창기의 예로 될 터이다. 또한 후자의 주인인 광대/배우도 "문학자, 미술가와 여如히 일종 예술가"로 들어 올린 선구성 역시 돋보이는 것이다. 마지막에 둔 '시'에 대한 설명은 '읽는' 산문과 '읊는' 운문의 구별로부터 시작된다. 역시 상상을 열쇳말로 우선 내용의 측면으로부터 "인생의 일 방향 혹은 작자의 상상 내의 세계를 여실하게 묘출하여 일체의 판단 즉 미추, 쾌불쾌의 판단을 일一히 독자의 의사에 임하는 것"이 산문이라면, "작자가 인생의 일 방면 우又는 자기의 상상 내의 세계 중에 최最히 흥미 유有한 자를 선출하여 음률 좋은 언어로 차를 묘출하여 독자로 하여금 자차咨嗟 영탄케 하는 것"이광수 1979 : 552이 시라고 차별함으로써, 시의 주정성主情性을 강조하였다. 다음에는 형식상의 결정적 지표라 할 운율 문제를 다룬다. 압운押韻과 평측平仄으로 대표되는 운율에 대한 그의 설명은 흥미롭다.

> 운韻은 한시나 서양시에 개유皆有하는 바이나, 일본어에는 압운에 불편함이 다多하여, 혹 차를 시試한 자가 유하였으나, 개 실패에 귀하였나니, 조선어도 문법 구조가 차와 사似하여 압운에 불편이 유할지라. 대개 한문이나 서양문은 주어와 빈어賓語를 도치하는 편이 유하여, 가령 '좋은 사람', '사람 좋은'을 병용하기 가득可得하므로 운이 풍부하거니와 일본문이나 조선문에도 차편此便이 무함이라. 연하나 종차從此로 대시인이 배출하면 조선문의 신시법이 생할 것은 물론이라. 현금도 압운은 못하더라도 또 소위 '향響의 호불호'가 유하여 운은 아니로되 운과 효

력이 상등相等한 향이 유하나니, 차는 시조時調를 독한 자의 공인하는 바라, 운이 무하건마는 자연히 어울리는 맛이 유함이 시是라. 평측이라 함은 조선에 재在하여는 장단음의 교착이라.

—이광수 1979 : 552

조선시의 리듬에 대한 예리한 분석이 아닐 수 없다. 교착어에 속하는 조선어가 일본어와 마찬가지로 압운과 평측에 불리한 점을 인정하면서도 다른 운율적 자질의 가능성을 바탕으로 한 새로운 시학의 탄생을 기원하는 춘원의 안목은 확실히 선진적이다. 요컨대 신문학의 탄생을 각 장르별로 점검한 8절이야말로 이 평론의 정채다.

'9절 문학과 문'은 문을 다룬다. 문이란 무엇인가? "문학이라는 내용을 담을 기器"가 문이다. 흥미롭게도 이는 문을 도道를 싣는 그릇으로 보는 재도론과 닮았다. 도가 문학으로 대체되었을 뿐이다. 문학이 도의 위치로 오르니, 문은 그를 실현하는 문체/문장으로 내려온다. 그중에서 춘원이 여기서 문제 삼는 문은 국한문 혼용체다. 한문이 조선문학의 발달을 저지한 원흉임을 다시 확인하면서 그는 한문체의 폐지를 환영한다. 그런데 "한문에 언문으로 토를 단 듯한 문"이 여전히 횡행하는 현실을 개탄한다. "현대에 재하여 현대를 묘사함에는 생명 있는 현대어를 용하여야 할지니, 가령 '공부'라 할 것을 구태 형설螢雪이니 탁마琢磨니 마저磨杵니 하는 폐어를 용할 필요가 하何이며, '에그, 좋아라' 할 것을 구태 강희자전康熙字典에서 취하여 발표할 것이 하리오"이광수 1979 : 553. 이미 '현대'라는 말이 이런 문맥에서 사용되고 있다는 점이 흥미롭거니와, 살아 있는 현대어를 사용하여 "생명 있는 문체"를 창조하자는 제안은 문학혁명론에 준하는 것이다. "근래 조선소설이 순언문, 순현대어를 사용"하는 데 고무되어, 그리고 일본의 언문일치체가 일본문화에 미친 영향을 돌아보면서, 조선의 "신문학은 반드시 순현대어 일용어日用語 즉 하인何人이나 지知하고 용用하는 어로 작할 것"을 선언함으로써 9절은 마감된다이광수 1979 : 553. 9절 또한 이 평론의 중추가 아닐 수 없다.

'10절 문학과 문학자'에서 그는 우선 문학이 '삼종三種의 인人', 즉 작자 · 비평가 · 독자로 구성됨을 확인하면서 문학의 순환 과정을 분석한다. "비평에 급제及第하고 만인의 애독물이 되"는 수용 과정도 언급되고는 있지만, 순환 과정의 첫 단계에 놓인 창조 과정에 대한 논의가 어디까지나 중심이다. 생산자를 숭배하는 고전적 자본주의에 기초한 근대문학론자답게 춘원도 '작자=천재론'을 펼친다. "수련으로 도달하기 불가능"하다고 명토 박음으로써 선천성을 더욱 강조함에도 불구하고, 후천적 조건을 홀시하는 것은 결코 아니다. 문학뿐만 아니라 역사와 사회에 대한 연구에 바탕 한 "다년의 열심한 수양"을 한층 강조하기 때문이다. 이처럼 작자의 출현을 일대 사건으로 축성한 다음, "상상으로 신세계를 구조"하는 창작의 고심을 대건축으로 완성해 가는 도편수에 비겨 공들여 묘사한다. 춘원은 문학 작품의 "주관적 성공", 즉 그 탄생 과정을 왜 이처럼 시시콜콜 서술하는가? "일 문학자 됨이 결코 일 공업가나 일 법률가 되는 노고에 양讓함이 무하다"이광수 1979 : 553. 문학자가 근대사회의 주인이라 할 공업가나 법률가 못지않으니, 문학자를 결코 우습게 보지 말라는 전언이다. '젊은이들이여, 문학자의 야망을 품어라.' 바로 이것이 그 속셈일 것이다.

그리하여 이렇게 탄생한 작품을 "일 민족의 중보重寶요 전 인류의 중보"로 기린다. 『심청전』·『춘향전』은 대문학은 아니로되 기백만 인에게 위안과 쾌락을 주어 왔고, 『삼국지』·『수호지』는 "지나 민족의 보물"이며, 호메로스와 셰익스피어의 작품은 "세계 인류의 대보大寶"라는 것이다이광수 1979 : 554. 조선보다는 중국, 또 그보다는 서양을 높이는 위계 심리가 걸리긴 하지만, 그래도 조선과 중국의 고전소설을 이만큼이라도 평가한 일 자체가 당시로서는 선진적이다. 하여튼 그는 작자에게처럼 작품에도 경의를 표할 것을 주문한다. 그런데 그 경의에 "정신적 보수"만이 아니라 "물질적 보수"가 더한다는 점이다. 일본의 일급 문사에게 주어지는 원고료를 비롯하여, "걸작 한 권만 저著하면 족히 일생 상류 생활을 영營할 만한 보수를 득"하는 서양 사정을 설명하다가 급기야는 거액 "팔만 원의 상금"을 수여하는 노벨문학상으로 번져 "재작년 인도 시인 타고르"가 "동양인에 노벨상 효시"가 되었다는 소식까지 전한다. 문학이 오히려 신분 상승의 유효한 도구임을 제시한 춘원의 '문학보수론'은, 당시로서는 이니 지금도 대담하고 노골적이다. 책 속에 부귀와 영화 심지어는 미인도 있다는 진종眞宗황제의 「권학勸學」[129] 같은 통속독서론의 부르주아 판본이라고 해도 좋다. 춘원에게는 근대 극복은커녕 근대 비판조차 결여되어 있음이 여기서도 잘 드러

129. 이 시가 『고문진보(古文眞寶)』의 맨 앞에 실려 전통 시대에 널리 유통되었음은 주지하는 바이다.

나는바, 서구/일본의 근대는 오로지 추종의 대상일 뿐이다. 그리하여 문학자의 성공과 부르주아적 상승을 그대로 매개하고 마는 것이다. 춘원도 너무했다 싶은지 마감은 천연덕스럽다. "연하나 문학과 빈궁은 고래로 배우配偶라. 다만 성공을 급急하지 말고 진실하게 노력하여 일생의 심혈을 주注한 대작을 유遺하면 후의 명名을 득하나니 고로 문학은 국경이 무한 동시에 시간이 무하다 하나니라"이광수 1979 : 554. 혹 당대에 성공하지 못하더라도 실망하지 말라는 충고를 시간과 공간을 넘는 문학의 이월가치를 들어 넌지시 제시하니, 이는 그의 꿈이기도 한 것이다. 정녕 춘원은 부르주아 근대를 온몸으로 신봉하는 최초의 문인인가?

'11절 대문학'은 바로 앞의 논의를 부연한 것이다. 어느 경우에 문학이 시간과 공간을 넘어 대문학으로 상승하는가? 그는 그 근거를 공통적 '감정'에서 찾는다. "고대에 '재미있다' 하던 것이 근대에도 '재미있는' 것이 유하고, 타인에게 '재미있는' 것이 아我에게도 '재미있는' 것이 유하니, …하시何時에 독讀하여도 하지何地에서 독하여도 하인何人이 독하여도 '재미있는' 문학은 즉 대문학이라"이광수 1979 : 554. 그 예로 호메로스의 『일리아스』와 『시경詩經』을 드는데, 중국과 유교와 한문에 대한 의식적 공격에도 불구하고 실제로는 중국의 고전을 꼭 거론하는 태도가 재미있다. 그럼 대문학으로 이월되지 못하는 문학은 왜 그럴까? "인심의 근저에 촉觸하지 못하고 천박한 지엽적 인정을 기초로"이광수 1979 : 554[130] 삼았기 때문이라는 것이다. 일리가 없지는 않지만 이

130. "인심의 근저에 촉"하라는 이 대목은 『소설신수』와 연관될 것이다. 이에 대해서는 이 책 IV장 2절 7항을 참고할 것.

월가치의 발생을 오로지 감정에서만 찾는 것은 역시 무리다. '정중심문학론'을 과도하게 적용한 결과일 터인데, 그럼에도 대문학 즉 고전의 조건을 따진 논의로서는 일정한 의의를 지닐 것이다.

마지막 12절의 제목은 '조선문학'이다. 그는 조선문학을 "조선인朝鮮人이 조선문朝鮮文으로 작作한 문학文學"이라고 정의한다.[131] 아마도 한국문학에 대한 최초의 정의로 기록될 터인데, 엄격한 속문주의를 채택했다. "세종조世宗朝에 언문이 성成하고 「용비어천가龍飛御天歌」가 작하니 차가 진정한 의미로 조선문학의 효시"라고 지적했듯이, 훈민정음 창제 이전에는 "조선문학이라 칭할 자가 무無하다"라는 입장이다. 그런 중에도 향가鄕歌는 조선문학으로 여긴다.

> 설총薛聰이 이두吏讀를 작하니 이두는 문자는 한자로되 조선문으로 간주함이 당연하다. 당시 문화 정도의 고高함을 관觀하건대 차 이두로 작한 문학이 응당 섬부贍富하였을지나 이래 천여 년의 수다한 변란에 전혀 상실하고 당시 문학으로 지금 가견할 자는 『삼국유사三國遺事』에 재載한 십수 수十數首의 가뿐이라. 차가此歌도 아직 독법과 의미를 해解하지 못하니….
>
> — 이광수 1979 : 554

131. 김재영(2008)은 한문학을 배제하는 이 정의가 미카미 산지(三上參次, 1865~1939) · 다카쓰 구와사부로(高津鍬三郎, 1864~1921)의 『일본문학사』(1890)와 연관될 것이라고 지적했다[앞의 논문(주 90), pp.405~406].

이두는 한자를 빌려 우리말을 적은 조선문이므로 이두로 지은 향가는 조선문학이라는 논리가 정연하다. 아직 장르 이름도 없고 그 독법조차 풀리지 않은『삼국유사』소재 10여 수의 향가를 이만큼이나마 정리한 안목이 놀랍다. 아마도 이에 앞선 논의는 "국어를 한문음으로 기記"한 노래의 예로 충담사의「찬기파랑가讚耆婆郎歌」를 인용한 안확[132]이 있을 뿐이라는 점을 염두에 둘 때, 더욱 그렇다.

하여튼 속문주의적 문학관으로 말미암아 "한문의 노예"로 한국한문학은 조선문학 바깥으로 방축된다. 한문학만이 아니라 조선문으로 이루어진 조선문학에 대해서도 호의적이지 않다, "대개 재료를 지나에서 취하고 또 유교도덕의 속박하에 자유로 조선인의 사상 감정을 유로流露한 자 무"이광수 1979 : 555하다고 냉정하게 비판한 데서 보이듯. 가나에 의한 문학이 번성하여 내려온 일본문학사의 국민문학적 전통을 찬탄하는 그의 눈길 속에서 조선문학사는 상대적으로 더욱 초라해지게 마련이다. 이렇게 깨끗하게 청소하고 나니, 유구한 조선문학사에 남는 게 없다. 그 광야에서 선지자 춘원은 외친다, "조선문학은 오직 장래가 유할 뿐이요 과거는 무하다"이광수 1979 : 555라고. 물론 이 선언이 꼭 부정적인 것만은 아니다. "거의 다 발굴하여 태殆히 개척할 여지가 무"한 서양문학과 달리, "조선은 산야에 금은 동전이 발굴자를 대待함과 여如히 조선사회의 각 방면과 인정풍태의 만반상이 대시인, 대소설가를 고대고대"하는 형국이라는 말처

132. 안확(1915),「조선의 문학」, p.67. 이에 대해서는 이 책 Ⅳ장 2절 2항을 참고할 것.

럼 그만큼 조선문학의 가능성이 크기 때문이다. 그리하여 춘원은 다시 청년들을 격동한다. "차此를 임의로 발굴하여 대부대귀大富大貴 될 권리는 실로 오인吾人 청년의 수중에 재하니… 문학에 유의한 청년은 어차에 분려일번奮勵一番하여 조선문학 건설의 영예를 획獲할지어다"이광수 1979 : 555.

말미에 "애오愛吾 청년에게 신문학의 관념을 극미하게라도 인印하면 여余의 소원은 달한 것"이라고 고백하고 있듯이, 이 평론의 요체는 바로 앞에 발표된 자산의 글처럼 신문학이다. 자산의 글이 문학사에 더 비중을 두었다면 춘원의 글은 문학론에 중점을 둔 것이되, 양자 모두 문학의 정의로부터 비롯하여 신문학 건설론으로 맺어진다. 후자는 전자를 다시 썼다고 보아도 좋을 만큼 닮았다. 물론 그 정치적 지향은 이미 지적했다시피 미묘하게 갈라진다. 자산이 조선의 독립을 상정한 신문학, 즉 국민문학을 선취하고 있다면 춘원은 조선의 독립을 괄호 친 신문학, 즉 조선 근대문학을 그리고 있는 것이다.

자율성이 아니라 신문학을 축으로 삼을 때, 춘원의 「문학이란 하오」를 둘러싼 저간의 기원론 토론은 글의 실상에 즉했다고 보기 어렵다. 일본문학 텍스트들과의 연관성을 본격적으로 검토한 연구자들이 한결같이 "이광수의 '성의 문학론' 자체가 유미주의 문학론이라고만 간단히 단정할 수 없"[133]다거나 "자율성에 대한 논의를 일관되게 밀고 나가지 못"[134]했다고 지적한 것은

133. 정병호(2004), 앞의 논문(주 95), p.292.
134. 김재영(2008), 앞의 논문(주 90), p.392.

결코 무리가 아니다. 그럼에도 춘원의 글을 논리적 충돌로 보는 데에는 주저하게 된다. 가령 '정'을 중추로 하는 미적 자율성론, 묘사와 재현을 중심으로 삼는 리얼리즘론, 그리고 효용론과 강하게 결부된 조선문학론, 이 삼자의 결합으로 파악하는 김재영의 견해가 그렇다.[135] 확실히 「문학이란 하오」는 일관된 텍스트가 아니다. 문학의 정의에서조차 자율성과 타율성이 불균등할지언정 절충된 형편이거니와, 사실 이는 그 원천이라 할 일본의 논의들도 그랬음을 감안해야 한다. 그런데 자산에서 명쾌한 것처럼 문학의 정의는 그 자체로가 아니라 새로운 문학의 건설이라는 핵심적 과제로 인도하는 도구로서 중요하다는 점이다. 문학을 새롭게 정의하려는 욕구는 새로운 문학을 세우려는 욕망의 발현이다. 정치소설의 계절, 그 계몽주의로부터 탈구하고자 하는 염원을 바탕으로 게사쿠에 기초한 탈정치적 소설의 출현을 촉진하는 문학론 또는 소설론이 족출한 일본의 예를 보더라도, 재정의는 실천의 시작이다. 조선의 논의에는 일본과 다른 차원이 개재한다. 신문학, 즉 새로운 조선문학의 건설이라는 과제는 필연적으로 식민지 문제에 부딪히게 마련이기 때문이다. 이 난제와 본격적으로 씨름한 첫 문학자가 자산인데, 이 맥락에서면 춘원은 그 계승적 위치인 셈이다. 그러니까 「문학이란 하오」의 초점은 미적 자율성 여부가 아니라 총 결론인 신문학의 건설에 있을 것이다. 비록 독립 문제에 소극적일망정 이 글도 신문학운동을 준비하는 전야의 평론이라는 문학사적 위치가

135. 김재영(2008), 앞의 논문, p.390.

비교적 뚜렷이 드러난다.

그렇다면 춘원은 황종연의 지적처럼 낭만주의자인가? 미적 자율성론의 수용에서 보이듯 낭만주의적 체취가 물씬하지만, 효용론을 적극적으로 사유하는 점에서 계몽주의적이다. 이런 이중성은 춘원이 낭만주의적 계기를 머금은 계몽주의자 또는 계몽주의와 낭만주의를 잇는 교량적 존재라는 점의 반영일 터인데, 그의 위치가 미묘하다. 한국에서 계몽주의와 계몽주의문학은 3·1운동으로 완성되면서 종결되는데, 3·1운동을 모태로 탄생한 1920년대 신문학운동은 시의 낭만주의와 소설의 사실주의/자연주의를 주요한 사조로 삼아 탈계몽의 임무를 수행하였던 터이다. 국치를 획으로 애국계몽주의가 친일계몽주의로 교체되고 아직 신문학의 물결은 도래하지 않은 1910년대의 회색 지대에 홀연히 등장한 일군의 지식인이 『학지광』 세대다. 교량적일망정 애국계몽기보다는 낭만주의에 더 기운 이 발랄한 새 세대에 의해 새로운 기운이 움트고 있었던 것이다. 그런데 춘원은 육당처럼 앞 시기와 『학지광』 세대를 잇는 존재다. 이 이중의 교량성으로 춘원은 낭만적 계기를 호흡하되 바탕은 계몽주의인 채 신문학운동의 전초가 되었던바, 「문학이란 하오」1916와 『무정』1917과 『개척사』1917~1918는 그 과도성의 생생한 산물이었던 것이다.

문학혁명론의 파장

「문학이란 하오」가 나온 이듬해 매우 자극적인 글이 발표된다.

백일생白日生의 「문단文壇의 혁명아革命兒야」『학지광』 14호, 1917. 11가 그것이다. 이에 대해 서상일은 「'문단의 혁명아'를 독讀하고」『학지광』 15호, 1918. 3로 비판하니 당시 꽤 논란이 되었던 듯싶다. 물론 이 논쟁도 춘원을 비롯한 일군의 유학생이 벌인 문학개혁론의 연장이지만, 직접적으로는 후스와 천두슈의 문학혁명론이 미친 파장의 산물일 것이다.[136] 후일 양백화梁白華가 「호적 씨胡適氏를 중심中心으로 한 중국中國의 문학혁명文學革命」『개벽開闢』 5호 1920. 11~8호 1921. 2에서 자세하게 소개한 일을 별도로 치면, 이는 아마도 조선 최초의 반응이 아닐까 싶다. 백일생은 필명이기 쉽다. 필명 앞에 '동해안東海岸'을 명기했으니 출신지가 동해 바닷가인 모양이다. 서상일 역시 그 후일담을 알 수 없어 신원이 미상이다. 이 논쟁은 무명씨들의 토론이라는 점에서 흥미롭거니와, 당시 조선 유학생의 문학혁명론에 대한 심중을 짐작할 드문 글로서도 귀중하다.

백일생의 짧은 평론 「문단의 혁명아야」만큼 '혁명'이라는 말이 빈번하게 등장하는 글은 우리 평론사상 처음일 터인데, 그에게 혁명은 '본능'이다. 사람도 사회도 국가도 우주도 타고나기를 혁명적이라는 것이다. 그런데 유독 '우리 문단'은 잠잠할 뿐이다. 그 주범으로 한학파가 지목된다. "강용剛勇, 호전好戰, 호분립好分立, 호독창好獨創, 호진취好進取, 다기교多技巧, 근면, 민활 등

136. 백일생과 서상일의 글에 후스와 천두슈가 직접 거론되지 않았기 때문에 양자의 관계를 명백한 증거로 설정할 수는 없다. 그런데 특히 백일생의 글에는 후스와 천두슈의 입김이 더욱 뚜렷하다. 설령 백일생이 직접 읽지 못했더라도 간접적으로 접했을 가능성은 충분하다고 판단된다.

무적武的, 해양적인 조선 족성族性을 우아, 호염好恬, 호복종好服從, 호모방好模倣, 호보수好保守, 한산, 지울遲鬱 등 우리에게 가장 많이 영향한 것으로 문적文的, 대륙적인 한족화漢族化시키려고 애를 쓰던, 저 난적, 저 원수 한학파…가 우금于今까지 잔천殘喘을 보保하여 무호동無虎洞의 향곡에서 도미대두掉尾擡頭"[137]한다는 것이다. 이 비판에서 새로운 점은 '해양=진보'와 '대륙=보수'라는 이분법인데, 바다로부터 달려온 서양과 일본이 문학혁명의 모델이 된다. 그리하여 이 전제 아래 문학혁명의 세목이 좀 구체적으로 제시된다. "이유도 모르고 다만 고인의 정형만 맹수盲守하며, 고인의 숙구宿句만 적용賊用하여, 인조화人造花와 같이 일점의 생기가 무無한 시, 가, 문 등이나, 공상과 감정에 끌려 사실도 아닌 것을 과장지誇張之 위식지僞飾之하여, 사물의 진眞—실재, 실체—을 파착把捉지 아니하는 속류 소설 등이 상호尙乎 문단의 주산물이"백일생 1917 : 48 된다고 통탄한다. 그러니 문학혁명은 필지必至다. "소위 안녕방해니, 풍속괴란이니 하는 조건으로 우리의 수족을 겸제鉗制하는 현 도덕, 현 사회의 핍박을 두려워하지 말고, 불굴불요의 수완을 휘揮할지니, 지선至善을 행하다가 폐斃한들 무슨 한이 있으며, 생명을 구하다가 희생이 된들 무엇이 석惜하리오"백일생 1917 : 48. '안녕방해'와 '풍속괴란'이 당시 검열의 상투구임을 감안할 때, 이 용감한 선언의 속셈이 무엇인지 짐작 가는 바이다.

그런데 검열 탓인지 표현의 자유는 반도덕으로만 질주한다.

137. 백일생(1917), 「문단의 혁명아야」, 『학지광』 14호, p.48.

예컨대 "자부子婦로써 처를 작하더라도 필야 비도덕이 아"니라는 파천황의 발언에 이어 "성욕의 해방"을 선언한다. 그런데 "초한楚漢시대에 재在한 항적項籍(항우項羽의 본명—인용자)은 반역의 추명醜名을 수受하였으나, 민국시대의 황흥黃興(1874~1916, 신해혁명의 지도자—인용자)은 국장國葬의 영예를 박博하였"백일생 1917 : 48다는 구절을 끼워 넣음으로써 반도덕의 속셈, 그 강렬한 정치성을 넌지시 껴묻어 둔 것이다. 결론을 보자.

> 조선 민족의 지도자가 되는 문단의 용사야! 문학의 천지는 자유의 천지라, 기탄할 바가 무하며 외구畏懼할 바도 무하니 예술파의 남구문학도 가하며, 인생파의 북구문학도 가하며, 절충파의 영미문학도 가하며 잡종파의 일본문학도 가할지니 차를 수입지輸入之, 역술지譯述之, 저작지咀嚼之, 소화지消化之하여 우리의 민족성을 힘 있게 발휘하는 시대적, 우리적 문학의 기초를 수립하여, 이지以之 한 줄 한 구句의 글이라도 생기가 폴폴 뛰는, 어디를 끊든지 뜨거운 피가 줄줄 흐르는 산 글의 작자가 될지어다.
>
> 근일 우리 문단에 새로 춘원, 육당六堂(원문에는 문당文堂—인용자), 소성小星(현상윤玄相允의 호—인용자) 등 제諸 혁명수령의 거의擧義가 현출現出함이 실로 우연이 아니라, 만천하 제씨는 어찌 응원군이 되지 아니하리오. 문단의 혁명아야!!!
>
> —백일생 1917 : 49

특히 천두슈를 연상시키는 이 대목은 춘원과 육당과 소성을 수령으로 모시자는 제안인데 실제로는 계몽주의와 탈계몽주의의 어름에 처한 그들을 넘어선다. 예술파와 인생파와 절충파와 잡종파를 우리의 민족적 현실에 비추어 살아 있는 문학으로 재창조하라는 그의 주장은 그 논리적 거칠음에도 불구하고, 3·1운동1919과 그를 모태로 탄생한 1920년대 신문학운동을 선취하고 있기 때문이다.

이 글이 나오자 바로 다음 호에 서상일의 반론이 실렸다. 반론이라고 했지만, 무조건의 비판은 아니다. "약하고 무식한 자는 하나님의 뜻에 합당하거니 하는 말만 밤낮없이 지껄이"는 조선의 야소교와, "총독부 편찬 교과서 가지고… 책에 있는 대로의 글을 두세 벌 읽고 의미만 대강 해석하면 능사 필畢한 줄로" 아는 교사가 대부분을 차지하는 조선의 교육계를 희화화함으로써 백일생의 혁명론을 긍정하기 때문이다.[138] 그러나 그는 백일생의 급진주의에 제동을 건다. "우리는 비록 혁명에 제際하여도 가급적 구제도, 구습관 중에 선미善美한 부분은 훼손치 않도록 주의하여야 한다"서상일 1918 : 62라는 당연한 말씀을 전제로, "도덕도 없는 듯이 국가, 민족도 없는 듯이" 모든 금기를 파괴하는 그의 주장을 "신식 문학주의"라고 질타한다서상일 1918 : 63. 일리가 없지 않다. 삶과 사회로 가는 길은 차단한 채 문학 속에서만 활갯짓하는 것 또한 예술파의 병폐이기 때문이다. 그런데 서상일이 말하는 '국가 민족'의 함의가 백일생만큼 뚜렷하지 않다. "일로전쟁에 일병이 노병露兵을 살殺한 행위는 두말없이 선善이라 그러나, 일로 친선주의를 쓰는 금일에 재하여 일인이 노인

138. 서상일(1918), 「'문단의 혁명아'를 독하고」, 『학지광』 15호, p.59.

露人을 살한다 하면 이는 두말없이 악위惡爲일 것이다"서상일 1918 : 64~65. 하필 러일전쟁과 러일 친선을 예로 들었을까? 이 글이 발표된 1918년 3월은 러시아혁명 이후다. 알다시피 러일전쟁 후 오히려 타협한 양국은 러시아혁명1917을 계기로 다시 적대적으로 변모한바, 심지어 일본군이 러시아내전에 개입, 시베리아를 침략1918~1922하였던 것이다. 이런 사정을 감안할 때, 그가 강조하는 국가 민족은 일본을 지칭하지 않을까 의심된다. 그리하여 성욕론에 대한 긴 비판 끝에 "백일생과 같이 국가 민족, 사회, 도덕을 무시하는 자에게는 상당한 도덕적 제재가 없을 수가 없다"서상일 1918 : 68라고 준엄하게 선고하는 한편, 춘원 · 육당 · 소성은 백일생이 생각하는 혁명 수령이 결코 아니라고 변호한다. 요컨대 서상일은 (문학)혁명에 대한 반대자에 가까운 것이다. 그러고 보면 프랑스혁명1789의 세 구호, 자유 · 평등 · 박애를 설명하면서, "차 삼 주의는 당시 법란서法蘭西 국민의 생각이 이러하였다를 말함이오 결코 여余가 이 주의를 찬성한다 함은 아니니 독자는 오해 마라"서상일 1918 : 60라고 짐짓 토를 단 것이 진심에서 우러난 것인지도 모르겠다. 러시아혁명은 물론 프랑스혁명에조차 유보적인 그의 신문학론은 어디까지나 일본제국의 구도 안에 자리한 자치론적 조선 신문학에 가깝지 않을까? 그러나 서상일의 비판문이야말로 민족해방운동의 분출이 머지않음을 알리는 반어적 조짐일 터인데, 과연 1년 뒤 3 · 1운동을 인도한 2 · 8독립운동이 도쿄에서 일본 유학생 중심으로 전개되었던 것이다.

3. 신문학의 분기

3·1운동과 신문학운동

마침내 3·1운동이 폭발했다. 운동이 제한된 성취 속에 패배하자, 3·1운동 세대의 문화열을 반영한 신문학운동이 분출하였다. 3·1운동으로 독립 조선의 국체가 민국民國, 즉 공화국으로 명쾌히 성리되었듯이, 1920년대 신문학운동은 그동안 근대문학의 초등학교 역할을 맡아 온 계몽주의의 종언을 불러왔다. 낭만주의와 사실주의를 두 기둥으로 하여 근대문학의 제도가 신문학의 이름 아래 정착했으니, 지금까지 통용되는 장르의 관습이 세워진 것이다. 단편·중편·장편의 갈래가 정지整地되면서 소설이 근대문학의 챔피언으로 오르는 한편, 퇴화된 정형률의 흔적이 제거된 자유시가 감정의 자유로운 유로를 인도하였다. 민중의 교육장으로서 창극과 신파극 대신 신극이 중심적 위치로 부상하는가 하면, 문학평론의 독자성이 뚜렷해지는 가운데 담론의 지도자라는 자격에 민감한 근대비평이 탄생한다. 요컨대 문학의 자율성에 대한 안팎의 인식이 크게 진전되었던 것이다.

그런데 문학의 위의를 들어 올리는 데 크게 기여한 그 자율성은 식민지 조선에서는 세계를 문학 안으로 가두는 것이 아니라, 문학과 현실의 접속을 매개하는 미묘한 기틀로 전화轉化한다. 모든 정치가 치안에 압도된 식민지라는 조건이 신문학의 정치성을 한층 높이 담보하였으니, 3·1운동으로 날카롭게 깨워진 해방의 감각에 충실한 신문학은 조선 민중을 대변하는 '또 하나의 정부'였다. 자율성의 진전이 타율성을 오히려 부축하는 역동적 행보를 보여 준 점에서 1920년대 신문학은 애국계몽주의의 정치성을 새로운 수준에서 계승했다고 해도 과언이 아닐 것이다.

신문학의 정치성이 안팎의 운동과 조응하면서 분기되는 것은 따라서 거의 필연적이다. 민족 해방의 방법을 둘러싸고 이념들이 충돌한다. 러시아혁명 이후 사회주의/공산주의가 대안으로 식민지 조선의 지식인들을 매료했던바, 무단통치에서 문화통치로 정책을 바꾼 조선총독부의 행보도 한몫했다. 알다시피 일제는 3·1운동을 겪으면서 분리 지배divide and rule라는 좀 더 교묘한 정책을 취했다. 조선의 부르주아지들을 통치의 하위 파트너로 삼음으로써 그들을 민족해방운동으로부터 분리시키고자

하였으니, 자치론의 대두와 일정한 연관을 지니는 점은 주지하는 바이다. 그리하여 민족주의가 분기했다, 제국의 구도 안에서 조선의 자치를 획득하는 민족주의 우파 또는 민족개량주의자와, 즉각적인 해방을 추구하는 민족주의좌파 또는 비타협적 민족주의자로. 자치론과 사회주의혁명론의 대립 속에서 민족주의좌파와 혁명파의 협동을 추구한 중간파가 출현했으니, 좌파 · 우파 · 중간파의 정립으로 귀결되었던 것이다.

그런데 토론은 주로 문학을 통해 표출되었다. 직접적 투쟁보다는 상대적으로 덜 감시되는 문학이 정치 담론의 통로였다. 정치 문제가 문학, 그중에서 특히 평론으로 표출되는 특성이 이 시기에 더욱 뚜렷이 나타나기 시작했으니, 카프KAPF. 조선프롤레타리아예술가동맹의 약칭, 1925~1935가 결성되는 1920년대 중반 즈음부터 신문학은 국민문학파(우파) · 프로문학파(좌파), 그리고 절충파(중간파)라고 불린 문단 세 파 사이에 치열하게 치러진 대논쟁 시대로 진입한다. 그런데 흥미로운 것은 이 시기에 1910년대에 활발하게 진행되던 '문학론'은 정작 거의 사라진 점이다. 이미 지적했듯이 이 시기 들어 자율적 타율론으로 정리가 거의 끝난 상태이기 때문일 것이다. 다만 춘원이 조선문학론을 다시 들고 나온 게 눈에 띈다. 경성제국대학 조선어문학과에서 『격몽요결擊蒙要訣』을 문학 교재로 사용한다는 데 격발되어 조선문학이라는 범주를 예의 속문주의로 찬찬히 따져 본 「조선문학의 개념」『신생新生』 1929. 1은 이 문제에 관한 한 간과할 수 없는 문헌임에도 불구하고, 그 경직된 속문주의 또한 이미 지적했듯이 비현실적이다. 물론 율곡 이이가 한문으로 지은 조선시대 초등 교과서

『격몽요결』을 문학 교재로 사용한 경성제국대학 조선어문학과의 무신경도 문제지만 말이다. 또한 중의의 문학 개념을 바탕으로 조선문학 연구가 활발히 진전되고 있는 형국인지라, 1920년대 들어서는 '문학'이나 '조선문학'이나 모두, 앞 시기의 논의를 바탕하여 이미 개념적 안정성을 획득하였던 터이다.

그럼에도 이 안정성이 전문성 또는 자율성으로 제한되지 않았다. 왜 그런가? 완벽한 미적 자율성이란 상상 속에서만 존재할 뿐인데, 더구나 신문학이 제도로 자리 잡았다고는 해도 대중과는 너무나 크게 떨어져 있었다는 점을 감안해야 한다. 또한 '문학'의 정립과 동반되게 마련인 문학 연구에도 간격이 엄존한다. 조선문학 연구를 재야에서 활발히 수행하는 국학파나 조선문학이라는 범주에 관심을 두는 문단이나를 막론하고, 그들 모두는 경성제국대학이라는 학문제도와 거의 엄격히 분리되어 있었던 것이다. 이 이중의 분리가 문학/조선문학의 자율성을 끊임없이 흔드는 요인이다. 이 때문에 자율성이든 타율성이든 문학을 너무 대단히 여기는 문학주의라는 병통이 발생하기도 하거니와, 문학의 현실태를 강하게 부정하는 논리란 실은 이념태로서의 문학은 중시한다는 내심과 짝을 이루는 역설이 발생하곤 하던 것이다.

이런 안팎의 사정에 따라서 문학론은 본질론보다는 방법론으로 이동하였다. 그 방법적 대립이 3파 정립으로 드러난 것인데, 유의해야 할 점이 있다. 첫째는 국민문학파 · 절충파 · 프로문학파 순이 담론의 지도성 또는 선도성을 나타내는 것이 아니라는 것이다. 신문학의 민중성이 강화되는 행보 속에서 프로문학파가 대두하여 대세를 휘어잡는 가운데 국민문학파가 거꾸로 결집하고 이 와중에 양 파를 비판하는 절충파가 등장했으니, 좌파가 우파와 중간파를 오히려 만들어 낸 형국이다. 당시 논쟁의 실질적인 축이 국민문학파와 프로문학파가 아니라 절충파와 프로문학파라는 점을 감안컨대,[139] 국민문학파는 1920년대 중반에 이르면 이미 담론의 현실성을 거의 상실했다고 보아도 좋겠다. 둘째는 망명파의 시각이다. 상기 세 파라고 해서 조선 바깥과 연관이 없는 것은 아니지만, 그럼에도 그들의 담론은 식민지 조선이라는 텍스트 안에 위치한다. 이에 비해 조선과 연관이 끊어진 것은 아니더라도 기본적으로 그 밖에 위치한 시각, 이를테면 민족해방운동에 투신한 재중在中 혁명가들의 눈이 독특하다. 태항산太行山에서 조선의용군으로 참전한 김학철金學鐵의 자서전에 전사한 일본군의 잡낭에서 얻은 조선 단편집을 둘러싼 흥미로운 일화가 나온다.

> 나중에 나는 그 단편집 중에서 「발가락이 닮았다」라는 매우 기발한 제목의 단편 하나를 읽어 보고 일변으로는 우스우면서도 다른 한편으로 어지간히 한심스러웠다.
>
> ….
>
> — 망국의 비운은 아랑곳없이 이따위 너절한 소설들을 쓰고 있다니!
>
> 아마도 그 개죽음을 당한 적병(수진본 임자)은 조선적籍의 무슨 지원병 따위였기가 쉽다.

139. 원종찬(2005), 「일제시대의 민족협동전선과 절충주의 문학론」, 『한국 근대문학의 재조명』, 소명출판, p.232.

> 해방 후 서울에서 사귄 이태준 · 김남천金南天 두 분과 한담을 하다가 이 이야기를 하고 "그게 대체 어느 양반의 걸작이냐?"고 물어봤더니 두 분이 박장대소를 하며 그 작자의 이름을 대주는 것이었다.[140]

상황이 교묘하다. 중일전쟁1937~1945 중 태항산 지구에서 중국 인민군이 일본군과 교전하여 일본군을 죽였다. 그 일본군은 실은 조선인이다. 그런데 그를 발견한 중국 인민군도 조선인이다. 그 인민군이 동료 김학철에게 조선인 학병이 지니고 있던 단편집을 전해 준다. 김학철이 읽어 보니 참으로 한심하다. 김학철은 해방 후에야 이태준 · 김남천으로부터 「발가락이 닮았다」1932의 작가를 인지하고 함께 웃는다. 이 혁명가의 눈에는 일본군으로 끌려와 죽은 조선인 학병, 진중에서도 앞뒤 뚜껑이 다 떨어져 나갈 정도로 그 책을 열심히 읽었던 그 조선인도, 그리고 그런 시시한 이야기를 써낸 김동인도 모두 희화화의 대상일 뿐이다.[141] 식민지적 삶을 오직 해방의 대상으로만 여기는 해외혁명파의 시각은 이 점에서 결핍이지만, 국내 세 파를 근본에서 다시 보게 함에 있어서 국내파와 함께 놓고 파악하는 겹눈을 견지하는 일은 역시 종요롭다. 나는 이런 관점 아래 프로파의 팔봉과 망명파의 단재와 절충파의 빙허를 표본으로 신문학론의 중간 결산을 점검하고자 한다.

140. 김학철(1995), 『최후의 분대장』, 문학과지성사, pp.265~266.

141. 결론부터 말하자면 「발가락이 닮았다」는 대단한 작품도 아니지만 그렇다고 시시한 작품도 아니다. 이에 대한 자세한 논의는 나의 기조 강연 「식민지 문학의 동아시아적 맥락 : 약간의 소묘」(『제국의 추억, 식민의 기억』, 인하대 동아시아한국학 국제학술회의 발제집, 2009, pp.5~7)를 참고할 것.

자율에서 타율로 : 팔봉 김기진

신문학운동이 계몽주의를 넘어 자신의 근대성을 삽시간에 확립하는 찰나에 다른 문학과 바로 맞닥뜨리는 운명은 어쩌면 가혹하다. 프로문학을 '다른 문학'이라고 표현했지만, 한편 생각하면 신문학운동의 자연스러운 귀결이기도 하다. 하여튼 1920년대 중반 이후 대세로 되는 프로문학은 신문학운동과 비연속 속에서 연속되는 이중성을 지니는바, 그 축에 팔봉 김기진이 자리하고 있는 점도 주지하는 터이다. "『백조』의 문학은 일면一面 재래 시민문학의 위기의 표현이면서 동시에 다른 새 문학의 탄생의 전조前兆였고 혹은 그것의 매개자였다."[142] 동인지 『백조白潮』1922~1923를 프로문학으로 가는 선구로서 임화가 뒷날 평가한 이 발언은 신문학과 프로문학의 접속 양상을 잘 보여 준다. 그 접속의 또 다른 매개는 종합 월간지 『개벽開闢』1920~1926인데, 조선의 개조를 목표로 사회적 발언에 적극적인 천도교天道敎 신파[143]의 주도로 창간된 이 잡지는 뒤로 가면서 갈라설지라도, 당분간 마르크스주의와 프로문학운동의 온상 역할을 맡았던 것이다. 신문학의 프로문학으로의 이동을 담당한 이 두 매체의 공통 기고자가 바로 팔봉이었다. 뒤늦게 동인에 가담한 팔봉은 새 문학의 단생을 위한 『백조』 낭만주의의 해체를 촉진하였거니와,[144]

142. 임화(2009), 「『백조』의 문학사적 의의」, 『임화문학예술전집 2』, 임화문화예술전집 편찬위원회 편, 소명출판, p.481.

143. 최린(崔麟)을 중심으로 한 신파는 일제와의 일정한 타협 아래 사회운동을 강력히 펼친바, 『개벽』을 비롯한 출판 운동도 그 일환이었다.

144. 그 자세한 경위는 다음을 참고할 것. 김윤식(1980), 『한국근대문학양식논고』, 아세아문화사, pp.48~57.

「금일의 문학 · 명일의 문학」『개벽』 44호, 1924. 2을 비롯한 대표 평론들을 『개벽』을 통해 활발하게 발표함으로써 신문학의 전신轉身을 강력히 촉구하였던 것이다. 신문학의 와해와 재생에 참여하는 과정 자체가 근대비평의 탄생으로 되는 드문 행운을 몸 받은 팔봉은 과연 1920년대 문학의 한 중심이었다.

그의 초기 비평에서 문학의 핵심 쟁점들이 직간접으로 관여한 「금일의 문학 · 명일의 문학」을 한 획으로 삼곤 한다. 이 때문에 그전에 발표된 글들, 예컨대 「떨어지는 조각조각」1923과 「프로므나드 상티망탈」1923[145]은 수필로 치부된 데서 보이듯 제대로 대접을 받지 못한 것이 사실이다. 그런데 이 세 편의 글은 서로 물고 물리면서 조금씩 앞으로 전진하는 하나의 연쇄를 이루고 있다. 「떨어지는 조각조각」과 「프로므나드 상티망탈」은 보통의 수필이 아니다. 형식이 매우 독특하다. 실질적으로 그의 처녀 평론인 「떨어지는 조각조각」은 부제 '붓은 마음을 따라'처럼 필자 마음의 행로를 따라 솟아났다 사라지는 16개의 단장斷章들을 모은 일종의 명상록이다. 그런데 단장과 단장 사이가 비통제적이다. 제목처럼 '떨어지는 조각조각'의 마음들을 있는 그대로 배치한바, 그야말로 몽테뉴적 의미의 에세다. essayer시험하다에서 따온 데서 잘 보이듯, 에세는 몽테뉴가 몽테뉴를 들여다보는 근대적 포즈 속에서 창안되었다. 저자가 곧 주제인 이중성은 그리

145. 『백조』 3호(1923. 9)에 발표된 이 글은 「프로므나드 상티망탈」(『개벽』 37호, 1923. 7)보다 뒤에 발표되었지만, 『백조』가 『개벽』보다 늦게 나오는 바람에 그리 되었으니 「떨어지는 조각조각」이 평론의 시작이다. 김기진(1988), 「작가연보」, 홍정선 편, 『김팔봉문학전집 I 이론과 비평』, 문학과지성사, p.500.

스도의 비극 속에 봉인된 비극적인 것이 중세의 붕괴와 함께 개인의 삶 하나하나에로 이월했음을 가리키는바, 신이 떠난 시대의 불확정 세계를 탐사하는 혼의 모험 속에 탄생한 새로운 장르가 바로 에세다.[146] 에세는 독서 체험을 반영하기 십상인데, 이는 근대인에게 독서가 기도의 대체라는 점을 새삼 깨닫게 한다. 이 때문에 에세는 이 불안정한 세계에서 특유의 균형 감각을 견지하는 것이다. 인용과 경구가 출몰하는 팔봉의 「떨어지는 조각조각」이야말로 에세의 첫 시도인데, 그럼에도 팔봉의 에세는 에세 특유의 균형 감각이 위험하다. 이미 현대라는 질병에 감염되었기 때문이다. 식민지 조선과 식민 모국 일본과 그가 애호한 프랑스문학, 이 사이의 간격도 간격이지만 파탄한 몽테뉴적 근대를 전복하려는 사회주의의 호출도 착종하고 있었으니, 이 부글거리는 용광로 속에서 어찌 신사적 균형만 찾을 것인가? 「떨어지는 조각조각」은 이처럼 특이한 에세지만, 숨은 중심은 문학이다. "생활의 예술화"와 "예술의 생활화"를 쌍방향적으로 몽상함으로써 새로운 삶/새로운 문학의 탄생을 기원하고 있기 때문이다.[147]

이에서 더 나아간 에세가 「프로므나드 상티망탈」이라면, 다시 이를 문학평론의 통상적 글쓰기 형태로 전환시킨 글이 「금일의 문학 · 명일의 문학」인 셈이다. 그런데 「금일의 문학 · 명

146. Erich Auerbach(1973), trans. by Willard Trask, *Mimesis*, Princeton University Press. 12장 L'Humaine Condition, pp.285~311 참조할 것.

147. 김기진(1988), 「떨어지는 조각조각」, 『김팔봉문학전집 IV 시 · 소설 · 비평』, 문학과지성사 p.340.

일의 문학」을 엄밀히 읽으면, 논리적 비약이 곳곳에 발견되는 등 그렇게 잘 짜인 글이 아니다. 오히려 「떨어지는 조각조각」과 「금일의 문학 · 명일의 문학」 사이에 든 「프로므나드 상티망탈」이 이 시기의 대표작이 아닌가 한다.

「프로므나드 상티망탈」[148]은 '감상적感傷的 산보'라는 의미의 제목에도 불구하고 「떨어지는 조각조각」에 비해 훨씬 성숙한 글이다. 기조는 물론 주정적主情的이다. 현실태로서의 식민지 조선과 그 문학에 대한 강렬한 부정에서 엿보이는 사회주의적 경향성은 거의 예언자의 윤리적 열정을 동반하고 있기 때문이다. 그런데 여기에는 또 하나의 측면이 껴묻어 있다. '프로므나드'가 환기하는 것은 모더니즘이다. 산보는 박태원朴泰遠, 1909~1987의 「소설가 구보 씨仇甫氏의 일일」1934에 이르러 우리 문학의 중심 아이콘으로 떠오른바, 팔봉은 이미 1920년대의 조숙한 산책자였다. 「프로므나드 상티망탈」이 폴 베를렌Paul Verlaine, 1844~1896의 시 제목에서 따온 데서 단적으로 드러나듯,[149] 팔봉은 일찍이 현

148. 이 글의 원제는 'Promenade Sentimental'이다. 그런데 정확히 하면 'Promenade Sentimentale'이어야 한다.

149. 베를렌의 『사투르누스 시집*Poèmes saturniens*』(1866)에 실린 동명의 시가 있음을 교시해 준 이기림 시인께 감사한다. 참고로 원문과 번역(오증자)을 들어 둔다.
PROMENADE SENTIMENTALE, "Le couchant dardait ses rayons suprêmes/Et le vent berçait les nénuphars blêmes ; /Les grands nénuphars entre les roseaux/Tristement luisaient sur les calmes eaux./Moi, j'errais tout seul, promenant ma plaie/Au long de l'étang, parmi la saulaie/Où la brume vague évoquait un grand/Fantôme laiteux se désespérant/Et pleurant avec la voix des sarcelles/Qui se rappelaient en battant des ailes/Parmi la saulaie où j'errais tout seul/Promenant ma plaie ; et l'épais linceul/Des ténèbres vint noyer les suprêmes/Rayons du couchant dans ses ondes blêmes/Et des nénuphars, parmi les roseaux,/Des grands nénuphars sur les calmes eaux."

실로부터 이룩한 상징주의에 깊이 침윤되었다. 상징주의와 사회주의 또는 자율과 타율의 길항 사이에서 흔들리는 마음을 다잡아 마침내 혁명의 길로 나설 결단에 이르는 그 고투의 내적 리듬을 풍부한 독서 과정과 함께 보이는 이 에세는, 에세를 더 전문화하면 문학비평으로 진화한다는 근대비평의 발생학을 온몸으로 증거한다. 에세는 문학평론의 어머니다. 왜 뛰어난 비평은 기도와 같은 울림을 저절로 지니게 되는지 요해了解할 터인데, 에세는 요컨대 비평의 영혼이다. 외래적 사회주의와 조선이라는 현실을 마주 세우되 자신을 그 틈으로 밀어 넣는 실존적 기투企投 과정이 충실히 드러난 이 에세야말로 문학의 축을 옮기는 기념비였던 것이다.

이 에세도 전작 「떨어지는 조각조각」처럼 단장들로 이루어진다. 총 32개의 단장을 산책하는 화자는 역시 전작처럼 그리던 서울에 돌아온 지식인이다. 그는 서울 곳곳을 산보한다. 그런데 그 산보는 실은 육체적이기보다는 정신적이다. 투르게네프Ivan Turgenev, 1818~1883와 앙리 바르뷔스Henri Barbusse, 1873~1935를 비롯한 서양 작가들의 인용과 번역과 논평으로 점철된 독서 편력이 중추이기 때문이다. 그리하여 산보 끝에 화자는 낮게 외친다. "아

「감상에 젖는 산책」, "석양이 마지막 햇살을 던지고/바람은 창백한 수련을 흔들고 있었다./커다란 수련이 갈대 사이에서/잔잔한 물 위에 쓸쓸히 빛나고 있었다./나는 홀로 방황하고 있었다./아픈 상처를 안고 연못가 버드나무 숲 사이로/거기 희미한 안개 속에/커다란 젖빛의 유령이 나타나/깃을 치며 서로 부르는 발구지의 소리로 슬피 울며/내가 홀로 아픈 상처를 안고 방황하는 버드나무 숲 사이로/짙게 내린 어둠이 창백한 물결 속에/마지막 석양빛을 잠그고/갈대 사이의 커다란 수련을/잔잔한 물 위에서 지워버렸다."

아— 서울! 너의 얼굴 우에 순서 없이 흩어 놓은 프로므나드 상티망탈의 발자욱을 이만하고 멈추어 두게 하여다고."[150] 마지막 단장은 이렇게 마감된다. 다행히 글 끝에 탈고 날짜가 적혀 있다. 5월 24일. 연보에 의하면 팔봉은 "토월회의 귀국 공연 준비의 대표로 선발되어(1923년—인용자) 5월경에 귀국"[151]했으니, 이 에세들은 바로 이 시기에 집필된 것이다. 이제 감상적 산보를 멈추고 싶다는 염원으로 맺은 이 글의 마무리는 상징적이다. 관찰하는 지식인의 고독한 산보를 끝내고 조선이라는 현장으로 투기投企하는 혁명가의 실존적 결단이 임박했음을 강력히 예고하고 있기 때문이다.

그런데 근대비평의 탄생을 가능케 한 지점 또는 포즈가 중국 망명객과는 다른 차원이기는 해도, 일본 유학생이라는 국외성에서 기원한다는 점 또한 주목되어야 한다. 그리던 조선에 돌아와서 화자는 조선의 현실에 깊이 실망한다. 특히 '좌파'에 더욱 기함한다. "소비에트, 러시아의 초롱을 들고서 매춘(원문은 매매賣賣—인용자)과 유식遊食으로 생활 방침을 만든 일본 무 아카다이콘赤大根(홍당무. 여기에서는 겉은 좌익인데 속은 그렇지 않은 사이비 좌익을 풍자하는 말—인용자)의 무리"김기진 1923 : 83가 횡행하고 있기 때문이다. 그의 눈에 비친 "서울은 독가비의 세상"김기진 1923 : 84일 뿐이다. 그리하여 "한 사람이라도 좋다"김기진 1923 : 84라고 비장하게 외친다. 이 선구자 의식은 사실 춘원과 멀리 떨어진 것이 아니거니와, 다만 이번에는

150. 김기진(1923), 「Promenade Sentimentale」, 『개벽』 37호, p.100.
151. 김기진(1988), 「작가연보」, 홍정선 편, 앞의 책(주 145), p.500.

유물론자의 귀환이라는 점이 대비된다. “생활 조직의 맨 아래층부터 근본으로 개혁”김기진 1923 : 85함으로써 새 문학이 자랄 새 생활을 창출하는 것이 급무라는 주장이 핵심이다. 그럼에도 그는 속류 유물론자는 아니다. “유물사관에 다소의 오류가 있다”김기진 1923 : 87는 점을 인정하기 때문만이 아니고, 문학예술의 사회적 또는 계급적 피구속성을 냉철히 간파해야 한다고 주장하면서도 그 궁극적 이월 가치를 중심에 두고 있기 때문이다. 이 글에 재차 나오듯이 그에게 진정한 문학예술은 “생의 본연한 요구”김기진 1923 : 88 ; 97에 충실함으로써 “최대 다수의 영성靈性과 당신네들(예술가—인용자)의 영성과의 혼연한 교향악”김기진 1923 : 88으로 상승할 때 가능하다는 입장을 취하는 것도 그렇다. 영성의 강조가 예사롭지 않은데, 문학에서 ‘힘’을 힘차게 요구하는 대목에서도 영성 또는 미美는 동행한다. “투쟁 속에서 힘을 노래하고 파괴 속에서 영성의 음악을 찾아야 하고 건설의 우에 미美를 보아야 한다”김기진 1923 : 92. 문학과 예술의 자율성이 타율성의 근본을 이루고 있는 것이다. 이 호혜적 관계를 한 몸에 실현한 시인, 즉 “최대 다수의 영혼과 자기의 영혼”을 융합한 시인이야말로 “완전한 사람”김기진 1923 : 93으로 기루어지는데, 그들은 실제라기보다는 일종의 이념형이다. 계급 없는 사회가 도래할 때 진정으로 창조적인 문학이 가능함을 본능적으로 깨달아 운동에 투신하는 혁명적 시인들의 집합적 출현을 촉구하면서도 그는 지식인의 메시아주의에 뿌리박은 모험주의를 경계한다. “격하게 하지 말자. 스사로 되는 일이다. 땅만 단단히 디디고서 한눈만 팔지 말자. 다 각각 걸을 길이다 충실히 걸어가자”김기진 1923 : 93.

"너희들이 '갈'고 너희들의 뒤에 오는 사람이 '뿌리'고 그 뒤에 오는 사람이 '거두'어야 한다. 결론을 찾기를 급히 하지 말아야 한다"김기진 1923 : 95. 왜 그는 거듭, 모험주의자들에게 의심의 눈초리를 거두지 못하는가? "모든 운동의 귀결은 결국 프롤레타리아의 손으로 돌아가는 것"김기진 1923 : 98이기 때문이다. 기독교적 비유를 사용한다면 혁명적 지식인은 세례자 요한이요, 예수는 노동계급이다. '예수의 때'와 '요한의 때'를 혼동하는 자야말로 운동의 적이다. 이 관점에서 그는 서울의 좌익을 비판한다.

> 그런데 서울에는 결론을 찾는 사람이 모여 있다. 그중에는 결론도 찾지 않고 결론의 표면의 위를 핥으려고만 하는 사람이 많다.
>
> 그렇지 않은즉 중산계급적 사회주의자가 군집하여 있다. 양반 계급자의 출몰이 비상非常하면 반드시 반동적 기운이 나타나게 된다. 더구나 그네들이 자기네끼리는 반동운동이 아닌 것으로 알고 있는 데 이르러서야….
>
> — 김기진 1923 : 98

요한이 자신을 예수로 착각하는 신사프롤레타리아 (문학)운동이 아니라 예수=노동자의 출현에 큰 희망을 거는 것은 당연한 일이다. 이 대망론이 진짜 혁명은 노동자의 몫이니 이제 지식인은 퇴장해야 한다는 교묘한 철수론이 아니라, 지금은 '요한의 때'라는 점을 깊이 자각하고 '예수의 때'를 찬찬히 예비해야 한다는 현실주의적 실천론이라는 점은 기억되어야 한다. 그런데 정작 팔봉의 촉구 속에 태어난 카프가 그의 우려에도 불구하고 소시민적 급진주의로 시종한 점은 주지하는바, 이는 카프의 책임도 적지 않지만 주로는 그 상부라고 할 일본 사회주의운동 및 코민테른1919~1943의 오류로 돌려야 할 터이다. 그럼에도 당시 사회주의운동의 국제적 복잡성 속에서도 언어가 육체에 이르는 과정에 대한 진지한 고뇌 속에 겸허한 실천론을 길어 올린 팔봉의 에세들은 춘원 이래 조선 신문학운동의 방향을 튼 비평 기계의 역할을 훌륭하게 수행하였다고 하겠다.

아나키스트의 눈 : 단재 신채호

망명 이후 국내 문단과 단절되었던 단재는 신문학운동이 전환기를 맞이한 1920년대 중반, 다시 한 번 국내 문학에 대한 개입을 시도한다. 그 대표적 평론이 『동아일보』 1925년 1월 2일자 신문에 "북경北京에서 신채호申采浩"라는 기명으로 발표된 「낭객浪客의 신년만필新年漫筆」이다. 중국에 망명한 항일 혁명가의 글이 국내 신문에 버젓이 실리는 당시의 관행이 새삼 놀랍거니와, 전집의 많은 글이 추론에 근거해 수록되었음을 상기할 때 단재의 서명이 확실한 점에서도 소중하다. 그런데 이 시기 그의 처지는 애국계몽기와 사뭇 다르다. 첫째는 국내에서 중국으로 망명한 나그네이니, 이는 낭객을 자처한 데서 잘 드러난다. '허랑하고 실속 없는 사람'이라는 그 사전적 의미 때문만이 아니라 망명객의 실상은 낭만주의와는 거리가 멀다. 더구나 상해임정上海臨政에 대한 환멸 속에 다른 해방의 출구를 암중모색한, 당시 단재가 처한 곤경을 염두에 두면 '낭객'이라는 말 자체가 아프다. 둘째는 단재가 이미 계몽주의자에서 아나키스트로 사상의 거처를 이동했다는 점이다. 최옥산은 「꿈하늘」 안에서 아나키즘 경향성을 발견함으로써 오랜 쟁점인 단재의 사상적 전이 시점을 이 작품을 집필한 1916년 여름으로 소급한바,[152] 단재는 이 평론을 집필한 1925년에 벌써 혁혁한 아나키스트였다. 그럼에도 단재의 아나키즘이 실천으로부터는 고립되기 일쑤였다는 점은 기억되어야 한다. 요컨대 국내 문학의 중심에서 활동하던 계몽주의자가 아니라 중국에서 고독한 혁명의 길을 걸은 아나키스트라는 이중의 조건이 그와 국내 문단 사이를 더욱 분절했으니, 일본 유학생과는 국외성의 질이 달랐던 것이다. 조선 근대문학이 일본 유학생들에 의해 주도되었던 특성은 식민 모국과 식민지가 그 간격에도 불구하고 하나의 텍스트임을 반증하는 것인데, 아나키스트, 그것도 중국에 망명한 아나키스트의 처지는 텍스트 바깥이라는 점을 강력하게 시사한다. 과연 단재는 일찍이 깊이 몸담았던 조선문학을 어떻게 보고 있었는가? 단재도 이 점을 의식한다. 글 제목을 해설한 제사題辭에서 "운유雲遊의 낭객이… 주제넘"[153]다고 토를 단 것도 그렇지만, 다음의 문장은 특히 두드러진다. "낭만주의, 자연주의, 신낭만주의의 구별도 잘못하는 자로(원문에는 '도'나 편집상 오류일 듯—인용자), 현대에 가장 유행하는 굉굉轟轟한 서방 문예가들의 유명한 소설이나 극본 등을 거의 눈에 대어 보지 못한 완전히 문예의 문외한이, 게다가

152. 최옥산(2003), 「문학자 단재 신채호론」, 인하대 박사논문, p.27.

153. 「낭객의 신년만필」(2008), 『단재신채호전집 제6권 논설 · 사론』, 독립기념관 한국독립운동사연구소, 2008, p.583. 인용문은 신문본과 대조해 현재 맞춤법으로 다듬었다.

10여 년 해외에 앉아 조선 문단의 소식이 격절隔絕하여 무삼 작품이 있는지 얼마나 났는지 어떤 것이 환영을 받는지 알지 못하니 어찌 조선 현재 문예에 대하야 가부를 말하랴"「낭객의 신년만필」 2008 : 588. 문학론의 성격이 강한 7~8장에 주로 나타나는 이 머뭇거림은 주목되어야 할 자질이지만, 그럼에도 불구하고, 아니 그 주저조차 망명한 혁명가의 예언자적 목소리를 구성하는 일부라는 점을 잊을 수는 없겠다.

'1장 도덕과 주의의 표준'에는 저 유명한 명제가 등장한다. "석가釋迦가 들어오(원문에는 '보'이나 '오'의 오식—인용자)면 조선의 석가가 되지 않고 석가의 조선이 되고 공자가 들어오면 조선의 공자가 되지 않고 공자의 조선이 되며 무삼 주의가 들어와도 조선의 주의가 되지 않고 주의의 조선이 되랴 한다." 왜 조선은 이런 "노예의 특색"을 지니게 되었는가? 조선인이 "이해利害 이외에서 진리를 찾"기 때문이라는 것이다. 단재는 단언한다. "인류는 이해 문제뿐이다. 이해 문제를 위하야 석가도 나고 공자도 나고 예수도 나고 마르크스(Karl Marx, 1818~1883—인용자)도 나고 크로포트킨(Peter Kropotkin, 1842~1921—인용자)도 났다"「낭객의 신년만필」 2008 : 583. 단재는 케케묵은 정신사관의 국학자가 아니다. 이미 진리라는 상부구조의 비닥에 이해라는 물질적 관계가 자리하고 있음을 냉철히 파악한 리얼리스트다.

'2장 이해利害와 권형權衡'은 1장의 부연이다. 여기서 그는 두 가지 이해, 즉 "소극적 방면에서 타산한 이해"와 "적극적 방면에서 타산한 이해"를 구분한 뒤, 친일매국한 이완용李完用, 1848~1926과 항일순국한 계정 민영환桂庭 閔泳煥, 1861~1905을 각각의 예로 든다. 그런데 후자를 대표하는 단체로서 "성공한 노서아露西亞의 공산당"과 "실패한 애이란愛爾蘭(아일랜드 — 인용자)의 싱픈당(Sinn Fein黨 — 인용자)"을 나란히 거론한 것이 재미있다. 을사조약 체결에 대한 항의로 자결한 계정과 고초 속에서도 아일랜드 독립운동을 이끌어 가는 신페인당을 들어 올림으로써 단재는 "단거리 이내에서는 실패뿐 사망뿐"일지라도 "아니할 수 없는 일"에 차마 나서지 않을 수 없는 법이라고 침통히 지적한다「낭객의 신년만필」 2008 : 584. '소극적 이해' 밖에 '적극적 이해'를 상정하여 이기심을 넘어 이타성을 발휘할 인간적 가능성에 대한 신뢰를 견지케 한다는 점에서, 적극적 이해야말로 현실적 비관으로부터 단재를 구원한 희망의 정수박이일 것이다. 그럼에도 정의감의 원천인 이타성조차 근본적으로는 이해, 즉 이기심의 발로라는 점을 묻어 둔 단재의 냉정은 인상적이다.

'3장 병을 따라 약을 쓰자'의 열쇳말은 '계급제'이다. 조선에 고대부터 계급이 엄존하여 그를 해결하려는 "반역 혁명"이 자주 출몰하였으나 "매양 반혁명적 외구外寇 때문에 붕괴됨"을 몽골의 침략과 "임진란"[154]을 예로 들어 통탄한다. 그리하여 단재는 "사회 진화의 경로를 개척하랴는 혁명"의 길에 외세, 특히 당시의 일제가 얼마나 큰 장애를 조성하는가를 넌지시 암시하는 것이다. 그는 당대 조선에 절망한다. "이제 송곳 모호로 박을 땅도 없이 타인에게 빼앗기고 소수의 소상업가들은 선진국

154. 과연 이 표현을 단재가 사용했는지 의문이다. 물론 단재가 스스로 국내 신문의 검열을 의식하여 그리 썼을 수도 있지만, 이 글 곳곳에 문맥이 동뜨는 문장 내지 문단이 발견되는지라 아마도 신문 편집자가 '임진왜란'을 '임진란'으로 수정했을 가능성이 없지 않다.

생산품의 수입을 소개하는 중간에서 떨어지는 밥풀을 주워 먹게 되고 경찰과 군대가 끊임없이 위압을 주는 판에서 사회의 조직부터 개혁하랴 함은 너무 우거愚擧가 아닌가 한다." 이처럼 인민은 도탄에 빠지고 토착 자본가는 외국 자본의 매판으로 이탈한 상태에서 점진적 개혁은 난망難望이라고 판단한 단재는 "소작인의 운동", 즉 농민운동에 유일한 희망을 가탁한 채 이 장을 맺는다「낭객의 신년만필」 2008 : 585. 아무래도 식민통치에 예민한 3장은 신문 편집자에 의해 수정 또는 생략된 부분이 적지 않은 듯한데, 어디에도 희망을 찾을 수 없는 국내 상황을 침통히 응시하며 판을 전복하는 혁명만을 꿈꿀 수밖에 없는 단재의 내면 풍경이 스산한 바 없지 않다.

'4장 유산자보다 나은 무산자의 존재를 잊지 마라'는 "연전年前 상해上海에서 『민중民衆』이란 주일 신문週日新聞에 어떤 문사가 이러한 논문을 썼다"로 시작된다. 그 요지는 무엇인가? 조선인 유산자는 일본인과 같고 일본인 무산자는 조선인과 같다는 것이다. 이에 대해 "유산계급의 조선인이 일본인과 같다 함은 우리도 승인하는 바이니와 무산계급의 일본인을 조선인으로 본다 함은 몰상식한 언론"이라고 단재는 강력히 비판한다「낭객의 신년만필」 2008 : 585. 일본인 무산자의 뒤에는 일본제국이 있으니, 조선에 이식한 일본인 무산자는 "식민殖民의 선봉"이라는 점에서 더욱이 그렇다는 것이다. 여기서 더 나아가 모든 일본인 활동가들을 "기실 정부가 민중으로 변"한 위장이라고 극론한다「낭객의 신년만필」 2008 : 586. 사회주의자 가타야마 센片山潛, 1859~1933이나 사카이 도시히코堺利彦, 1871~1933조차 극우적 흑룡회黑龍會, 고쿠류카이 계통의 오가키 다케오大垣丈夫, 1862~1929와 한통속으로 보는 것은 문제이기는 하지만, 단재의 비판도 경청할 면이 분명히 존재한다. 아나키스트로 이동했어도 단재는 국적을 잊지 않은 셈인데, 일본이기 때문에 이 문제가 더 예각적으로 돌출했을 가능성이 없지 않다. 그런데 단재가 읽고 비판한 글이 실린 매체가 『민중』이라는 점이 흥미롭다. 발기인으로 바진巴金, 1904~2005이 포함된 데서 드러나듯 아나키즘을 표방한 『민중』[155]의 독자로서 단재는 중국인의 조선 문제에 대한 상대적 무심에 격동되었는지도 모르겠다. 하여튼 아무리 계급이 기본이어도 민족 문제를 쉽게 넘어가서는 안 된다는 단재의 충정이 아슬하다.

'5장 신청년도 도로 구청년이 아니냐'는 신청년에 대한 비판이 핵심이다. "더 죽일 것도 없"는 구청년은 차치하고 "신청년들은 산 것이 무엇이냐?"라고 단재는 고쳐 묻는다「낭객의 신년만필」 2008 : 586. "구청년의 과대광망誇大狂妄" 못지않은 신청년의 "소극적 부인否認"을 지적하며 "신시, 신소설의 도피 생애로 일생을 마치려는 신청년의 심리"를 통탄해 마지않는 것이다「낭객의 신년만필」 2008 : 587. 조선 신청년의 행태에 대한 정보를 단재는 어디서 얻은 것일까? 단재가 망명지 중국에서도 국내 신문·잡지, 예컨

155. 이는 내 강의에 출석한 중국 학생 떠우취앤샤(竇全霞)가 밝혀낸 것이다(2011. 3. 23). 그런데 연대가 맞지 않는다. 『민중』이 1925년 7월 14일부터 1925년 9월 11일까지 반월간으로 발행된 잡지라는데, 단재의 이 글은 1925년 1월 2일에 발표되었기 때문이다. 더구나 단재는 그 글을 "연전", 즉 몇 해 전에 읽은 주일 신문이라 했으니 더욱이 그렇다. 『민중』의 전신인 『정의일보(正義日報)』일지도 모르겠다. 그는 기말 리포트에서 이 밖에 『민중주간(民衆周刊)』(베이징에서 1924년 12월에 창간된 주간지)과 『민종(民鐘)』(1922년 설립된 민종사에서 발행한 무정부주의 잡지)을 들었다. 앞으로의 과제다.

대 『매일신보』·『학지광』·『청춘青春』 등에 유념했다고 하는데,[156] 여기서도 "이삼백 명 유학생의 사회에서 매삭每朔 삼사 원의 비용을 들이어 간행하는 10여 장의 속쇄판速刷版 잡지"「낭객의 신년만필」 2008 : 586~587가 특별히 언급될 정도다. 이는 아마도 일본 유학생 기관지 『학지광』이기 십상이거니와, 1910년대가 주요한 활동기이기 때문에 이에 근거한 단재의 판단은 시효가 지난 것이라고 할 수 있겠으나, 이 시간 지체를 감안하더라도 아나키스트의 눈에 비친 신문학운동 역시 오십보백보에 지나지 않을 터이다. 그리하여 단재는 신청년들에게 호소하는 것으로 장을 맺는다. "크로포트킨의 「청년에게 고하노라」라는 논문의 세례를 받자"「낭객의 신년만필」 2008 : 587. 당시 중국과 조선의 아나키스트들에게 강한 영감을 선사한 크로포트킨의 「청년에게 고하노라*An Appeal to the Young*」1880는 의사·변호사·과학자 그리고 문학가를 꿈꾸는 지식 청년들에게 그들의 재능을 진정한 평등과 진정한 자유의 세상으로 인도할 혁명을 위해 사용할 것을 호소한 짧은 에세이인데, 특히 문학예술을 지망하는 청년들에게 부르주아 사회의 문학예술이 필연적으로 겪을 타락으로부터 구원되기 위해서 혁명의 중추인 노동대중과 함께 "그들 노동의 열매를 마음껏 즐기기 위해, 그들 능력의 완전한 발전을 위해"[157] 고투해야 한다는 메시지가 단재의 문학론에 어떤 울림으로 반향되었을지 흥미롭다.

156. 구장률(2010), 「낭객 신채호와 정명의 문학」, 『민족문학사연구』 44호, p.79.
157. 크로포트킨(2003), 「청년에게 호소함」, 성정심 옮김, 『자율평론』 6호, p.188.

'6장 통척痛斥할 사회의 양대兩大 악마'는 조선 사회가 극복해야 할 두 폐해에 대한 토론이다. 첫째는 '형식화'다. 그는 "한성漢城 말년 가가효자家家孝子 인인충신人人忠臣의 사회가 마침내 소수의 적신賊臣을 주멸誅滅하지 못하"였음을 뼈아프게 돌아보면서, "정신없는 형식"으로 떨어진 주의主義의 무기력함을 통탄한다. 문제는 "주의대로 명사名詞대로 혈전血戰"하는 정신의 분투인 것이다「낭객의 신년만필」 2008 : 587. 그런데 그가 유교의 붕괴를 승인하면서도 그 전체를 몰밀어 부정하지 않는다는 점이다. 기묘사화1519에 대한 평가가 흥미롭다. "조정암趙靜庵, 김충암金冲菴 등 기묘선현己卯先賢[158]의 왕래한 서찰과 그들의 행사를 보면 수천 년 구속舊俗을 소탕하고 공자 교화의 이상국을 건설하랴던 진성眞誠과 세력을 탄복할 만하다"「낭객의 신년만필」 2008 : 587. 형식화로 흘러들기 전의 유교가 지녔던 개혁적 비전에 대해 높이 평가하고 있어 오히려 국내에서 활동할 때보다 유학의 핵심에 대해 긍정적으로 변화한 점이 눈에 띄거니와, 아나키즘으로 이월하면서 민족주의/국수주의가 이완된 덕일 것이다. 둘째는 "왼 조선 사람이야 다 죽든 말든 나 한몸 한 가족이나 살면 그만"이라는 "피란의 심리"다. "불평등한 이 세계를 한번 뒤집어 모든 동포가 더 행복을 누리자는 심리"를 파괴하는 이 지독한 비공공성을 단재는 『정감록鄭鑑錄』에 가탁하여 공격한바, 학교와 문단과 신문사마저 "『정감록』의 청학동青鶴洞" 또는 "『정감록』의 철옹성"으로 변모

158. 기묘사화에서 화를 입은 정암 조광조(靜庵 趙光祖, 1482~1519)와 충암 김정(冲菴 金淨, 1486~1520)을 비롯한 개혁적 사림을 가리킨다.

했다는 지적이 날카롭다「낭객의 신년만필」 2008 : 587. 역시 단재는 기본적으로는 일체의 개혁을 부정하는 혁명론자인 것이다. 이 장의 맺음 또한 급진적이다. "우右의 양 대전兩大戰에 성공하면 그 다음 위선위악爲善爲惡은 오히려 문제가 아니니 선과 악은 절대적이 아니오 상대적인 고로 악이 없으면 선도 없는 까닭에 사회를 위하야 공을 못 이루거든 차라리 죄라도 지어라 할 것이다"「낭객의 신년만필」 2008 : 588. 그게 설령 악일지라도 모든 행동은 모든 비행동보다 낫다는 이 극언의 내면은 사실 착잡하다.

'7장 문예운동의 폐해'는 그의 눈에는 청학동과 다름없는 당시 국내 문단에 대한 공격이 핵이다. "3 · 1운동 이후 가장 현저히 발달한" 문예운동의 성황이 "다른 운동의 초멸剿滅"「낭객의 신년만필」 2008 : 589을 야기할지도 모른다는 요지인데, 그 논거가 『향도嚮導』에 실린 평론이다. "일반 학생들이 신문예의 마취제를 먹은 후로 혁명의 칼을 던"「낭객의 신년만필」 2008 : 588졌다는 대의의 글이 실린 『향도』는 또 어떤 매체인가? 1922년 9월 13일 상하이에서 창간된 주간신문 『향도』는 중국공산당1921년 창립의 첫 기관지로 차이허썬蔡和森, 1895~1931이 주필, 천두슈와 취추바이瞿秋白, 1899~1935가 편집위원으로 참여하였다.[159] 그런데 그 글이 『향도』 12기1922. 12. 6에 실린 장궈다오張國燾, 1897~1979의 「정치에 있어서 지식계급의 지위와 책임」이라는 점이 더욱 흥미롭다.[160] 5 · 4운동의 학생 지도자로서 아나키스트에서 마르크스주의로 진화, 중국공산당에

159. 최옥산(2003), 앞의 논문(주 152), p.59.

160. 이는 내 강의에 출석한 중국 학생 왕옌리(王艶麗)가 기말 리포트에서 밝힌 것이다. 원제는 '知識階級在政治上的地位及其責任'이다.

참여한 장궈타오는 이후 열렬하게 조직 활동에 전념했지만, 마오쩌둥毛澤東, 1893~1976과 갈등하다가 1938년 결국 국민당으로 전향한 인물인데, 이 글을 집필할 당시에는 신문학운동이 학생들을 운동으로부터 이탈시킨 마취제라고 비판할 정도로 엄격한 원칙론자였다. 단재가 아나키즘의 『민중』뿐만 아니라 공산주의의 『향도』도 읽었다는 점이 흥미로운데, 물론 『향도』의 그 평론에 전적인 지지를 보낸 것은 아니다. "중국은 광대침흑廣大沉黑한 대륙인 고로 한 가지의 풍조로써 전국을 멍석말이할 수 없는 나라"「낭객의 신년만필」 2008 : 589임을 잘 알고 있다. 그러니까 『향도』의 그 필자의 주장은 과장이다. 그럼에도 단재는 왜 이 논리를 조선에 끌어오는가? "조선은 청명협장淸明狹長한 반도인 고로 한 가지의 운동으로 전사회를 곶감꼬치 꿰듯 할 수 있는 사회"「낭객의 신년만필」 2008 : 589이기 때문이다. 그의 어법을 빌려 다시 이야기하면 '조선의 문학'이 되지 아니하고 '문학의 조선'이 될까 저퍼서 지레 경고를 발하던 것이다.

과연 "순예술주의자"「낭객의 신년만필」 2008 : 589들을 공격하는 것으로 시작되는 '8장 예술주의의 문예와 인도주의의 문예에 어떤 것이 옳은가'는 그의 속셈을 그대로 드러낸다. 혹 현실을 봉인하는 자율파 문학이 식민지 사회를 석권할지도 모를 징조 앞에서 단재는 순예술주의를 비판해 마지않는다. 그런데 그가 천박한 공리주의자가 아님을 요해해야 한다. "자自의 존재할 목적이 없이 타他의 무엇을 위하야 존재한 줄로 단정한 누 백 년래 노예사상에 대한 반감으로… 나는 곧 예술지상주의를 찬성하랴고 하였다"「낭객의 신년만필」 2008 : 589. 미적 자율성론에 대한 일정한 이해도 이해려니와, 개체의 천부적 독자성을 옹호하는 아나키스트로서 그는 문학예술의 '무목적의 합목적성'을 승인하는 것이다. 물론 무조건적 승인은 아니다. "예술주의의 문예라 하면 현 조선을 그리는 예술이 되어야 할 것"「낭객의 신년만필」 2008 : 589이라는 단서 아래 "조선을 구救하는 인도人道가 되어야 할" 인도주의의 문예 곁에 배치하는 것이다. 인생파 문학을 중심으로 예술파 문학을 포용한 단재의 구도는 의외로 온건하다. 왜 그는 혁명문학을 주장하지 않는가? "구주 각국에는 매양 문예의 작물이 혁명의 선구가 되였다 하나 이는 그 역사와 환경이 다른 까닭이니 조선의 현재에 비할 것이 아니다"[161]「낭객의 신년만필」 2008 : 590. 식민지 조선에서는 시기 상조라는 판단에서 혁명문학의 주창을 자제한 듯한데, 이 글은 확실히 국내와 시차가 감지된다. 알다시피 이 글이 발표된 1925년이면 국내 문학은 이미 카프 전야이기 때문이다.

사족이지만, 문예열 때문에 혁명운동이 쇠퇴한다는 『향도』풍 주장이 루쉰을 표적으로 삼기 일쑤였다는 점을 감안해야 한다. "내 책 『방황』, 『들풀野草』이 아직도 읽히고, 내가 내는 『위쓰語絲』라는 잡지가 여전히 간행되고 있어서 혁명이 이렇게 성공하지 못하고 있고, 청년들이 혁명에 게으름을 피우고 있다"는 "금년(1928년—인용자) 혁명문학계의 여론"에 대해 루쉰은 말한다. "나는 이 여론에 화가 나기도 하고 웃기기도 하지만, 한편

161. 이 문장이 8장의 결말인데, 아무래도 뒤가 삭제된 듯하다. 이 글 전체의 매듭이기도 한 문장을 이렇게 허술하게 끝맺을 수는 없기 때문이다.

으로는 즐겁기도 합니다. 설사 혁명을 정체시키고 있다는 죄를 얻기는 했어도, 청년들을 유인해서 죽게 했다는 마음의 자책은 면할 수 있기 때문입니다."[162] 루쉰이 좌우 양측으로부터 협공당한 것은 주지하는 터인데, 특히 후자의 경우 일부 급진주의자들의 공격은 집요하기 짝이 없었다. 물론 단재의 비판을 그런 풍과 그대로 일치시킬 수 없는 것이지만, 『향도』의 주장에 공감을 표한 일이 그후 국내 문학의 진전과 어떻게 맞물리는지를 알았더라면 아마도 단재 자신 당황을 금치 못했을지도 모른다. 과연 카프도 그러한 급진주의의 와중으로 휩쓸려 들어갔다. 안에서는 팔봉이 사회주의자로서, 그리고 밖에서는 단재가 아나키스트로서 신문학의 혁명적 전환을 촉구한 것은 아마도 필연의 소산일 것이다. 이와 함께 문학의 타율성은 다시 우리 문학의 축으로 귀환했다. 그럼에도 더 문학 내적인 팔봉은 물론이고 단재조차 문학의 자율성에 대한 인식은 공감각으로 자리 잡고 있었다는 점을 망각할 수 없겠다.

중도의 길 : 빙허 현진건

일본 유학생 출신 사회주의자 팔봉의 촉구와 아나키스트 중국 망명객 단재의 비판에 오로지 말미암은 바는 아니겠지만, 신문학운동은 1920년대 중반 무렵 빠르게 급진화의 길로 들어선다. 카프의 출현1925은 그 단적인 지표다. 계급문학파의 대두를

162. 루쉰(2003), 『아침꽃을 저녁에 줍다』, 이욱연 편역, 예문, p.265.

계기로 국민문학파가 결집하고 양 파의 논쟁 과정에서 절충파가 등장한 점은 주지하는 바이거니와, 절충파는 위치의 불투명성으로 그동안 제대로 대접을 받지 못하였다. 좌우 합작과 관련하여 절충파의 독자성을 밝힌 원종찬의 「일제시대의 민족협동전선과 절충주의 문학론」1992이 아마도 거의 유일한 업적일 터인데, 절충파의 외연은 의외로 좁지 않다. 절충파를 자처한 비평가는 무애 양주동无涯 梁柱東, 1903~1977에 국한되지만, 국민문학파이면서도 실질은 절충파로 활동한 문인도 없지 않았다. 횡보가 대표적이다.

그런데 이뿐만이 아니다. 국민문학파로 분류된 작가 가운데 절충파적 견해를 지닌 이가 꽤 있다. 빙허 현진건이 그럴듯하다. 1920년대 중반에 발표된 일련의 수상은 국민문학과 계급문학에 대한 중도中道적 파악을 명쾌히 밝힌 문서로 기억되어 마땅한 것인데, 단재의 후배요, 팔봉의 선배로서 신문학운동을 추동한 원년 멤버의 하나라는 맥락으로 더욱 종요롭다. 물론 빙허의 내재성을 과도히 강조할 필요는 없다. 그 또한 신문학운동에 참여하기 직전 일본과 중국을 두루 체험한 유학생이요, 나그네였기 때문이다.

이 시기 빙허의 글 가운데 문학론으로서 수복할 것은 「이러쿵저러쿵」『개벽』 44호, 1924. 2, 「물꽃 돋는 대로」『동아일보』 1926. 1. 1, 「조선혼과 현대정신의 파악」『개벽』 65호, 1926. 1 이상 세 편이다.[163] 「이러

163. 이에 대해서는 이미 석사논문 「현진건연구」(1975)에서 다룬바[최원식(1999), 『한국 근대문학을 찾아서』, 인하대출판부, pp.62~66 참고], 이번에 중도적 관점에서 새롭게 읽고자 한다.

쿵저러쿵」은 발표 당시 수상隨想이라는 이름을 달았고, 「물꽃 돋는 대로」 또한 신년호 신문에 장르명도 없이 발표되었고, 「조선혼과 현대정신의 파악」은 '신년의 문단을 바라보면서'라는 소특집을 구성하는 짤막한 산문의 하나로 실렸다. 이 때문에 소설가가 쓴 잡문 정도로 취급되기 안성맞춤이지만, 특히 「이러쿵저러쿵」은 지금 읽어도 오히려 새로워 우리 신문학의 골자를 요약한 평론으로 모자람이 없을 정도다.

세 편 가운데 가장 긴 「이러쿵저러쿵」은 팔봉의 「프로므나드 상티망탈」풍이다. 후자가 일시 귀국한 유학생의 서울 산보를 축으로 한다면 전자에는 장소성이 사라진다. 순전한 정신의 산책으로 이루어진 것이다. 그럼 빙허의 자유로운 지적 산보의 행로를 따라가 보자.

첫 번째 주제는 "사람이란 먹으랴고 사는 게 아니라 살랴고 먹는 것이라Mann(원문에는 Man으로 쓰여 있으나 오기인 듯 — 인용자) lebt nicht um zu essen, sondern ißt um zu leben"[164]는 독일 속담에서 시작되는 데서 짐작할 수 있듯이 먹는 문제다. 그는 "시방 효연소연囂然騷然히 전 세계를 울리고 움직이고 뒤흔드는" "빵의 분배 문제"빙허 1924 : 116, 즉 사회주의 문제를 외면하지 않는다. 그럼에도 빙허가 소비에트혁명으로 대표되는 '20세기 사회주의'에 공감한 것은 아니다. 이 장을 마무리하는 삽화가 버나드 쇼George Bernard Shaw, 1856~1950의 『인간과 초인*Man and Superman*』1903에 나오는 장면, 즉 "부자 놈

164. 빙허(1924), 「이러쿵저러쿵」, 『개벽』 44호, p.116. 인용문은 현대 맞춤법에 맞추어 손보았다.

을 벗겨 먹기로 위업爲業하는 도적"이라는 산적의 외침에 "가난뱅이를 벗겨 먹기로 위업하는 부자"빙허 1924 : 117라고 응답하는 "신랄한 풍자"빙허 1924 : 117라는 점에 유의할 필요가 있다. 빙허는 자본주의 사회의 계급 모순을 비혁명적 방법으로 해결하려는 쇼의 페이비언 소셜리즘Fabian socialism에 공명한 것인가? 러시아 어느 단편의 도적 이야기를 다시 부연한 2장을 감안컨대 더욱 그렇다는 느낌이다. 부잣집 문파수가 도둑을 잡자 "우리 도적은 너의 직업을 얻어 준 은인"빙허 1924 : 117이라는 궤변으로 풀려나는 줄거리도 『인간과 초인』에 나오는 그 장면과 상통한다. 이 점에서 '먹으려고 사느냐, 살려고 먹느냐'라는 우문에 대해 "사람은 먹어야만 산다"빙허 1924 : 116는 제3의 응답을 제시한 빙허는 '현자'다.

두 번째 주제는 "인생은 짧고 예술은 길다"빙허 1924 : 118는 명제다. 예술가들을 매혹하는 이 말이 특히 조선에서는 각별하다는 점을 그는 강조한다. 왜? 조선의 예술가들은 식민지의 경제적 열악성으로 말미암아 "물질로나 명예로나 영零에 가까운 보수밖에 기대할 수 없"빙허 1924 : 118을 뿐 아니라, "턱 없는 빈정거림과 까닭 없는 비웃음"빙허 1924 : 118까지 참아 내야 하기 때문이다. 이 유일한 구원의 발씀은 과연 참인가? "한 사람의 호마, 한 사람의 셰익스피어의 이름이 떠오른 밑에는 기천기만幾千幾萬의 무명 시인과 무명 작가가 소리 없이 자취 없이 쌓인 것이다"빙허 1924 : 119. 그런데 문제는 호메로스와 셰익스피어도 사라질 수 있다는 점이다. "태양의 열이 점점 식어지면 따라서 지구도 식어질 것이요, 나중에는 사람이 절종絶種이 되고 말 것이다. 그러나

땅속에 있는 지렁이는 뜻밖에 살아갈는지 모른다. 그러면 셰익스피어의 희곡과 미켈란젤로의 조각이 지렁이에게 치소嗤笑(빈정거리며 웃음—인용자)를 받을는지 누가 알랴" 빙허 1924 : 119. 아나톨 프랑스Anatole France, 1844~1924의 풍자[165]를 인용함으로써 빙허는 예술의 유한성을 해학적으로 수용하는데, 더 근본적으로는 "사람이 짧고 예술만 길면 그야말로 무용의 장물長物" 빙허 1924 : 119이라고 생각하기 때문이다. 그리하여 "금세今世의 부귀영요富貴榮耀를 백안시하는 김에 아주 내세의 아름다운 기대도 단념" 빙허 1924 : 119하자고 나직이 외침으로써 과거와 미래로부터 절단된 냉혹한 '오늘의 예술론'을 펼치던 것이다.

셋째 주제는 무엇인가? 예술적 가치와 내용적 가치라는 해묵은 쟁점이다. 그런데 여기에 기쿠치 간菊池寬, 1888~1948의 평론과 로맹 롤랑Romain Roland, 1866~1944의 소설을 예로 드는 점이 주목된다. 자연주의적 사소설에 반발하며 윤리의 문제를 심각하게 사유한 신사조파新思潮派의 경향을 보인 전자[166]나 에밀 졸라Émile Zola, 1840~1902와 함께 드레퓌스사건의 비판자로 활동하면서 민중예술론을 펼친 후자 모두 독자적 사회성을 추구한 작가들이었거니와, 빙허 또한 이 쟁점에 대한 명확한 입장을 밝힌다. "예술이 예술 되는 소이연은 거기 예술적 표현의 유무에 따라서 결정될 것이로되, 그 결정된 예술이 인생에 대하야 중대한 가치가

165. 그는 프랑스를 뒤흔든 드레퓌스사건(L'affaire Dreyfus. 1894년 체포되어 1906년 무죄 확정)을 계기로 사회주의로 나아갔다가 제1차 세계대전 이후 회의주의로 돌아섰는데, 이 풍자는 회의주의 시절의 발언일 것이다.

166. 최원식(1999), 「현진건연구」, 앞의 책(주 163), p.63.

있느냐 없느냐는, 오로지 그 작품의 내용적 가치, 생활적 가치를 따라서 결정될 것이라 생각한다"빙허 1924 : 120. 빙허는 예술적 가치와 내용적 가치 가운데 전자를 우선한다. 전자가 충실하지 않으면 예술로서 성립하지 않기 때문이다. 전자는 일종의 전제조건이다. 그 예술이 예술 바깥으로 이월하기 위해서는 내용적 가치 또는 생활적 가치가 발현되어야 하는데, 내용적 가치를 생활적 가치로 바꾸어 부른 점이 재미있다. 왜 생활적 가치인가? "생활이 제일이오, 예술이 제이"빙허 1924 : 121이기 때문이다. 빙허는 시종일관 '예술'을 '생활'로 견제하되 '생활'이 '예술'을 간섭하는 데는 반대한 중도다. 자율을 존중하되 자율의 궁극에 타율을 두기 때문이다. 입센Henrik Ibsen, 1828~1906의 근대극과 톨스토이Lev Tolstoy, 1828~1910의 작품이 "일대의 인심을 진동시킨 이유의 하나는 그 속에 있는 사상의 힘이다. 그 예술만의 힘이 아니니"빙허 1924 : 120라는 주장에서 분명히 드러나듯, 자율론과 타율론의 양분법을 자율적 타율론이라는 중도로 가로지름으로써 오랜 논쟁을 종결짓는다.

넷째 주제는 표현론이다. "체호프의 자료가 무한하다면 아란포의 자료도 무한할 것이다"빙허 1924 : 121. 일상적인 소재를 즐기는 체호프Anton Chekhov, 1860~1904나 비일상적인 소재를 다루는 포Edgar Allan Poe, 1809~1849나, 소재의 무한성에서는 같다는 빙허의 발언은 무엇을 겨냥하고 있는가? "금을 모래 속에서 찾아내었다고, 모래가 모조리 금이 되는 것은 아니다"빙허 1924 : 121라는 언급에서 짐작되듯이, 문제는 금을 금으로 만들어 내는 예술적 솜씨다. 그런데 이 솜씨마저 단지 예술적인 것만을 가리키지 않는다는 점에 또한 유의해야 한다. "오늘날의 우리는 오늘날의 인생에게 가장 귀한 것을 만들어 낼 일이다"빙허 1924 : 121. 예술적 가치는 생활적 가치와 동전의 양면을 이루고 있거니와, 그 핵심에 어제도 아니고 내일도 아닌 오늘이 실존한다. 빙허는 다시 '오늘의 예술론'으로 이 수상을 맺는다.

> 뒷걸음쳐서 선인先人이 점령한 곳을 베집고 한몫을 보랴는 것도 추접스러운 일이지만, 그렇다고 왕청 뛰게 발을 날려서 후인後人의 설 자리를 디리 차지하랴는 것도 그리 거룩한 일이 아니다. 제가 서 있는 자리—이날 이때에 제가 서 있는 제 땅을 할 수 있는 대로 힘 있게 밟아서 깊고 굵직한 족적足跡을 남길 따름이다.
>
> —빙허 1924 : 121

「물꽃 돋는 대로」는 '물결 이는 대로'라는 뜻이다. 생각의 물결 따라 산보하는 이 수상 또한 「이러쿵저러쿵」의 연장이다. 「이러쿵저러쿵」과 달리 프로문학에 대한 비판이 도드라지는데, 카프 결성 이후 문단을 석권한 프로문학에 대한 빙허의 착잡한 심경이 얼비친다. "문학의 도덕성은 지상지고至上至高한 시대 양심을 파악해야 한다. 그런데 현대문학은 이 시대 양심을 사회주의사상한테 빼앗기고 말았다. 여기 현대 작가의 고민이 있고 비애가 있는 것이다."[167] 사회주의가 시대의 양심이라는 점에 공감

167. 빙허(1926), 「물꽃 돋는 대로」, 『동아일보』 1926. 1. 1. 원문을 현대 맞춤법에 의거 약간 손질했다.

함에도 왜 빙허는 동참하지 않는가? 사회주의라는 "이 위대한 인생의 꿈은 벌써 싸늘한 유리 시험관 속에 들고 말았다"라고 단언하는 데서 보이듯, 그는 이미 소련의 실패를 예견한다. 그런데 이는 심정적 거부에 가깝다고 판단되거니와, 프로문학에 대한 태도에도 유사하게 드러난다. 프로문학의 대의에 근본적으로 동의하면서도 당시 카프의 관념적 급진주의에 대해서는 냉소적이다. "프롤레타리아 문학이란 글자 그대로 프롤레타리아 자신의 문학이라야 한다. 그런데 프롤레타리아의 즐겨 할 듯한 문학, 프롤레타리아의 이익이 될 듯한 문학을 가지고 뱃심 좋게 프롤레타리아 문학이라고 어깨를 뽐내는 군이 많다." 프롤레타리아트와 현실 작가 사이의 거리를 성찰하지 않은 '신사 프로문학'의 횡행을 지적한 것은 수긍할 만하지만, '프롤레타리아 자신의 문학'이라는 원칙을 과도하게 강조하는 것은 사실 거절에 다름 아니다. 머리로는 동의하고 가슴으로는 부정하는 착종에 빠진 「물꽃 돋는 대로」는 그리하여 「이러쿵저러쿵」의 후퇴다. 그럼에도 「이러쿵저러쿵」에서 전개된 '오늘의 예술론'을 다시 확인한 「물꽃 돋는 대로」의 결론은 유의함 직하다. "작일昨日문학의 화석에는 덮어 놓고 찬미를 말지 않는 군도 딱하거니와 명일明日문학의 신기루에 딕없는 기염을 올리는 군도 그리 끔찍한 것은 아니다." 빙허는 여기서 당시 국민문학을 '작일문학'으로, 또 프로문학은 '명일문학'으로 요약하면서 "현재를 움켜쥘" "금일今日문학"을 선언한바, 문학적 중도의 길은 더욱 또렷해진 셈이다.

「조선혼과 현대정신의 파악」은 조선문학에 대한 새해 희망을 토로한 짧은 산문이다. 프로문학에 대한 직접적 비판을 자제하면서, "이날 이때에 제가 서 있는 제 땅"이라는 「이러쿵저러쿵」의 화두를 '조선혼'과 '현대정신'으로 뭉뚱그린 이 산문은 빙허 문학론의 총결이라 해도 지나치지 않다. 현대정신은 빙허가 줄곧 강조한 '오늘'과 연관될 터인데, '현대문학'과 한 쌍을 이루고 있는 점에 주목해야 한다. "현대문학인 다음에야 현대의 정신을 힘 있게 호흡해야 될 줄 안다."[168] 아마도 '현대문학' 또는 '현대'라는 말의 이른 용례로 보이거니와, **'조선문학은 현대문학'**이라는 명제는 동시대의 온 세상과 호흡하는 세계문학을 염두에 두었던 듯하다.

다른 열쇳말 조선혼은 무엇을 가리키는가? "시간과 장소를 떠나서는 아무것도 존재치 못하는 것이다. …조선문학인 다음에야 조선의 땅을 든든히 디디고서야 될 줄 안다"빙허 1924 : 134. 여기서 보듯, 조선혼은 조선이라는 '장소의 혼genius loci'이니 텅 빈 공간space이 아니라 삶의 터전 장소place에 방점이 찍힌다. 이 글에 이르러 빙허가 조선문학의 장소성을 시간과 함께 중요하게 언급하고 있는 점에 유의하게 되거니와, 조선혼의 부각은 결국 현대정신이 지향하는 세계문학의 내적 조건 즉 민족문학을 암시하는 것이다. 조선문학이 세계문학으로 들어 올려지기 위해서는 조선이라는 장소성에 투철하고 현대라는 시간성에 절실한 민족문학의 건설에 있음을 넌지시 드러낸 이 글은 빙허 개인의

168. 빙허(1926), 「조선혼과 현대정신의 파악」, 『개벽』 65호, p.134. 원문을 현대맞춤법에 의거 약간 손질하여 인용했다.

총괄을 넘어 우리 신문학운동의 경험을 집약한 것이라고 해도 과언이 아니다.

Part 5

문학의 운명

1. 과도기의 문학

이 책을 쓰기 시작한 재작년만 해도 크게 의식된 미래파 소동도 이젠 잠잠해진 듯하다. 3·1운동을 모태로 구축된 근대문학의 틀이 아직도 성성하다는 것인가? 자율적 타율론이라는 든든한 바탕 아래 장르들의 관습을 고투 속에 창안한 신문학운동의 내구성이 만만치 않다는 증좌일 터인데, 그동안 우리 근대문학이 겪은 시련들은 무릇 기하幾何인가. 신문학운동에 대한 대규모의 반란을 조직한 프로문학은 차치하고라도, 대공황1929의 파고와 함께 홀연히 떠올라 좌우를 막론한 1920년대 문학 전체를 낭만주의로 몰밀어 부정한 모더니즘의 도발은 그 배포나 실력이 요즘의 미래파와 해체 서사보다 더하면 더했지 결코 뒤지지 않는 충격이었다. 그러나 1930년대 모더니즘도 신문학운동의 민중성 강화 과정으로 수렴된 프로문학운동처럼 결국 식민지라는 조건에 대한 침통한 응시 속에 자율적 타율론의 자장 안으로 수용된 사정을 상기하면, 식민지시대에 문학이 '또 하나의 정부'였다는 점을 다시금 절감하게 되는 것이다.

'문학-만들기'가 궁극적으로는 '나라-세우기'와 분리되지 않은 식민지 근대문학의 전통은 해방 이후에도 다른 차원에서 계승되었으니, 순수문학을 내건 자율파들조차 정치 과잉으로 달려간 사정은 주지하는 바다. 크게 보면 한국의 자율파도 남과 북의 국가 건설에 의식적으로 결합한 타율파들이나 오십보백보였던 것이다. 그렇다고 그 차이를 무시하자는 것은 아니다. 국가가 관리하는 정통 타율파 이외에 다른 타율파 또는 자율파의 존재를 인지하기 힘든 북에 비해, 남한에서는 두 파가 모두 복잡하다. 국가 영역과 분리된 진짜 자율파, 문학으로는 자율파로되 실제로는 국가와 연동된 유사類似자율파, 문학을 투쟁의 무기로 삼는 급진타율파, 그리고 문학다운 문학의 창조와 높은 정치적 실천이 하나로 되는 타율파, 즉 자율적 타율파이 안에서도 자율을 더 강조하는 중간파를 따로 구분할 수도 있다 등등. 다시 말하면, 치안으로는 순수문학 곧 유사자율파가 주류지만, 정치적으로는 민족문학 곧 자율적 타율파가 주류인 이중성을 보인 것이 1970년대 이후 우리 문학의 지형이었다. 분단이 식민지와 유사한 조건을 만들어 냄으로써 이런 반어적 상황이 연출되었거니와, 이 유구한 정치성의 근원이 1920년대 신문학이다. 그런데 이미 지적했듯이, 나라 안팎의 변화 속에서 오히려 민족문학의 위기가 도래하면서 문학의 위기도 병발한 것이었다. 과연 21세기 한국에서 문학의 운명은 나변那邊을 향하고 있는가? 최근의 종용함을 살피건대 미래파 소동도 찻잔 속의 태풍으로 그칠지도 모르겠다. 하지만 이 고요함이란 미래파적 감각이 우리 문학 생활에서 일상화되었다는 징표이기도 하다는 점을 잊을 수 없다. 실제로 한 시대가 저물고 있다. 이른바 순수문학을 일거에 뒤로 돌릴 만큼 충격을 가한 1970년대 민족문학 또는 민중문학의 모형이 거의 뜻을 다한 시점이다. 미래파적 징후의 대두 자체가 이 모델의 위기가 자초한 측면이 없지 않기 때문에 지금이야말로 한 시대는 저물되 새 시대는 도래하지 않은 예민한 과도기라고 해도 좋을 것이다.

2. 젊은 소설의 발생학

2009년에 발표된 중·단편 중 등단 10년 이내 작가 7인의 단편을 뽑아 묶은 『2010 제1회 젊은작가상 수상작품집』2010, 문학동네은 우리 시대 서사의 향방을 한눈에 엿볼 안성맞춤의 텍스트다. 나 역시 작품집을 통독한 첫 느낌이 "뜻밖에 즐겁고 유익한 체험이 되었다"[169]라는 고 박완서朴婉緖, 1931~2011의 밀씀에 내한 완벽한 공감이다. 그럼에도 사실주의 모델이 거의 퇴장했다는 점은 놀랍다. 현실의 차이를 환상으로 지움으로써 독자에게 순응을 교화하는 구소설(로맨스)에 대한 반항으로 이른바 리얼리티

169. 박완서(2010), 「심사평」, 『2010 제1회 젊은작가상 수상작품집』, 문학동네, p.307.

를 엄격하게 해석한 사실주의 모델은, 물론 그것도 또 하나의 환상이지만, 당시로서는 하나의 혁명이었다. 이 해석에 기반한 근대단편이 1920년대를 거치며 정련된 점을 상기할 때, 21세기 한국의 젊은 소설이 이 모델로부터 거의 완벽히 이탈한 것은 곰곰이 새겨야 할 징후가 아닐 수 없다. 시만이 아니라 소설도 우리 근대문학의 집에서 가출하기는 마찬가지였던 것이다.

그럼 좀 구체적으로 살펴보자. 김중혁의 대상 수상작 「1F/B1」는 고평시의 네오타운을 무대로 한 과학소설SF이다. 고평시와 고담Gotham시가 유사하다는 점을 상기하면, 얼핏 「배트맨*Batman*」의 패러디처럼 보이기도 하거니와, 능숙한 솜씨로 대중 사회를 지배하는 숨은 권력자의 문제를 드러낸 이 단편의 주제는 결코 가볍지 않다. 그 중심에 네오타운이라는 신도시의 건설자로서 건물 관리자 연합을 만들어 그 회장으로 은밀히 활동하는 구현성이 우뚝하다. 그런데 새로운 성城을 건설하려는 비흔개발과 구현성이 타협하고 그 대신 원래는 회장의 심복이었던 이문조가 비흔에 대항하는 지하조직을 이끄는 데 이르러 소설은 아리송해진다. 이 단편은 신흥 개발 세력에 맞서는 저항의 서사인가? 그런 면이 없지 않지만 비흔개발의 침투를 저지한 전투에서 승리한 이후 네오타운이 내리막길을 걸으니, 작의가 모호하다. 침략자신개발 세력나 저지자구개발 세력 모두 숨은 권력이라는 점에서는 공통이기 때문에 「1984년」1948 같은 디스토피아적 우화가 아닐까 하는 생각도 든다. 그런데 정치적 환멸을 표현한 우울한 활극이라기에는 지하조직의 활약상이 유쾌하게 소란한데다 정작 주민들은 완벽히 부재한다. 한마디로 즐거운 컴퓨터 게임 비슷한 작품이 되고 말았다.

「1F/B1」와 끝까지 경합한 편혜영의 「저녁의 구애」는 한결 비범한 상상력을 보여 준다. 빈틈없는 사실주의의 얼굴을 하고 있지만 이 단편은 그 자체가 하나의 환상이라고 해도 지나치지 않을 만큼 구성적이다. "이쯤에서 나도 고백해야겠다. 어떤 소설은 그림이 쓰기도 한다는 걸. 그림을 보게 된 것은 순전히 우연이라는 걸"『2010 제1회 젊은작가상 수상작품집』: 84. 작가가 직접 밝힌 대로 이 단편은 덴마크 화가 프리스 쉬베리Fritz Syberg, 1862~1939의 「저녁의 구애」를 본 데서 비롯되었다. "그림 밑에 붙은, 첫 부인을 병으로 잃은 화가가 동료 화가의 누이를 염두에 두고 그렸다는 짤막한 설명"『2010 제1회 젊은작가상 수상작품집』: 82으로부터 이 단편이 부풀어 나왔다니, 구체적 현실을 원천으로 삼기보다는 이미 존재하는 텍스트를 다시 쓰거나 새로 쓰는 예술 의욕Kunstwollen에 곧잘 지피곤 하는 요즘 소설의 발생학을 잘 보여 준다.

회사원 생활을 접고 이제는 화원을 운영하는 김이라는 주인공이 10년 만에 걸려 온 친구의 전화를 받고 임종을 앞둔 어느 어른의 문상을 위해 남쪽 먼 도시의 장례식장으로 조화를 싣고 트럭을 몰고 가는 작은 여행을 얼개로 하는 이 단편은 우리 시대의 묵시록적 풍경을 냉정하게 부조浮彫한다. 그럼 도대체 '구애'라는 제목은 무엇인가? 이 느닷없는 문상길은 여자와의 저녁 약속을 유예하는 일이기도 한데, 유예는 이 소설의 열쇳말이다. 그런데 여자의 은근한 기대에도 불구하고 공교롭게 연기되곤 하던 김의 구애는 어떤 사고의 목격으로 실행된다. "트럭을 삼킨 불꽃이 순식간에 밤의 국도를 밝"『2010 제1회 젊은작가상 수상작품집』: 77히자, 그는 신고를 유예하고 여자에게 전화해 불쑥 사랑을 고백한 것이다. 이 대목에 대한 평론가 권희철의 해석이 그럴듯하다. "작가는 이 장면을 환상적으로 처리하면서, 그 다른 운전수가 김의 분신이라는 점을 강하게 암시한다. …결국 불타는 트럭을 보고 있는 김은 자신의 죽음을 목격하고 있는 것이 아닌가"『2010 제1회 젊은작가상 수상작품집』: 90. 비록 환상일지언정 죽음을 경험하면서 김이 구애하게 되는 문맥은 유예의 정지와 행동의 결단이 맺고 있는 관계를 잘 보여 준다. 그러나 이 구애는 시나브로 흩어진다. 구애를 한 김 스스로 "자신의 말은 모두 어디서 읽거나 누구에게 들은 얘기 같았다"『2010 제1회 젊은작가상 수상작품집』: 78고 느끼기 때문이다. 그토록 구애를 바라던 여자도 이 고백에 반응하지 않는다. 말이 상품처럼 소비되는 백화점 고객상담실에 근무하는 그녀의 처지를 감안하면 정작 구애의 말 앞에 침묵하는 속내를 짐작하게 된다. 복제된 말들이 범람하는 우리 시대, 다시 말하면 말이 뜻을 잃은 우리 시대에 모든 것은 유예될 수밖에 없다. 진짜는 깊이 숨어 버렸기 때문이다. 산다는 것과 죽는다는 것 그리고 사랑한다는 것, 인간적 삶을 구성하는 이 핵심적 일들 모두가 유예라는 미끄러짐을 면치 못하는 시대의 징후를 예민하게 탐지한 최고의 단편이 아닐 수 없다. 마지막 문장이 섬찟하다. "김은 땅에 박힌 듯 멈춰 서서 조등弔燈처럼 환히 빛나는 그 불빛을 바라보았다"『2010 제1회 젊은작가상 수상작품집』: 80. 간절히 유예로부터 해방되기를 기원하지만 삶은 지루하고 비루한 행진을 멈추지 않으리라는 예감이 작품 전체를 휘감고 있다.

배우 이름을 제목으로 건 이장욱의 「변희봉」에는 연극과 영화와 텔레비전과 프로야구가 실명으로 대거 등장한다. 사실과 허구의 경계를 묻는 작품이라기보다는 두 세상의 호환성이 헐거워진 현대적 생활의 단면을 능청스럽게 보여 주는 것이다. 그 용이한 호환의 근거는 이른바 off-line이라는 소극적 용어가 이제는 맞춤할 정도로 현실이 평평해졌기 때문이다, 특히 소시민들에게. "평범한 회사원"『2010 제1회 젊은작가상 수상작품집』: 98~99인 '나'와 "소규모 건설업체의 말단 관리직"『2010 제1회 젊은작가상 수상작품집』: 100인 만기의 이야기라고 할 이 단편도 그렇다. 그 중독성은 만기에게 집중적으로 드러난다. 변희봉을 만났다는 환상으로 직장마저 버리고 극단에 투신한 만기는 곳곳에서 변희봉과 해후하는데, "브라운관 속의 가짜 인생들"이 "진짜 인생들보다 더 진짜 같"『2010 제1회 젊은작가상 수상작품집』: 98은 단계를 넘어 진짜 인생도 브라운관 속의 인생으로 보이는 단계로 악화했으니, 만기는 대중문화시대의 돈 키호테Don Quixote다. 초등학교 교사 출신으로 병원비와 사채까지 유산으로 남기고 사망한 아버지와 빚에 시달리다가 이혼하고 오르골에 홀려 오타루小樽로 떠나 버린 아내, 이 가족적 배경 속에서 만기의 '변희봉증후군'이 발생한다. 평범한 인생의 복수 앞에서 인생 대신 환상을 살아가는 모험을 개시한 만기의 모습을 비판적으로 증언하는 '나'는 발하자면 산초 판사Sancho Panza다. 그런데 산초가 그러하듯 '나'도 만기와 멀지 않다. 이 작품의 서사 시간narrative time이 SK와 롯데의 야구 경기와 함께한다는 점에 주목해야 한다. 서울의 포장마차에서 술 마시며 부산에서 열리는 SK와 롯데의 야구 경기를 텔레비전으로 슬쩍슬쩍 살피는 데서 시작한 소설은 연장 12회 말 2사 만루 상황에서 이대호가 삼진 당하는 것으로 끝나는데, '나'도 프로 야구를 비롯한 대중문화라는 환상에 의지하기는 마찬가지다. 몸은 이곳에 있되 마음은 "다른 세상에 가 있는"『2010 제1회 젊은작가상 수상작품집』: 118 분열인임에도 그 분열을 의식하지 못하는 기이한 신인류의 이야기인데, 역전의 기대를 날려 버린 이대호의 파울 플라이 공이 두 친구가 술 마시고 나온 동대문운동장역 근처 포장마차 앞 보도블록으로 굴러 오는 마지막 장면은 압권이다. 작품은 이렇게 끝난다.

> 문득 빗줄기가 굵어졌다. 우리는 점퍼를 머리 위까지 뒤집어썼다. 내가 외쳤다.
>
> — 뭐 하노. 뛰자.
>
> 우리는 동대문운동장역을 향해 힘껏 달려갔다.
>
> —『2010 제1회 젊은작가상 수상작품집』: 124

『고리오 영감*Le Père Goriot*』1835의 마지막 문장만큼 생기 넘치는 결말이다. 그러고 보면 이 작품은 얼핏 루저들의 이야기처럼 보이는데도 「저녁의 구애」와 다르다. 뜻밖에 어둡지 않다. 컴퓨터 게임을 하는 듯한 「1F/B1」의 활기와도 다르다. 두 경상도 친구들의 서울 모험을 바라보는 작가의 시선이 따뜻한 것이다. 대중문화가 제공하는 환상 속에서 도시적 삶의 진부성을 어떻게든 견뎌 내는 이들 '아스팔트 킨트Asphalt Kind'의 모습에는 김승옥의 「서울, 1964년 겨울」1965이 겹친다. 「변희봉」은 말하자면 '서울, 2009년 가을'인 셈이다. 흙에 살던 중세의 귀신들을 미신으로 축출한 오성悟性의 도시에서 자라난 '아스팔트 킨트'들이 오히려 가상현실이라는 새 귀신들에 지펴 살아가는 이 반어적 상황은 차라리 침통하기조차 하거니와, 그럼에도 이 연옥이 즐겁기도 한 양이 새삼 눈에 띄는 터이다.

배명훈의 「안녕, 인공존재!」는 제목에서 짐작되듯이 과학소설이다. 신우정 박사의 자살이 중심을 이루는 점에서는 추리소설적이기도 하니, 이 단편은 「1F/B1」처럼 장르문학과 친근하다. 우주비행사 이경수가 1인칭 관찰자 시점I as witness으로 신우정이라는 괴짜 과학자의 삶을 이모저모 들려주는 이 단편은 잘 읽히면서도 현학이 과도해 초점이 흩어지는 느낌이 없지 않다. 그 주제가 혹 불륜조차 쿨해진 가까운 미래 사회의 인간들이 맞이할 파탄의 징후를 포착한 것인가? 이경수의 아내나 신우정의 남편 앤디나 모두 신우정과 이경수의 관계를 심상히 수용할 뿐더러, 상처喪妻한 앤디 또한 벌써 새 여자를 사귈 정도로 남녀 관계의 감정선이 거의 배제되어 있기는 하다. 그럼에도 핵심은 신우정이라는 공학자의 존재적 모순에 있는 것 같다. 상품을 개발하는 발명가로 회사에 고용된 점에서 타락한 과학자라 할 그녀는 소리 내지 않고 꿈틀거리기만 하는 핸드폰을 비롯해 시장 친화적이지 않은 상품들을 개발함으로써 시장에 저항한나. 그러나 '타락한 방법'에 의한 교란은 조롱당한다. 그 상품들이 시장에서 큰 성공을 거두기 때문이다. 이 전도 속에서 그녀는 최후의 일격을 준비한다. 난해한 물건을 수수께끼처럼 남기고 자살로 생을 마감하는데, 결국 우주로 방출된 이 제품에 대한 이경수의 설명이 흥미롭다. "인공존재라고, 최고의 공학자가 만든 물건입니다. 이건 진짜 예술이라고 불러도 됩니다. 쓸모가 하나도 없거든요"『2010 제1회 젊은작가상 수상작품집』: 163. 이처럼 완벽하게 무용한 인공존재를 '진짜 예술'이라고 부르는 속셈은 아마도 자본의 바깥은 이제 없다는 어떤 체념을 교화하고자 하는 듯싶은데, 하여튼 외화내빈外華內貧에 가깝다.

이 단편집 가운데 사실주의 모델에 입각한 작품은 김미월의 「중국어수업」이 거의 유일하다. 그 모델답게 주제 또한 사회적이다. 주인공 수는 전문대 부설 외국어 학원의 한국어 강사다. "아침마다 지하철을 타고 서울에서 인천으로 출근"『2010 제1회 젊은작가상 수상작품집』: 185하는 이 고단한 비정규직 지식인이 만나는 학생들은 한국에 온 외국인들이다. 외국인이라고 했지만 거의가 중국인이다. 그런데 짐작하다시피 그들은 한국어를 배우는 것이 아니라 불법 취업이 주목적이다. 한국 사회는 어느 틈에 외국인 노동력 없이 운영되지 않는 단계로 진전되었거니와, 지식인과 민중의 만남이라는 이야기 틀이 이 단편에 다시 나타난 점이 흥미롭다. 프로문학으로 가는 1920년대 초반 즈음의 단편에 선을 뵌 이래 이 모형은 한국소설의 민중성 발견에 종요로운 역할을 맡았던 터인데, 대체로 작가를 대신한 '나'가 민중의 진실과 만나 각성하는 것으로 끝나곤 했다. 이 단편에서는 적지 않은 변이가 일어났다. 그 민중이 불법 외국인 노동자로 바뀐 것도 그렇지만, 1인칭이 아니라 3인칭으로 지시된 지식인도 주변화했다. "북경에서 어학연수"『2010 제1회 젊은작가상 수상작품집』: 190를 한 덕에 이런 강사 노릇이나마 하고 있는 수에게는 이 모형의 '나'가 가지게 마련인 권위가 결여되어 있는 것이다. 수가 비권위적

인물이기 때문에 우리 사회의 타자, 외국인 노동자의 고통에 다가서려는 작가의 뜻은 더욱 살아나는데, 한국으로 시집온/팔려 온 멍나라는 애인을 찾아 헤매다 결국 중국으로 추방되는 장기 결석자 쓰엉의 이야기를 통해 작가는 그들이 처한 현실을 독자들에게 강력히 전달한다. 한국의 젊은이들이 직면한 위기와 멀지 않다는 것을 동시에 겨냥하고 있는 점도 이 단편의 의미를 되새기게 하고 있음은 물론이다. 사실주의 모델의 씨가 거의 마른 이 시점에도 여전히 이런 작품을 천착하는 미덕은 마땅히 기려져야 하지만, 이 작품이 순연한 사실주의인지 약간의 의문이 떠오르기도 한다. 사실 '쓰엉'이라는 이름은 중국 것이기보다는 베트남에 가깝기도 하려니와, 우연이 과하다는 느낌이다. 수가 아침 전철에서 만난 노인이 멍나의 시부라는 설정은 대표적이다.

오래된 집에 사는 두 여자, 실명한 외할머니와 과년한 손녀 '나'의 삶을 건조하게 보여 주는 정소현의 「돌아오다」는 견고한 사실주의로 보인다. 그런데 외할머니 몰래 '나'가 집 안에 들인 임신한 여인 윤옥이 '나'의 죽은 생모라는 사실이 드러나면서 이 작품은 돌연 귀신소설로 변모한다. '돌연'이라고 했지만 "집 안에 누가 있는 것 같아"로 시작되는 이 난편 곳곳에 복선이 깔려 있다. 공포영화를 연상시키는 이런 장치는 그리 낯선 것이 아니거니와, 여기서 그쳤다면 그저 잘 쓴 환상소설에 지나지 않을지도 모른다. 나는 이 작품의 숨겨진 사회성에 주목한다. 지금은 흉물로 떨어졌지만 이 일본식 2층 목조 가옥은 동네에서 가장 아름다웠던 집이다. 은행원이던 '나'의 외증조부가 구입한 이 집은 아마도 해방 직후에 인수한 적산敵産인 듯싶다. 이 집안은 식민지시대와 해방 직후를 거치면서 중간계급으로 올라선 한국 중산층의 전형에 가깝다. 6·25전쟁은 이 집을 위협한다. 전쟁 통에 부모를 잃는 위기를 겪은 외할머니는 신문기자와 결혼하여 아들과 딸을 둔 단란한 가정을 꾸림으로써 여주인의 지위를 방어한다. 다시 위기가 찾아온다. 남편이 전쟁터에 다녀온 뒤 정신병으로 사망하는데, 이 전쟁터는 아마도 베트남을 가리키는 듯하다. 이번에는 그녀 스스로 극복한다. 생계로 시작한 일이 성공하여 유명한 동양 자수가로 부상한 것이다. 그러나 최후의 일격이 찾아온다. 국비로 미국 유학을 떠난 잘난 아들이 미국에서 의문사하고, 딸 또한 고1 때 가출하여 애비 모르는 자식을 낳은 채 사망하자, 외손녀를 무직의 노처녀로 늙히며 구박하던 그녀 자신도 실명으로 10년 전 일을 놓으면서 아름다운 자태를 잃고 마녀처럼 사그라졌던 것이다.

집과 함께 흉물로 퇴락한 외할머니보다 더 무서운 인물은 화자인 외손녀 '나'다. 외할머니는 '나'에게 어미의 진실을 숨겼다, 미국 유학 갔다가 재혼해서 못 온다고. 이는 '나'를 위해서라기보다 실명마저 감추는 그녀의 자존심 때문이기 쉬운데, 기이한 것은 그토록 독립을 꿈꾸던 '나'가 탈출을 저지한 외할머니의 뜻을 받든다는 점이다. 이 서른다섯 살짜리 아가씨는 외할머니가 사망해 완벽하게 외톨이가 된 뒤 이렇게 되뇌는 것이다. "나도 이 집과 함께 늙어 갈 것이다. …살다 보면 어쩌면 할머니도 돌아오고, 엄마도 돌아오고, 내가 만나지 못한 외삼촌과 외할머니도 돌아올 것이다. …나는 집을 지키며 언제 돌아올지 모르는 그들을 기다릴 것이다"『2010 제1회 젊은작가상 수상작품집』: 257. 이 소설을 끝맺는 이 조용한 독백으로 제목의 뜻이 환해지거니와, 지독한 구두쇠 그랑데 영감이 죽은 뒤 아버지의 충직한 금고지기로 늙어 가는 경건한 부인 외제니가 떠오른다. 이 순박한 여성의 영혼조차 먹어 간 돈의 유물론을 섬찟하게 보여 준 발자크Honoré de Balzac, 1799~1850에 대해 정소현은 집의 유심론에 직핍한다. 귀신들과 더불어 집의 터주로 남을 것을 결의한 그녀는 바로 '장소의 혼Genius loci'이니, 유령의 집에서 유령처럼 살아갈 '나'가 '인물의 초점focus of character'으로 부조되면서 구중간계급의 몰락에 바친 만가는 완성되는 것이다. 그런데 이는 분해 위기에 직면한 현 중산층의 불안을 포착한 부조리극으로 진전될 징후를 비친다는 점에서 더욱 문제적이다.

김성중의 「개그맨」은 '이바구'다. "TV에서 보던 개그맨이 여자 친구와 함께 내가 있는 카페 안으로 불쑥 들어"『2010 제1회 젊은작가상 수상작품집』: 290오는 우연한 경험으로부터 이 단편이 쓰였다는 작가의 진술에서 보듯, off-line으로 틈입闖入한 on-line에서 부풀어 오른 구성적 이야기인 것이다. 애초부터 사실주의/비사실주의의 피안에 자리 잡은 작가는 독자를 향해 마치 전기수傳奇叟인 양 이야기 한 자락을 펼친다. 작중 화자 '나'가 사랑한 개그맨의 역정을 따라 작품은 무명에서 스타로 떠올랐다가 마약 사건으로 사라진 개그맨의 부침을 서사한 1장과 한국을 떠나 낯선 대륙의 작은 클럽 '버드케이지'에서 키키의 도움으로 "과묵한 조"로 변신하여 누린 애호愛好와 죽음을 서사한 2장으로 나뉜다. 이 단편을 개그맨의 이야기로 본다면, "온갖 명성과 가십에 둘러싸여 있던 개그맨이 줄에서 떨어진 광대가 된 후 누렸을 그 평화"『2010 제1회 젊은작가상 수상작품집』: 288, 즉 자본의 그물로부터 풀렸을 때 맛본 해방이 주제로 될 것이다.

그런데 이 단편 역시 '나'가 단순한 관찰자가 아니다. 인물의 초점은 오히려 '나'다. 따분한 직장에 다니던 어린 시절 무명의 개그맨과 연인이 되었지만, 그 직장의 나이 지긋한 사장의 구혼에 응해 "결혼이라는 좁은 어항으로 옮겨"『2010 제1회 젊은작가상 수상작품집』: 274 간 그녀가 14년 만에 남편과 사별한 전말이 개그맨의 부침과 동반적으로 서술된 부분이 1장이라면, 2장은 개그맨을 찾아나서는 '나'의 발견 여행이다. 이 여행은 특히 환상적인데, 작가는 의식적으로 익숙한 서양 동화를 인유引喩한다. 낯선 대륙에 내려 신기한 차창 밖을 바라보는 '나'의 모습을 "목이 길어진 앨리스처럼 고개를 빼고 눈을 크게 떴다"『2010 제1회 젊은작가상 수상작품집』: 278라고 묘사하는가 하면, 키키와 함께 커피 깡통에 담은 개그맨의 유골을 안고 가다가 뒤늦게 새는 것을 깨닫고는 "빵가루를 조금씩 뿌리는 헨젤과 그레텔처럼"『2010 제1회 젊은작가상 수상작품집』: 284이라고 여기는 것이다. 전자는 토끼굴 속 세상에 들어갔다 빠져나온 꿈의 여행을 그린 루이스 캐럴Lewis Carroll, 1832~1898의 『이상한 나라의 앨리스*Alice's Adventures in Wonderland*』1865에, 후자는 중세의 가난한 평민들 사이에서 행해지던 영아 살해를 다룬, 그림Grimm 형제의 동화 「헨젤과 그레텔*Hänsel und Gretel*」에 연계된다는 점을 작가는 숨기지 않는다. 2장은 상호텍스트성inter-textuality이 거의 혼성 모방pastiche이라고 해도 좋을 터인데, '버드케이지'라는 클럽 이름이 예사롭지 않다. '새장'은 앨리스의 '토끼굴'이다. 성적 소수자 드래그 퀸여장을 좋아하는 호모이나 '과묵한 조' 같은 탈주자들의 무대가 세상의 온갖 하위자 손님들 속에서 따듯하게 수용되는 '버드케이지'는 현실의 모든 금기가 지워진 유토피아다. '나'가 귀국 전날 키키를 비롯한 드래그 퀸들의 공연에서 최후의 자유로 개방되는 것은 어쩌면 필연적인 일인지도 모른다. 개그맨을 찾아 나선 여행의 끝에서 그녀는 "두려움이 만들어 낸 게으름 때문에 인생이 낭비되어 버린 것"『2010 제1회 젊은작가상 수상작품집』: 288에 대한 자각이 해방의 눈물로 표현된다. "어항 속에 가둬 두었던 물들이 내 몸 가득 차올랐다 터지면서 세차게 흐르고 있었다. 그러자 일생을 가둬 두었던 지느러미가 움직였다. 괜찮아요, 괜찮아요, 키키는 바보처럼 같은 말만 되풀이했다. 나는 그녀의 가짜 유방 안에 들어 있는 진짜 심장의 고동 소리를 들으며 이제 막 자유로워진 물고기의 유영에 눈물을 멈출 수 없었다"『2010 제1회 젊은작가상 수상작품집』: 288~289.

참으로 인상적인 마무리다. 그러나 그녀가 처음 체험한 이 자유, 이 해방은 꿈이다. 이 세상의 가장자리에 자리한 '버드케이지'는 유토피아처럼 이 세상에 없는 곳이다. 말하자면 이 단편의 1장이 현실이라면 2장은 꿈인데, 아울러 보건댄 전체가 꿈이다. 그러니 2장은 꿈속의 꿈인 셈이다. 작가 노트에서 김성중은 말한다. "테러리스트가 되고 싶지만 변변한 폭탄 하나 품지 못한 나 같은 소시민은 흔히 그런 것들을 동경하게 마련이다"『2010 제1회 젊은작가상 수상작품집』: 292. 이 작품의 마무리가 왜 해방은커녕 탈주조차 좀체 허용하지 않는 우리의 일상에 대한 폭발적 테러로 되었는지 수긍하게 한다. 물론 이를 현실적 수락을 증거하는 백일몽으로 풀 수도 없지 않지만, 이 작품의 2장이 패러디한 『이상한 나라의 앨리스』와 중요한 차이가 있는 점에 주목해야 한다. 앨리스의 모험이 악몽에 가깝다면, '나'의 여행은 "어릴 적에 가지고 있던 팝업북 같"『2010 제1회 젊은작가상 수상작품집』 : 278이 밝다. "토끼굴에 뛰어들지 말았어야 했어. 그렇지만, 음, 그렇지만, 이런 게 더 흥미로운 인생이잖아!"[170] 그래도 지루한 일상보다 낫다는 앨리스의 독백은 작가 루이스 캐럴 속에 숨겨진 옥스퍼드 크라이스트 교회의 성직자요, 수학 교수 찰스 루트위지 도지슨 Charles Lutwidge Dodgson 목사의 목소리가 중첩된다. 언어 장애 때문에 설교하는 일이 거의 없는 사제, 수학 발전에 어떤 기여도 못한 수학자, 지루한 강의의 평범한 교수, 귀족에게는 절절매고 평민에게는 속물적인 토리 당원.[171] 설령 악몽일지라도 평범한 일상보다는 낫다는 데에서 기원한 『이상한 나라의 앨리스』와 천애天涯의 작은 유토피아 '버드케이지'에서 참된 우애로 거듭나는 '나'의 발견 여행을 추보推步한 「개그맨」은 천양지차다. 「개그맨」이야말로 구성적 이야기가 구경究竟에 가면 아주 오묘한 정치 서사로 변할 가능성을 지니기도 한다는 흥미로운 예가 아닐 수 없다.

170. 루이스 캐럴(2005), 『Alice』, 최인자 옮김, 대한교과서주식회사, p.76.

171. 마틴 가드너(2005), 「1960년대판에 부치는 서문」, 루이스 캐럴, 앞의 책, p.15.

3. 인공서사의 함의

이상의 성근 검토에서 드러났듯, 젊은 소설은 사실주의라는 모델 하우스에 거의 살지 않는다. 그럼에도 멀리는 이상李箱, 1910~1937, 가까이로는 배수아의 파격은 없다. 사실은 왕년의 사실주의 모델이 아니어서 그렇지 서사가 살아났다. 그 서사가 소설novel이라기보다는 이야기에 가깝다. 물론 왕년의 소박한 구비전승으로 복귀했다는 것은 아니다. 이미 지적했듯이 현실보다는 2차 현실과 더 깊이 교섭하고 있기 때문이다.

아마도 "묘사의 쇠퇴와 서사 유형의 패턴화"[172]라는 일본 포

172. 안천(2011), 「'소설의 종언' 이후의 일본소설론」, 『문학과사회』 2011년 봄호, p.303.

스트모던 소설의 특징과 기맥을 통하는 듯싶은데, 요는 디지털 이다. '디지털 치매'라는 말이 재미있다. 내비게이션 보고 운전하니 길눈이 좋았던 택시 기사들도 길맹이 되는 일이 허다하다고 한다. '나'란 기억의 흐름으로 구성된다는 전제를 승인컨대, 2차 현실에 대한 과도한 의존 속에 감퇴하는 기억력은 자칫 '현실맹'을 야기할지도 모를 일이다. 얼굴 마주 보는對面 현실을 off-line이라 부르고, 2차 현실을 on-line으로 지칭하는 용법 자체가 문제다. 이 용어를 선택하는 순간, 우리는 자연히 후자를 전자보다 앞세우게 마련이다. 알다시피 on이 +라면 off는 −이기 때문이다. 현실에 대한 최고의 해석자일 작가들마저 현실로부터 off 해서 2차 현실로 on 한다면, 작가들은 물론이고 그 독서 공동체를 구성하는 우리 전체의 생명력이 약화될 것은 불을 보듯 환할 터이다. 단순 암기는 디지털에 맡기고 그 잉여를 더 창의적인 데 사용한다손 쳐도 암기도 현실과 교섭하는 한 방편인지라, 그 과정에서 오묘한 상호 작용이 발생하게 마련이다. 2차 현실도 엄연한 현실임을 인정한다 하더라도 그 때문에 대면 현실이 괄호 안에 봉인되어 21세기의 폐허로 전락한다면, 상상만 해도 끔찍한 일이다. 두 현실을 아우르는 균형점을 찾아내려는 작가들의 지혜로운 고투를 기대하는 마음 간절하다. 안으로만 감아드는 고백에 지쳐 가는 독자들이 서서히 서서히 소설 또는 문학으로부터 이탈하는 경향이 벌써 감지된 바이거니와, 새로운 상황에 즉한 서사의 귀환이 그 어느 때보다 종요롭다.

그럼에도 지금 시대가 서사의 귀환을 순진하게 기릴 수 있는, 그런 행복한 때가 아니라는 점은 기억해야 마땅하다. "과거의 위대한 신화에서 현대소설에 이르기까지, 서사의 기능은 언제나 들뢰즈가 이야기했듯 '부재하는 민중people'의 생성이 가능한 경험의 조건들—육신과 시간, 공간과의 새로운 관계들—을 탐색하는 것이었다. 그런데 스토리텔링이 우리에게 제안하는 새로운 서사들은 분명 가능한 경험의 조건들이 아니라, 그 정복 양식들을 탐색한다. 프로파간다 기계가 생산하는 수많은 스토리들은 조련과 노예화를 위한 매뉴얼로, 관행을 통제하고 개인들의 지식과 욕망을 가로챈다."[173] 한마디로 "제국이 서사를 압수"한[174] 시대다. 최근 한국 사회에서도 '스토리텔링'이 유행하는 것을 보건대, 왜 진짜 작가들이 이야기 또는 서사로부터 퇴각하는지를 이해하게 된다. 서사를 중시하는 순간 그는 자본에 감겨드는 치차齒車로부터 자유로울 수 없는 것이니, 이제 정말로 자본의 바깥은 없다. 누천년 유구한 조선 농업 사회는 시나브로 자본주의가 고황에 든 그런 사회로 진화하고 말았던바, 진짜 작가들은 스토리텔링이 지배하는 현실로부터 망명하여 **인공서사**人工敍事를 상상적으로 구축하던 것이다. 백낙청은 알맹이 미래파 시인들을 "산사의 선방에 들어앉아 용맹정진하는 선승禪僧들"「현대시와 근대성, 그리고 대중의 삶」 2009[175]에 비긴 적이 있는데, 이는 인공서사를 실험하는 젊은 소설가들에게도 맞춤으로 해당할 것이다. 인공서사는 스토리텔링의 독점에 반대하는 젊은 소설의 저항적 거점이다. 자본에 대한 이 독특한 형태의 저항은 그럼에

173. 크리스티앙 살몽(2010), 『스토리텔링』, 류은영 옮김, 현실문화, p.234.
174. 크리스티앙 살몽(2010), 앞의 책, p.34.
175. 백낙청(2011), 『문학이 무엇인지 다시 묻는 일』, 창비, p.69.

도 자본 바깥에 존재하는 것은 아닌지도 모른다. 자본에 대한 의식이 성성한 데 비해 돌파의 출구는 보이지 않아서만이 아니라 인공서사 자체가 후기 자본주의의 문화적 징후와 얕지 않은 관계를 맺고 있기 때문이다. 인공서사에 농촌은 없다. 도시적 삶에 대한 저주조차 매혹과 제휴한 양가적 태도의 (포스트)모더니즘이 젊은 소설에는 거의 심장처럼 내장되어 있다는 인상을 지울 수 없다.

인공서사의 출현은 근대소설novel의 어느 국면을 가리킬까? 벤야민은 「이야기꾼」1936에서 근대문학의 챔피언으로 떠오른 소설이 "이야기 쇠퇴의 종언을 향하는 과정의 가장 이른 징후"[176]라는 독특한 관점을 제시한 바 있다. 근대소설과 이야기를 대립적으로 놓는 논의가 새삼스러운 것은 아니지만, 전자를 후자의 진화가 아니라 그 파괴로 비판하는 관점은 신선하다. 그 근거는 무엇인가? 그는 먼저 근대소설의 작가나 독자나 다 고독한 개인이라는 점에 착목하는데,[177] 이 발신과 수신의 고립성으로부터 이야기 특유의 소통적 지혜는 빈사瀕死의 벼랑에 몰린다는 것이다. "그것(모든 진정한 이야기)은, 솔직히든 넌지시든, 유용한 그 무엇을 포함한다. …모든 경우에 이야기꾼은 그의 독자들을 위해 충고하는 사람이다. 그러나 오늘날 '충고하는 일'은 철 지난 반지를 끼는 것 비슷하게 되기 시작했는데, 그것은 경험의 소통 가능성이 점차 감소하고 있기 때문이다. 그 결과 우리는

176. Walter Benjamin(1998), 앞의 책(주 26), p.87.
177. Walter Benjamin(1998), 앞의 책, p.87 ; p.100.

우리 자신이나 남들에게 충고할 수 없게 되었다. …이야기 예술이 그 종언을 향해 다가서는 것은 진리의 서사시적 측면, 즉 지혜가 죽어 가고 있기 때문이다."[178] 이 글이 쓰인 1930년대의 서구소설이 모더니즘 서사의 물결에 깊이 포섭된 점을 상기하면, 경험을 나누는 지혜의 공동체에서 자연스럽게 부풀어 오른 이야기 예술의 종언이라는 그의 위기감을 짐작할 터이다. 그런데 그의 뛰어난 점은 이 경향이 1930년대 특유의 것이 아니라 근대소설이라는 장르 자체의 운명이라고 통찰한 데 있다. 그렇다면 한국의 이 젊은 인공서사들은 이야기 예술의 종언이라는 경향이 한국에 드디어 상륙했음을 가리킴인가? 물론 이전에도 이 경향이 없지 않았다. 이상과 박태원으로 대표되는 1930년대 모더니즘 서사를 기원으로 하는 흐름이 단속되었음은 주지의 일이다. 그럼에도 그 모더니즘들이 이처럼 탈경험적인 적은 없었거니와, 주류는 역시 이야기 예술과의 친연성으로부터 분리되지 않으려는 의식적 · 무의식적 고투 속에 재해석된 사실주의 소설들이었다. 그 주류성이 모더니즘조차 변용적이게 작용하곤 한 터인데, 이번은 다르다. 어느 틈에 젊은 소설의 공통 서사로 자리 잡은 인공서사는 모더니즘은 물론 사실주의도 먹어 치웠으니, 한국소설의 유구한 전통과 날카로운 단절을 보이는 낯선 손님이 아닐 수 없다.

178. Walter Benjamin(1998), 앞의 책(주 26), pp.86～87 ; p.169를 참고하여 번역을 다듬었다.

4. 문학 이후의 문학

그렇다고 이 징후에 너무 놀라지는 말자. 가령 스토리텔링만 해도 그렇다. 후기 자본주의의 새로운 기법인 스토리텔링이 지닌 함의를 해독할 안목을 기르는 일은 중요하지만, 그를 오직 "노예화를 위한 매뉴얼"로 규정하는 것 또한 치우쳐 있기는 마찬가지다. 돌이켜 보건대 각 시대는 자기 스토리를 만들어 내곤 했다. 노블 자체가 근대의 스토리텔링으로 발명된 것이 아닌가? 벤야민의 통찰은 근대소설을 보는 새로운 시각으로 유익하지만, 그 역사를 오로지 그 관점으로 꿰는 것 또한 편향이기 쉽다. 근대소설이 '부르주아 서사시'로 창안되었지만, 위대한 소설들은 자기를 낳은 부르주아 사회에 대해 비판적이었다는 점을 상기하면, 최근 유행하는 스토리텔링 경향 또한 노블 이후의 새 서사 탄생을 암시하는 나발 소리인지도 모를 일이다.

소설의 죽음이니 문학의 죽음이니 하는 호들갑에 너무 예민할 필요는 없다. 모든 태어난 자 죽는다. 그러나 또한 죽음은 끝이 아니다. 사실 '선진국'에서 문학이 망했다는 판단도 제한적이다. 근대 이후 세계문학의 축이라고 해도 결코 과언이 아닌 구미문학의 전성기는 지난 듯하다. 그럼에도 한켠에서 수도승 같은 실험은 계속되고 있다. 그런 고급문학에 대한 독자들의 존경은 비록 비대중적일지라도 여전하다. 대가들의 시대가 지나도 문학은 그 단계에 맞추어 '이후'를 살아내게 마련인 것이다. 해가 지지 않는 제국을 자랑하던 영국이 또 그렇게 그에 걸맞은 위상으로 19세기 이후를 살아가듯이 말이다.

더구나 한국문학은 서구문학이 아니다. 서구 현대문학이 하강 국면으로 들어섰다면, 한국 현대문학은 아직도 내적 충실이 더욱 요구되는 단계에 자리할 것이다. 한마디로 어리다. 물론 어른다운 어른이 되지 못한 채 늙을 수도 있겠고 그냥 철딱서니 없는 피터 팬으로 정체할 수도 있을 테지만, 간난 속에서도 이만한 현대문학을 일구어 온 그동안의 이력을 보건대, 근사한 어른으로 성장할 가능성은 열려 있다고 보아도 좋을 것이다. 문학외적 요인도 무시할 수 없다. 이미 지적했듯이 '나라/사회-세우기'가 '문학-만들기'와 긴밀히 연동된 한국에서 외적 요인은 실질적으로는 내적 요인에 준하는 것이었다. 주변 4강을 달래는 한편 북조선을 어떻게든지 안고, 평화 통일 또는 탈분단 체제의 성수成遂라는 지난한 과업을 해결해야 하는 한국에 있어서 그 작업 자체가 사상과 감정과 상상이 고도로 요구되는 문학 창조의 과정과 흡사할 터이다. 물론 자본의 포섭이 강화되는 것과 함께 문학의 위상과 양식에 중대한 변화가 가해지는 작금의 상황을 진지하게 감안해야 하지만, 그 타결 방향에 따라 21세기 한국문학의 큰 출구가 결정될 것이다.

첫째 수도승 문학의 길. 대중은 대중문화에 맡기고 자율성의 감옥으로 스스로 걸어 들어가는 서구형 고급문학의 전반화 가능성이 그것이다. 이미 지적했듯이 최근 젊은 문학에 나타난 이 징후가 대세가 될 수도 있다. 둘째 혁명문학의 부활. 한국 또는 한반도의 정치경제학도 그렇지만, 2011년을 휩쓴 '99퍼센트의 반란'에 더 주목한다면, 혁명적 민중문학이 다시 태어날 가능성도 생각할 수 있다. 그런데 분단 체제가 작동하는 한국/한국문학에서 순수한 서구형의 첫 번째 길도, 그리고 이미 몰락한 소련형의 두 번째 길도 몽상이기 십상이다. 동구와 서구가 앞서거니 뒤서거니 하강하는 희한한 국면을 목격하고 있는 상황인지라 한국/한국문학이 그 길들을 따라갈 가능성은 희박하다. 좀 더 솔직히 말한다면, 동구든 서구든 서도西道가 인류의 미래를 밝힐 등불이 더 이상 아닌 것은 이제 분명하다. 서도의 황혼이 동도東道의 여명으로 이동할지 자신할 수 없지만, 동도의 둥지 중 하나인 한국/한국문학이 그 황혼의 세계관을 밟아 나가리라고 판단하기는 어려울 것이다.

이 미묘한 갈림길에서 제3의 길이 있을 수 있다. 동구 사회주의마저 먹어 치운 서구 자본주의가 횡행천하橫行天下하던 선천先天이 저문다. 후천개벽後天開闢의 전야에 방불한 이 오묘한 장소에서 중도의 문학을 꿈꾼다. 왜 중도인가? 과도기이기 때문이다. "후천개벽은 후천에 중심을 두되 그것에 의해 선천을 해체 · 재구성 · 재창조함으로써 선후천을 공존시키는 전환이다. 다만 중심이 후천 쪽에 더 많이 가 있는時中 '기우뚱한 균형'일 뿐이니 이것이 살아 있는 공생이다."[179] 선후천 사이의 살아 있는 공생이란, 자율과 타율 사이의 기나긴 논쟁을 자율적 타율론으로 수렴한 1920년대 중도적 문학론과 호응하는 것인데, 사실 결론은 진즉에 났다.

선천과 후천이 갈마드는 이 묘처에서 문학의 뜻을 다시 한 번 새기고 싶다. 그동안의 토론에서 과장해서 그렇지, '정'에 근거한 자율성을 호언하며 문학을 너무나 대단한 것처럼 장담한 문학인이 한국에서 실제로는 오히려 드물었다. 그 외연에서도 협의의 개념 '순문학'이 아니라 문사철文史哲과 자연과학의 고전까지 포괄한 중의의 개념이 통용되기도 했으려니와, 전자를 내세운 이들조차 이에서 일탈하는 일이 허다했다. 오히려 기존 현실의 독점에 반대하는 문학의 본성을 과대 해석함으로써 문학이 제출하는 현실이 상상적이라는 점을 깜빡하는 급진적 문학론이 더 자주 출몰하곤 했다. 이에 대한 반동으로 온갖 자율론들이 옷을 갈아입고 출현할 빌미가 되기도 했지만, 그 길항 과정을 통해 그 총결로서 "시는 온몸으로 온몸을 밀고 나가는 것"[180]이

179. 김지하(2005), 『생명과 평화의 길』, 문학과지성사, p.357.

180. 백낙청은 이를 "두뇌는 두뇌대로 또 심장은 심장대로 온몸이 작동케 하는 것이 훌륭한 시의 경지고 제대로 된 문학"이라고 해석한바, 그동안의 '문학'론을 결산하는 것이기도 하다. 『주체적 인문학을 위하여』, 2011, 서울대학교출판문화원, p.118.

라는 김수영金洙暎, 1921~1968의 탁발한 명제가 제출되었던 것이다.

이에 비추어 볼 때, 최근의 젊은 문학이 보여 준 미래파적 감각 또는 인공서사적 경향이 지금 우리가 딛고 있는 장소와 시간에 가장 충실한 문학이라고 보기는 어렵다. 이번에 그들의 작품들을 곰곰이 반추하면서 그 발생학을 겨우 납득하게 되었다. 그 정채를 띤 작품들의 충정에 나름으로 닿은 듯해 기쁘다. 그러매 더욱 나는 이 젊은 문학이 온몸으로 온몸으로 진화의 도정을 밟아 나가기를 속 깊이 기대한다. 자기구제에 골몰하는 양이 뜻밖에 우리를 함께 구원케 하는 그 오묘한 새 문학 또는 '문학 이후의 문학'[181] 이 서도의 황혼/동도의 여명 속에서 동튼다면 얼마나 근사한 일일까?

181. 이에 대해서는 내 발제의 한 대목을 인용하는 것으로 대신한다. "한학(漢學)의 문학과 영학(英學)의 리터러처가 충돌의 형태로 접촉한 근대 초기의 동아시아 각국의 '문학'은 분리 속에서도 공동의 질병을 앓는 놀라운 동시성을 드러냈다. 한문을 매개로 한 공동문어문학(共同文語文學)의 영향력이 일정하게 견지되었던 덕분인데, 각자도생(各自圖生)의 현재 상황은 그래서 낙관적이지 않다. 서구주의에 오래 분리 지배된 결과이기도 하지만 각 국민문학에 부과된 정치적 짐에 눌려 근대 초기의 공시성(共時性)을 슬그머니 상실한 탓이다. 특히 냉전시대를 거치면서 동아시아라는 공감각(共感覺)을 거의 망각하게 된 사정이 결정적인데, 시장의 우상 앞에 저마다 독특하게 문학의 위기에 직면한 동아시아 각국 문학이 협동적 대화를 본격적으로 시도한다면, 오히려 한학의 문학과 영학의 리터러처 사이의 본격적 대화를 통해서 출현할 '문학 이후의 문학'을 바로 동아시아에서 기대할 수도 있지 않을까?" 최원식(2010), 「文學 : Munhak, Bungaku, Wen xue」, 2010 동아시아한국학 국제학술회의 발제집, 『동아시아 '국제주의의' 복원을 위하여』, 인하대, p.7.

| 참고 문헌 |

■ 자료

『論語』·『莊子』·『古文眞寶』

『大韓每日申報』·『每日申報』·『學之光』·『開闢』

『書經』(1967), 金冠植 역, 玄岩社.

『단재 신채호 전집』(2008), 독립기념관 한국독립연구소.

『李光洙全集』(1979), 又新社.

『金八峯文學全集』(1988), 홍정선 편, 문학과지성사.

『2010 제1회 젊은작가상 수상작품집』(2010), 문학동네.

金基鎭(1923), 「Promenade Sentimentale」, 『開闢』 37호.

金億(1915), 「藝術的 生活」, 『學之光』 6호.

金學鐵(1995), 『최후의 분대장』, 문학과지성사.

白大鎭(1916), 「新年劈頭에 人生主義派 文學者의 輩出함을 期待함」, 『新文界』 4권 1호.

______(1916), 「文學에 對한 新研究」, 『新文界』 4권 3호.

白日生(1917), 「文壇의 革命兒야」, 『學之光』 14호.

憑虛(1924), 「이러쿵저러쿵」, 『개벽』 44호.

____(1926), 「물쏫돗는대로」, 『東亞日報』 1926. 1. 1.

____(1926), 「조선혼과 현대정신의 파악」, 『開闢』 65호.

徐尙一(1918), 「'文壇의 革命兒'를 讀하고」, 『學之光』 5호.

송경동(2009), 『사소한 물음들에 답함』, 창작과비평사.

申采浩(1925), 「浪客의 新年漫筆」, 『東亞日報』 1925. 1. 2.

安廓(1915), 「朝鮮의 美術」, 『學之光』 5호.

____(1915), 「朝鮮의 文學」, 『學之光』 6호.

李奎報(1966), 「白雲小說」, 『詩話와 漫錄』, 車柱環 校注譯, 民衆書館.

李寶鏡(1910), 「문학의 가치」, 『大韓興學報』 11호.
이해조(1996), 『자유종』, 최원식 校註, 창작과비평사.
임형택 외 엮음(1996), 『한국현대소설선 3』, 창작과비평사.
진은영(2008), 『우리는 매일매일』, 문학과지성사.
崔斗善(1914), 「文學의 意義에 關하여」, 『學之光』 3호.
春園生(1916), 「東京雜信」, 『每日申報』 1916. 9. 27 ; 1916. 11. 8.
______(1916), 「文學이란 何오」, 『每日申報』 1916. 11. 10~23.

■ 연구 문헌

1. 한국어

1) 단행본 및 논문 · 평론

구장률(2010), 「낭객浪客 신채호와 정명正名의 문학」, 『민족문학사연구』 44호.
권보드래(2000), 『한국근대소설의 기원』, 소명출판.
권혁웅(2005), 「미래파 : 2005년, 젊은 시인들」, 『문예중앙』 봄호.
______(2008), 「멜랑콜리 펜타곤」, 진은영, 『우리는 매일매일』, 문학과지성사.
권희철(2010), 「해설」, 『2010 제1회 젊은작가상 수상작품집』, 문학동네.
金東植(1999), 「한국의 근대적 문학 개념 형성과정 연구」, 서울대 문학박사학위논문.
김명인(2005), 「한국 근대 문학 개념의 형성과정」, 『한국 근대문학연구』 6권 2호.
金允植(1978), 『近代韓國文學研究』, 一志社.
______(1980), 『韓國近代文學樣式論攷』, 아세아문화사.
김재영(2008), 「이광수 초기문학론의 구조와 와세다 미사학美辭學」, 동국대 한국문학연구소, 『한국문학연구』 35집.
김지하(2005), 『생명과 평화의 길』, 문학과지성사.

김진석(2008), 『기우뚱한 균형』, 개마고원.
동서문화연구소 편(1979), 『비교문학총서 1—문학 · 장르 · 문학사』, 계명대출판부.
박완서(2010), 「심사평」, 『2010 제1회 젊은작가상 수상작품집』, 문학동네.
백낙청(2011), 『문학이 무엇인지 다시 묻는 일』, 창작과비평사.
_____(2011), 『주체적 인문학을 위하여』, 서울대학교 출판문화원.
백지운(1999), 「韓-中-日 近代小說과 文學理念의 문제 : 坪內逍遙, 梁啓超, 申采浩의 소설론을 중심으로」, 『中國現代文學』 16호.
_____(2005), 「무라까미 하루끼와 동아시아의 역사적 기억」, 『창작과비평』 겨울호.
송재소(2005), 『한국 한문학의 사상적 지평』, 돌베개.
안천(2011), 「'소설의 종언' 이후의 일본소설론」, 『문학과사회』 봄호.
梁白華(1920~1921), 「胡適氏를 中心으로 한 中國의 文學革命」, 『開闢』 5~8호.
원종찬(2005), 「일제시대의 민족협동전선과 절충주의 문학론」, 『한국 근대문학의 재조명』, 소명출판.
이경수 외(2009), 「특집좌담 2000년대 젊은 시단을 돌아본다」, 『작가들』 봄호.
이보경(1999), 「20세기초 중국지식인의 '문학文'의 해체와 구성」, 『中國現代文學』 16호.
이장욱(2005), 「외계인 인터뷰」, 『나의 우울한 모던 보이』, 창작과비평사.
이종민(2004), 『근대 중국의 문학적 사유 읽기』, 소명출판.
李賢植(1998), 「문학의 자율성, 주체의 발견, 근대라는 미망」, 『문학과사회』 가을호.
林熒澤(1984), 「'東國詩界革命'과 그 歷史的 意義」, 『韓國文學史의 視角』, 創作과批評社.
임형택(2009), 「동아시아의 문명전통과 교양교육 문제」, 서울대 기초교양교육국제회의 발제집, 『아시아대학 교양교육의 정체성과 방향을 묻는다』, 서울대 기초교육원.

林和(2009), 「『白潮』의 문학사적 의의」, 임화예술전집 편찬위원회 편, 『임화문학예술전집 2』, 소명출판.
정병호(2003), 『실용주의 문화사조와 일본 근대문예론의 탄생』, 보고사.
______(2004), 「한일근대문예론에 있어서 「정情」의 위치—지知 · 정情 · 의意의 범주를 중심으로」, 暻園大學校 아시아文化硏究所, 『亞細亞文化硏究』 8집.
진은영(2008), 「감각적인 것의 분배」, 『창작과비평』 겨울호.
崔玉山(2003), 「文學者 丹齋 申采浩論」, 인하대 박사학위논문.
崔元植(1982), 『民族文學의 論理』, 創作과批評社.
______(1997), 『생산적 대화를 위하여』, 창작과비평사.
______(1999), 『한국 근대문학을 찾아서』, 인하대출판부.
______(2001), 『문학의 귀환』, 창작과비평사.
______(2007), 「근대문학 종언론은 상상 혹은 소동일 뿐」, 『한겨레』 2007. 10. 27.
______(2009), 「동아시아로 가는 길들」, 『교차하는 텍스트, 동아시아』, 창작과비평사.
______(2009), 「植民地 文學의 東아시아的 脈絡 : 약간의 素描」, 인하대 동아시아한국학 국제학술회의 발제집, 『제국의 추억, 식민의 기억』.
______(2010), 「文學 : Munhak, Bungaku, Wen xue」, 인하대 동아시아한국학 국제학술회의 발제집, 『東아시아 '國際主義'의 復元을 위하여』.
황종연(1999), 「문학이라는 譯語」, 문학사와비평연구회, 『한국문학과 계몽 담론』, 새미.

2) 번역서

가라타니 고진(1997), 『일본 근대문학의 기원』, 박유하 옮김, 민음사.
게오르그 루카치(1987), 『독일문학사』, 반성완 · 임홍배 옮김, 심설당.
루쉰(1998), 『中國小說史略』, 趙寬熙 옮김, 살림출판사.
량치차오(1995), 『중국고전학입문』, 이계주 옮김, 형성사.
레이먼드 윌리엄스(2010), 『키워드』, 김성기 · 유리 옮김, 민음사.

루쉰(2003), 『아침꽃을 저녁에 줍다』, 이욱연 편역, 예문.
____(2011), 『무덤』, 홍석표 옮김, 그린비.
루이스 캐럴(2005), 『Alice』, 최인자 옮김, 대한교과서주식회사.
마루야마 마사오 · 가토 슈이치(2001), 『번역과 일본의 근대』, 임성모 옮김, 이산.
마르틴 하이데거(1980), 『詩와 哲學』, 蘇光熙 역, 博英社.
무라타 유지로(2008), 「'문언 · 백화'를 넘어서」, 류준필 옮김, 『흔들리는 언어들 : 언어의 근대와 국민국가』, 성균관대출판부.
베르톨트 브레히트(1993), 『살아남은 자의 슬픔』, 金光圭 옮김, 한마당.
브루노 라투르 외(2010), 『인간 · 사물 · 동맹』, 홍성욱 편역, 이음.
쓰보우치 쇼요(2007), 『소설신수小說神髓』, 정병호 옮김, 고려대출판부, 2007.
저우쭤런(1970), 『中國新文學講話』, 金喆洙 譯註, 乙酉文化社.
주더파 외(1989), 『중국현대문학운동사 Ⅰ』, 임춘성 옮김, 전인.
크로포트킨(2003), 「청년에게 호소함」, 성정심 옮김, 『자율평론』 6호.
크리스티앙 살몽(2010), 『스토리텔링』, 류은영 옮김, 현실문화.
테리 이글턴(1986), 『문학이론입문』, 김명환 · 정남영 · 장남수 공역, 創作社.
하타노 세쓰코(2008), 『『무정』을 읽는다』, 최주한 옮김, 소명출판.
후스(1974), 『胡適文選』, 閔斗基 편역, 三星文化財團出版部.

2. 중국어

郭紹虞(1975), 『中國文學批評史』, 臺灣 : 唯一書業中心.
南龍翼 編(2008), 趙季 校注, 『箕雅校注』下册, 北京 : 中華書局.
劉大杰(1962), 『中國文學發展史』, 上海古籍出版社.
______(1976), 『中國文學發達史』, 臺灣 : 中華書局.
周作人(2011), 『兒童文學小論 中國新文學的源流』, 北京出版集團公司 · 北京十月文藝出版社.

陳獨秀(1917),「文學革命論」,『新青年』2권 6호.
蔡沈 注(1989)『書經集傳』, 上海古籍出版社.
胡適(1917),「文學改良芻議」,『新青年』2권 5호.

3. 일본어

磯田光一(1983),『鹿鳴館の系譜』, 文藝春秋社.
稻垣達郎(1961),「解說」,『現代日本文學全集 1』, 筑摩書房.
鈴木貞美(1998),『日本の「文学」概念』, 作品社.
柳父章(1997),『飜訳語成立事情』, 岩波書店.
正宗白鳥(1961),「坪內逍遙」,『現代日本文學全集 1』, 筑摩書房.
坪內逍遙(1961),『小說神髓』,『現代日本文學全集 1』, 筑摩書房.

4. 구미어

Erich, Auerbach(1973), *Mimesis*, trans. by Willard Trask, Princeton University Press.
René Wellek(1978), *What is Literature*, Paul Hernandi ed., Indiana Univ. Press.
René Wellek · Austin Warren(1966), *Theory of Literature*, Penguin Books.
Terry Eagleton(1999), *Literary Theory : An Introduction*, Second Edition, Blackwell Publishers.
Walter Benjamin(1998), *Illuminations*, trans. by Harry Zohn, Schocken Books.

찾아보기

〈사항〉

〈인물〉

〈서지 · 글〉